Volker von Prittwitz (Hrsg.)

Umweltpolitik als Modernisierungsprozeß

Politikwissenschaftliche Umweltforschung und -lehre in der Bundesrepublik Deutschland

Springer Fachmedien Wiesbaden GmbH

ISBN 978-3-322-95909-6 ISBN 978-3-322-95908-9 (eBook)
DOI 10.1007/978-3-322-95908-9

Ursprünglich erschienen bei Leske + Budrich, Opladen 1993

Inhalt

Teil 3: Internationaler Vergleich und internationale Beziehungen

Teil 4: Politikwissenschaftliche Lehre

Vorwort

Angesichts wirtschaftlicher Krisenerscheinungen, angesichts Rassismus und brutaler Bürgerkriege in Europa erscheint ökologische Modernisierung auf den ersten Blick als wirklichkeitsferne Perspektive gesellschaftlicher Stabilität. Wird Umwelt- allerdings in Zusammenhang mit Sozialverträglichkeit gesehen, ändert sich dies: Ist - worauf Vieles hindeutet - eine Gesellschaft, die Umweltprobleme politisch wahrzunehmen und gezielt zu bearbeiten vermag, noch am ehesten in der Lage, sozial verträgliche und ausgleichende Strukturen auszubilden, so erhält die Diskussion ökologischer Modernisierung eine weit über den technischen Umweltschutz hinausreichende Bedeutung: Hier geht es nicht nur um das Verhältnis zwischen Mensch und Natur, sondern auch um politisch-institutionelle und soziale Probleme. Im Zeichen der Umweltproblematik entwickelte Denkmuster komplexer Vernetzung können auch auf das Verhältnis zwischen Menschen zurückgedacht werden. Schließlich hat der Umweltbegriff neben seiner lebensweltlichen auch eine räumliche Welt-Dimension: Umweltdenken impliziert die Wahrnehmung globaler Problem- und Lebenszusammenhänge, ein möglicher Anstoß zur Auflösung eines verengten "Innen-Außen"-Denkens.

In dem vorliegenden Sammelband geht es um das Verhältnis von Umweltpolitik und sozialer wie politisch-institutioneller Innovation. Dabei wird an einen ab Beginn der achtziger Jahre von Politikwissenschaftlern unter dem Stichwort "Ökologische Modernisierung" aufgenommenen und in den letzten Jahren insbesondere unter dem Stichwort "Reflexive Modernisierung" breit geführten Diskurs angeschlossen. Berücksichtigt werden aber auch andere Diskurse, so die sozialwissenschaftliche Steuerungsdiskussion und die allgemeine Debatte über eine Modernisierung von Staat und Verwaltung. Der Band kann dementsprechend als Brücke zwischen der umweltpolitologischen Fachdiskussion und anderen sozialwissenschaftlichen Diskussionssträngen aufgefaßt werden.

Mit dem Sammelband wird zum anderen eine Dokumentationsfunktion erfüllt. Die enthaltenen Texte dokumentieren den Stand der politikwissenschaftlichen Umweltforschung und -lehre in der Bundesrepublik Deutschland, ein Stand, der sich keineswegs geradlinig, sondern in einigen Wendungen entwickelt hat: Während sozialwissenschaftliche Analyse der Umweltproblematik zunächst im Zeichen der öffentlich wahrgenommenen "Ökologischen Krise" global-aufklärerisch, dabei aber bereits schon früh auch kritisch bezüglich ökologisch orientierter Modeströmungen ausgerichtet war, begannen sich in der Folge Ansätze einer empirisch gestützten Umweltpolitik-Forschung herauszubilden. Diese Forschung wurde von ihren Trägern, vor allem ausseruniversitären Forschungseinrichtungen, häufig im Sinne interdisziplinär angelegter Policy-Studien mit sozialtechnologischem, politikberatendem Akzent verstanden und gehandhabt. Seit der Mitte, insbesondere dem Ende der 80er Jahre kommt es zu einer verstärkten Öffnung der universitären Sozialwissenschaften für die Analyse von Umweltproblemen: "Umwelt" wird zu einem regulären Aspekt sozialwissenschaftlicher Forschung und Lehre, mit inhaltlichen und methodischen Impulsen in einzelnen Subdisziplinen, so der Politischen Soziologie, der Komparatistik, der Analyse internationaler Beziehungen und der allgemeinen Theoriediskussion.

In der aktuellen politikwissenschaftlichen Umweltdiskussion finden sich Elemente aller dieser Entwicklungsphasen des Forschungsgebiets. Einzelnen Wissenschaftlern mag es gelingen, ökologisch-aufklärerisch, empirisch-beratungsorientiert und theoriebildend zu wirken. Im Überblick der Autoren zeigen sich jedoch deutliche Akzentunterschiede bis hin zu unterschiedlichen Grundorientierungen: So ist etwa Peter Cornelius Mayer-Tasch seit den siebziger Jahren seinem als "Politische Ökologie" vertretenen ganzheitlichen Konzept ökologischer Aufklärung treu geblieben, was ihn zu einer skeptischen Haltung gegenüber sozialtechnologischen wie intradisziplinären Ansätzen der Umweltpolitikanalyse führt. Für andere Umweltforscher, insbesondere Forscher an außeruniversitären Forschungseinrichtungen, steht die Perspektive empirisch fundierter Umweltanalyse mit potentieller Beratungskapazität nach wie vor im Vordergrund. Wieder andere, vor allem jüngere an Universitäten arbeitende Wissenschaftler orientieren ihre Forschungsarbeit an laufenden theoretischen Diskursen der Gesamtdisziplin.

Vor diesem Hintergrund stellt sich der vorliegende Reader als spannungsreicher Einführungsband in die aktuelle Diskussion von Umwelt und Modernisierung dar. Das erste Kapitel des Bandes enthält Überblickstexte zur Diskursentwicklung und theoretischen Fassung ökologischer bzw. reflexiver Modernisierung. *Martin Jänicke* skizziert in seinem Beitrag ökologische Modernisierung als ein Anfang der achtziger Jahre aufgekommenes, vor allem ökonomie- und technologiebezogenes Konzept, das zunächst anhand des Vorbilds Japan propagiert wurde. Dafür, daß politische Modernisierungsmuster gerade im Zeichen der Umweltproblematik diskutiert werden, führt er eine Reihe von Gründen an bis hin zum entscheidenden Grund, der komplexen, einer reaktiven Bearbeitung entgegenstehenden Natur des Problemfeldes selbst. Jänickes Aufstellung von Modernisierungskapazitäten (Problemdruck, Wirtschaftsleistung, Innovationsfähigkeit von Meinungs- und Willensbildungsstrukturen, Strategie- und Konsensfähigkeit, Offenheit der politischen Meinungs- und Willensbildungsmechanismen, kooperativer Politikstil) enthält zwar keine Aussage zur situativen Beziehung zwischen den angeführten Einzelfaktoren - ein nach wie vor offenes Feld empirischer Forschung - hat jedoch wichtige heuristische Funktion für die umweltbezogene Modernisierungsdebatte.

Vor einem ähnlichen Datenhintergrund, wie er bei Martin Jänicke als Bezugspunkt dient, ist *Volker von Prittwitzs* Analyse reflexiver Modernisierung geschrieben. Hier geht es darum, die bislang lediglich mit gesellschaftsanalytischen Konzepten geführte Diskussion über reflexive Modernisierung durch das Konzept öffentlichen Handelns anzuregen. Während einfache Modernisierung als Entkoppelung von sozialen und natürlichen Herkunftsbedingungen gefaßt wird, ist reflexive Modernisierung ein sich auf Folgeprobleme einfacher Modernisierung beziehender politischer Innovationsprozeß. Zu reflexiver Modernisierung kommt es nur auf der Grundlage sozioökonomischer und politisch-institutioneller Handlungskapazität sowie bestimmter rahmensetzender Formen öffentlichen Handelns. Zentrale Elemente und Formen des Prozesses reflexiver Modernisierung lassen sich im Modell der Interessenspirale abbilden, das eine charakteristische Folge von Konflikt- und Kooperationsphasen beschreibt.

Joseph Huber gibt einen Abriß der öffentlichen und politischen Ökologiediskussion als Wachstumskontroverse, als Streit zwischen Fundamentalisten und Realisten, als Diskussion differenzierter Wachstumskonzepte und ökologischer Modernisierung. Er sieht in der Literatur einen wachsenden Konsens hinsichtlich der Annahme eines Dreistufenmodells aus nachträglichem Umweltschutz (Entsorgung), integriertem Umwelt- und Ressourcenschutz und struktureller Ökologisierung. In der neuerlich aufgebrochenen Kontroverse zwischen staatsorientierten und zivilgesellschaftlichen Strategien der Umweltpolitik vertritt er nachhaltig eine Schwerpunktverlagerung von bürokratischem zu marktwirtschaftlich-zivilrechtlichem Umweltschutz.

Horst Zilleßen, Rüdiger Robert und Gisela Müller-Brandeck-Boquet befassen sich im zweiten Abschnitt des Bandes genauer mit institutionellen Modernisierungsmöglichkeiten von Demokratie und Umweltpolitik in der Bundesrepublik Deutschland. *Zilleßen* sieht in der Umweltproblematik wegen deren langfristigen Folgen, Komplexität und Unmittelbarkeit der Akzeptanzprobleme eine Herausforderung für die repräsentative Demokratie und schlägt deshalb eine institutionelle und prozedurale Modernisierung der Umweltpolitik unter den Stichworten "öffentliche Politikforen", "Mediation" und "Öffentlichkeitsanwalt" vor. *Robert* zeigt die lange bestehende Trennung der Debatte um die Verankerung des Umweltschutzes im Grundgesetz und der Debatte um eine das repräsentative System ergänzende Demokratisierung. Zu Beginn der neunziger Jahre sind die beiden Komplexe "Demokratie und Grundgesetz" und "Umweltschutz und Grundgesetz" erstmals inhaltlich zusammengeführt worden; es stehen sich jedoch ein den "Mainstream" verkörperndes Lager, das keinen Zusammenhang zwischen beiden Komplexen als gegeben ansieht, und ein reformerisches Lager, das eine "Verfassung von unten" vertritt, gegenüber. Im Unterschied zu Zilleßen und Robert analysiert *Gisela Müller-Brandeck-Boquet* die innerhalb der gegebenen föderalen Struktur der Bundesrepublik Deutschland bestehenden umweltpolitischen Handlungsspielräume der Bundesländer. Mit Hinweis auf die vollzogene Unitarisierungstendenz, Politikverflechtungs-Probleme und die weitgehende Entparlamentarisierung auf Landesebene kommt sie hierbei zunächst zu einem sehr skeptischen Ergebnis. Seit Beginn der neunziger Jahre ergeben sich jedoch Anzeichen einer föderalen Renaissance in der Umweltpolitik, eine Tendenz, die durch den aktuellen Einflußgewinn der Bundesländer im Willensbildungsprozeß der Europäischen Gemeinschaft verstärkt wird.

Im dritten Abschnitt des Readers sind Literatur und Daten zum internationalen Vergleich und zur internationalen Beziehungsdimension von Umweltpolitik präsentiert. In *Heinrich Pehles* Beitrag über internationale Vergleichsprojekte der Umweltpolitikforschung stehen die Bedingungen und Wirkungen umweltpolitischer Modernisierung im Vordergrund. Unter den Rahmenbedingungen des umweltpolitischen Modernisierungsprozesses hebt Pehle die Bedeutung von soziokulturellen Faktoren und Handlungsmöglichkeiten auf kommunaler Ebene hervor. In neuen umweltpolitischen Handlungsbereichen, so im ökonomischen Bereich, ist ein Übergang von der Latenz zur Regelungsphase festzustellen. Perspektiven der vergleichenden Umweltpolitikforschung sieht Pehle in einer Berücksichtigung grenzüberschreitender Einflußfaktoren, vor allem aber der verstärkten Analyse von Modernisierungspotentialen in nichtstaatlichen Bereichen.

Markus Jachtenfuchs, Christian Hey und Michael Strübel diskutieren in ihrem Beitrag nach Angabe unterschiedlicher analytischer Zugänge einige Bestimmungsfaktoren und Herausforderungen der europäischen Umweltpolitik. Sie erwarten, daß Umweltschutz in der Kommission zukünftig im Sinne von "Sustainable Development" weniger als Hindernis für wirtschaftliche Tätigkeit und mehr als Voraussetzung ökonomischen Erfolges gesehen wird. Die bisherige umweltpolitische Allianz zwischen Kommission und Parlament wird ihrer Einschätzung nach aufgrund der durch die Beschlüsse von Maastricht erweiterten Befugnisse des Parlaments einer stärkeren Konfrontation weichen. Wichtigste neue Herausforderungen sind die Integration von Politikfeldern und die Entwicklung einer EG-Umweltpolitik gegenüber Mittel- und Osteuropa.

Helmut Breitmeier, Thomas Gehring, Martin List und Michael Zürn gehen institutionellen Modernisierungsmöglichkeiten der internationalen Umweltpolitik durch internationale Regime nach. Anhand der Analyse von Umweltregimen in den Problembereichen Gewässer und Luft/Atmosphäre kommen sie zu einer im ganzen optimistischen Einschätzung der Wirkung internationaler Umweltregime: Internationale Umweltregime stellen einen Beitrag zur Modernisierung der internationalen Beziehungen dar, da sie, insbesondere als Mechanismen flexibler Steuerung, die Voraussetzungen für Kooperation verbessern. Internationale Umweltregime haben auch indirekte Modernisierungswirkungen, so im Sinne einer Etablierung bzw. Stärkung umweltpolitisch orientierter Teile nationalstaatlicher Verwaltungen. Von international gesetzten Standards kann innovationsförderlicher Druck auf die Industrie beteiligter Länder ausgehen.

In ihrem Beitrag über die Politik der globalen Güter heben *Volker von Prittwitz und Klaus-Dieter Wolf* die besonderen Lösungsbarrieren globaler Umweltpolitik hervor. Als wichtige Voraussetzung einer effektiven Politik globaler Güter betrachten sie die Unterscheidung reichtums- und knappheitsökologischer Lösungsansätze und deren Kombination im Rahmen einer Strategie des "Sustainable Development". Der noch gangbarste Weg zu globaler Kooperation sind Verhandlungsprozesse, in denen die spezifischen Kapazitätsbedingungen der Beteiligten sorgfältig beachtet werden.

Peter-Cornelius Mayer-Taschs Überlegungen zur universalistischen Dimension der Politischen Ökologie können als Kontrapunkt gegen alle anderen im Sammelband repräsentierten Auffassungen der Problematik, ja sogar als grundlegende Kritik der gewählten Themenstellung "Umweltpolitik als Modernisierungsprozeß" aufgefaßt werden. Die adäquate Antwort auf das ökologische Dekadenzgeschehen läßt sich nur sehr bedingt als Umweltpolitik interpretieren und intiieren. Während nämlich "Umweltpolitik" in diesem Sinne zumindest von der Bewußtseinshaltung einer Vielzahl der sie Projektierenden und Praktizierenden her die Autonomietendenzen der Menschheit (gegenüber der Natur) eher fort- als zurückschreibt, ruft die Deutung der Situation eher nach einem polit-ökologischen Bewußtsein prononcierter Naturabhängigkeit der menschlichen Existenz.

Der letzte Abschnitt des Readers hat die Entwicklung der politikwissenschaftlichen Umweltlehre zum Gegenstand. In seiner auf Befragungsergebnisse an 43 westdeutschen Universitäten (90% Informationsquote) und ergänzende Angaben gestützten Analyse kommt *Eberhard Schmidt* zu einer ambivalenten Bewertung der Situation:

Zwar hat die Bedeutung des Lehrgegenstandes "Umwelt" im Laufe der 80er Jahre deutlich zugenommen; Umweltpolitik spielt aber dennoch immer noch eine im ganzen gesehen bescheidene Rolle im Lehrkanon der Bundesrepublik Deutschland. Verantwortlich hierfür erscheint vor allem, daß der traditionelle Fächerkanon der politikwissenschaftlichen Lehre policy-orientierte Lehrgebiete entweder nicht kennt, nicht akzeptiert oder nur sehr allmählich in die Ausbildung integriert. Aus den neuen Bundesländern waren nur punktuell Informationen zu bekommen. Es steht zu befürchten, daß mit Ausnahme von Halle und Cottbus die Chance nicht genutzt wurde, der Umweltpolitik einen gebührenden Anteil im Lehr- und Forschungsprogramm zu verschaffen. Diese Situation steht in deutlichem Gegensatz zu dem hohen Stellenwert, den Umweltpolitik und Umweltforschung im Zuge der wirtschaftlichen und technischen Umstrukturierung der Neuen Bundesländer einnehmen.

Der Reader und die ihm vorausgehenden Arbeitstagungen des Arbeitskreises "Umweltpolitik" der Deutschen Vereinigung für Politische Wissenschaft (DVPW) wären nicht möglich gewesen ohne die finanzielle Unterstützung der Fritz Thyssen Stiftung. Organisatorische und infrastrukturelle Plattform für die Erstellung des Bandes war die Gesellschaft für Politikanalyse e.V., Berlin. Durch inhaltliche Anregungen und organisatorische Hilfen unterstützten eine Reihe von Arbeitskreismitgliedern das Entstehen des Bandes, so G. W. Wittkämper, Thomas Barbian, Helmut Weidner und Eckhart Hildebrandt, denen ich für ihre Hilfe herzlich danke. Besonders danken möchte ich schließlich Sebastian Oberthür, Kai Wegrich und Stefanie Zeebe, die mich bei der Koordination und technischen Realisierung des Sammelbandes nach Kräften unterstützt haben.

Im Dezember 1992 V.v.P.

Teil 1
Theoretische Grundlagen

Ökologische und politische Modernisierung in entwickelten Industriegesellschaften

Martin Jänicke

1. Einleitung

In der neueren Debatte über den Funktions- und Strukturwandel des Staates im Industriesystem spielt die Umweltfrage eine zentrale Rolle. Das gilt z. B. für Luhmanns "ökologische Kommunikation". Ökologische Probleme machen für ihn "vollends deutlich, daß die Politik viel können müßte und wenig können kann" (Luhmann 1990: 169). Auch v. Beyme sieht das Problem politischer Steuerung vor allem durch die ökologische Herausforderung akzentuiert. Mayntz thematisiert die Probleme regulativer Politik nicht zufällig vor allem in diesem Zusammenhang. Und für Beck sind sie ein konstitutives Merkmal der Risikogesellschaft. Auch das Konzept des "Staatsversagens" - als strukturelle Entscheidungsschwäche, Ineffektivität und Ineffizienz - wurde politologisch vor allem an der Umweltfrage exemplifiziert (Jänicke 1979). Es kann mithin nicht verwundern, wenn Konzepte politischer Modernisierung ebenfalls stark von der Umweltproblematik geprägt sind (vgl. Beck 1986 u. 1988; Jänicke 1986 u. 1990; Prittwitz 1990).

Wichtiger noch als dieser Zusammenhang ist aber das Faktum, daß auch tatsächliche politische Modernisierungen in den siebziger und achtziger Jahren ebenfalls ganz entscheidend von der Umweltproblematik geprägt sind. Die sich abzeichnende neuartige Doppelstruktur des Staates als mehrheitslegitimierter bürokratischer Interventionsmechanismus und als Initiator von Verhandlungsprozessen wäre ohne die ökologische Problematik unverständlich. Helmut Weidner (1992) hat in einer bemerkenswerten Analyse deutlich gemacht, wie stark dieser Zusammenhang für Japan, einen Vorreiter der ökologischen Modernisierung, gilt. Die neue *Strategie der staatlich strukturierten Selbstbefassung der Industriegesellschaft mit einem Großteil der von ihr erzeugten Probleme* hat in Japan vermutlich ihren ausgeprägtesten Fall. Aber generell kann gelten, daß die Modernisierung des Staates - wie unzureichend auch immer - zur ökologischen Modernisierung parallel läuft und gleichermaßen auf den ihr zugrunde liegenden Veränderungsdruck reagiert. So kommt es in vielen Industrieländern zu Tendenzen der:

- funktionalen und regionalen Dezentralisierung,
- Ausweitung von Partizipationsrechten ("Bürgerbeteiligung", plebiszitäre Mechanismen etc.),
- verstärkten Benutzung informationeller Steuerungsmittel, nicht nur durch den Staat,
- verstärkten Handhabung dialogischer Strukturen und vertraglicher Lösungen,
- Dynamisierung des Rechtssystems (Haftungsregeln, Beweislastumkehr, Informationsrechte, Mediationsverfahren, erweiterte Staatszielbestimmungen von Verfassungen etc.).

Wäre dies vorstellbar ohne die erdrückende Umweltproblematik und die allgemeine Erfahrung, daß die herkömmlichen Strukturen des politischen Systems sie nicht angemessen bearbeiten ?

Warum aber "Modernisierung", wenn doch das ökologische Problem vor allem Industrien wie dem Chemie-, Atom- oder Straßenfahrzeugsektor - Lieblingsbranchen des "modernen Interventionsstaates" - zuzuschreiben ist und diese "Modernität" auch der Ansatzpunkt der Kritik aus der Ökologiebewegung war ?

Vermutlich läßt sich die Ausbreitung des Modernisierungsbegriffs gerade in der Umweltdebatte in den achtziger Jahren dadurch erklären, daß sie stark von der Innovationsdebatte geprägt war, also weniger die Normalität des Neuen und der Neuerung (ongoing modernization) als die Erneuerung im Sinne von Basisinnovationen und Paradigmenwechseln, den Motoren langfristiger Entwicklungsschübe, meinte

(Mensch 1975; Schumpeter 1942; Kuhn 1962; Kondratieff 1926). Das für die Umwelt-, Struktur- und Technologiedebatte so wichtige Buch "Modernisierung der Volkswirtschaft" von Volker Hauff und Fritz Scharpf setzt - bereits 1975 - diese Akzente. Hier findet sich auch schon der Gedanke, daß technische Innovationen Sozialinnovationen zur Voraussetzung haben müssen (Hauff/Scharpf 1975).

Heute wird man dem auch die begrifflichen, konzeptionellen und methodischen Paradigmenwechsel, die Innovationen der etablierten Aspektstrukturen bzw. die Innovationen der "Intellektualtechnik" (v. Gottl-Ottlilienfeld) hinzuzählen müssen. Modernisierung könnte dann definiert werden als real-, sozial- und intellektualtechnisch innovative Beantwortung fundamentaler Systemprobleme (Jänicke 1986: 154 ff.). In Erweiterung der alten Theorie politischer Modernisierung mit ihrer Vorstellung vom krisenbedingten Kapazitätswachstum (Rokkan 1969; Binder u.a. 1971) könnte auch gesagt werden: Modernisierung ist die Institutionalisierung und Ausdifferenzierung eines neuen technologischen, politisch-sozialen und wissenschaftlich-kulturellen Problemlösungsniveaus auf der Basis grundlegender Paradigmenwechsel. Es ist kein Wunder, wenn aus dieser Perspektive die herkömmlich ökologisch destruktiven Strukturen nicht mit "Modernität", sondern mit "institutioneller Sklerose" (Olson) identifiziert werden. Wir haben es hier also in der Tat mit einem "Konflikt der zwei Modernen" (Beck 1991) zu tun. Kern veränderter Modernitätsvorstellung ist, daß Fortschritt keine lineare Fortschreibung des Bestehenden ist, sondern fundamentale Umbruchsituationen und innovative Richtungsänderungen einschließt.

In dieser Weise läßt sich die Vorstellung verstehen, daß langfristiger Umweltschutz nicht nur eine ökologische Modernisierung und Umstrukturierung der Industriegesellschaften, sondern auch eine Modernisierung des politischen Handlungssystems (vgl. Hesse/Benz 1990) impliziert. Wichtig daran scheint mir, daß dieser Ansatz letztlich von einem krisenbedingten Kapazitätswachstum ausgeht. Erinnert sei auch daran, daß die frühen deutschen Beiträge zur Umweltpolitologie häufig in dieser Weise krisentheoretisch angelegt waren (Ronge 1972; Glagow 1972; Weidner 1975; vgl. Jänicke 1973). Vielleicht ist es kein Zufall, daß einer dieser frühen Umweltpolitologen - Volker

Ronge - sich bereits frühzeitig mit Formen parastaatlicher Problemlösungen (im Bankenwesen) befaßte. Bei ihm findet sich auch die frühe Befürchtung, daß das umweltpolitische Krisenmanagement vor allem darin bestehen würde, die Problematik in die Latenz zurückzudrängen.

2. Ökologische Modernisierung

Die Formel der "Ökologischen Modernisierung" geht auf eine Debatte des Berliner Abgeordnetenhauses vom 22. Januar 1982 zurück, in der der Umweltsprecher einer Oppositionsfraktion der Regierungsseite vier ökologische Modernisierungen vorschlug: in der Industrie, im Energie-, Verkehrs- und im Bausektor. In diesen Bereichen sollten beschäftigungswirksame Innovationen und ökologisch sinnvolle Formen der Rationalisierung gefördert werden, die weniger zu Lasten des Faktors Arbeit als des Energie- und Rohstoffverbrauchs gehen (Abgeordnetenhaus v. Berlin: Plenarprotokoll 9/14: 756 ff.). Der Abgeordnete war zufällig Politologe und hatte die Frage der für den Umweltschutz nötigen politischen und ökonomischen "Modernisierungskapazität" schon 1978 aufgeworfen (Jänicke 1978: 32). Dahinter steckte ein von der Theorie politischer Modernisierung ebenso wie dem erwähnten Buch von Hauff und Scharpf (1975) beeinflußtes Konzept, vor allem aber die Suche nach einer konsensfähigen Formel, die eine Neudefinition und Umorientierung der etablierten Modernisierungsvorstellungen ermöglichen könnte. In diesem Sinne wurde das Konzept der ökologischen Modernisierung dann auch von Huber (1983) und Simonis gebraucht, die entscheidend dazu beitrugen, daß ab 1983 in den Gewerkschaften und der Sozialdemokratie eine Vielzahl von Stellungnahmen unter diesem Etikett erschien.

Ökologische Modernisierung ist vor allem ein ökonomie- und technologiebezogenes Konzept (vgl. Zimmermann/Hartje/Ryll 1990). Die mitunter diskutierte Flucht aus der Technik wird von ihr letztlich mit einer technologischen Flucht nach vorn beantwortet, was einer Beschleunigung und gleichzeitigen Änderung der Entwicklungsrichtung des technischen Fortschritts gleichkommt: von der steigenden zur sinkenden Materialintensität, Energieintensität, Transportintensität, Abfallintensität oder Risikointensität (Jänicke 1984). Flucht nach vorn, weil das Beschäftigungs- und Sozialsystem am bestehenden Produktionssystem hängt (Huber 1982, 1983), weil der Wandel des Industrialismus eher die nötige Akzeptanz findet als seine Abschaffung, weil erhebliche Umweltentlastungspotentiale durch Modernisierung erschließbar sind und nicht zuletzt, weil eine kostensenkende Rationalisierung des Umweltverbrauchs sich als Teilalternative zur technologischen Vernichtung von Arbeitsplätzen anbietet, wobei die höhere Besteuerung des Umweltverbrauch und die Entlastung des Faktors Arbeit ein wichtiges Argument ist (Binswanger u.a. 1983).

Inzwischen liegen auch erste Untersuchungen vor, die erweisen, daß eine teilweise Deindustrialisierung bei umweltbelastenden Branchen (intersektoraler Wandel) - bisher jedenfalls - deutlich weniger ökologische Entlastungswirkungen hatte als die Modernisierung innerhalb der Industrien (intrasektoraler Wandel). Im ökologischen Gesamteffekt hat sich die industrielle Branchenstruktur z. B. Schwedens seit 1973 kaum vorteilhaft entwickelt. Aber der industrielle Energie- und Wasserverbrauch ging - bei stagnierender Gütertransportleistung - dennoch absolut zurück, weil insbesondere die hochgradig umweltbelastenden Schwerindustrien in dieser Hinsicht sich radikal modernisierten. In Japan hatte diese technische Komponente einen besonders starken Einfluß und bewirkte beim Energie-, Wasser- und Bodenverbrauch eine Entkopplung, die zeitweilig ein "qualitatives Wachstum" ergab. Wir lernen aber gerade aus diesem Fall, daß langfristig wenig Umweltentlastung bewirkt wird, wenn die ökologisch vorteilhafte Modernisierung durch hohes Industriewachstum faktisch neutralisiert wird. Mehr noch: am Beispiel Japans läßt sich zeigen, daß Umweltentlastungen durch technischen Fortschritt nur eintreten, wenn im Wachstumsprozeß eine *permanente* Anstrengung in dieser Richtung geleistet wird. Läßt diese nach, wird die Entkopplung von Industriewachstum und Naturverbrauch also nicht durchgehalten, so kommt es zu einem Wiederanstieg der Belastungskurven (Jänicke u.a. 1992). Es zeigt sich, daß neben dem technischen Fortschritt auch der umweltentlastende (intersektorale) Strukturwandel im Wachstumsprozeß forciert werden muß und am Ende auch die Wachstumsfrage, zumindest aber die Rolle des Staates als Wachstumsmotor nicht zu umgehen sein wird.

Die "strukturelle Modernisierung" ist also in einem Konzept ökologisch nachhaltiger Entwicklung (sustainable development) nicht zu umgehen. Politisch betrifft dies nicht nur solche Strukturreformen, wie sie gerade in Japan mit ökologischer Motivation initiiert wurden. Es geht langfristig um eine Neubestimmung von zentralen Staatsfunktionen, an die derzeit auch in Japan kaum gedacht wird. Was dieses "Modernisierungspensum" bedeutet, mag an Konsequenzen wie derjenigen ermessen werden, daß ein Ende von Wachstumspolitik automatisch eine veränderte Verteilungspolitik erzwingt.

3. Die spezielle Problematik des Umweltschutzes

Es ist kein Zufall, daß die Entzauberung des Staates und die daraus abgeleiteten Postulate politischer Modernisierung gerade im Lichte der Umweltproblematik diskutiert werden. Gründe dafür gibt es mehrere:

a) In keinem Politikfeld gibt es so regelmäßige Testfälle der Interventionskapazität des Staates. Und nirgendwo sonst werden Widersprüche zwischen einer öffentlichen Problemerkenntnis und staatlichen Gegenmaßnahmen so sichtbar wie im Umweltbereich.
b) In keinem Politikfeld zeigt sich deutlicher, daß Steuerungsimpulse des Staates (im Sinne Luhmanns) nur nach Maßgabe der Codes und Programme der gesellschaftlichen Teilsysteme aufgenommen werden und daß auch die ökologische Handlungsmotivation *im* Staate selbst gegen widerstrebende Motive und Policies durchgesetzt werden muß.
c) Die teilweise Erosion des Nationalstaates (vgl. Willke 1991a: 182) im Zeichen von gleichzeitiger Internationalisierung und Dezentralisierung wird durch den ökologischen Lokalismus-Globalismus-Konnex noch zusätzlich akzentuiert (wobei dieser über das hinausgeht, was die Parole der Ökologiebewegung "Global denken - lokal handeln" thematisiert).
d) Es kommt zunehmend zu einem Wettbewerb zwischen zentralstaatlichen Umweltschutzinstanzen und dezentralen Interventionen, ob sie nun von Gerichten, Kommunen oder (zunehmend)

privaten Kollektivakteuren herrühren. Auf der dezentralen Ebene wird dem Zentralstaat z. T. vorexerziert, daß von ihm unterlassene Interventionen sehr wohl möglich sind. So etwa, wenn umweltschädliche Produkte durch Medienkampagnen oder durch Handelsunternehmen vom Markt vertrieben werden, die sich ökologisch zu profilieren suchen.

e) Die "Verlagerung des Zeithorizontes" - für Willke neben der Komplexität gesellschaftlicher Teilsysteme und der "Weltkomplexität" Hauptfaktor der "Entzauberung des Staates" (Willke 1991a: 182) - wird in keinem Politikfeld so prekär wie in der Umweltpolitik. Die parlamentarischen Institutionen sind wesentlich auf reaktive Politik, auf das Lernen aus Erfahrung angelegt. Ökologisch gibt es aber immer mehr Erfahrungen, die nicht gemacht werden dürfen, die antizipiert werden müssen (Jänicke 1986).

f) Dies führt zum entscheidenden Grund, und das ist die Natur des Problemfelds selbst: Je länger die Industrieländer Umweltpolitik praktizieren, desto deutlicher wird nicht nur die Unangemessenheit des bisherigen Stils reaktiver Umweltpolitik. Bei langfristiger und globaler Betrachtung ergibt sich vielmehr ein gigantisches Steuerungspensum, nämlich die Aufgabe einer Umsteuerung der gesamten industriellen Produktionsweise.

Das Problem der Umweltpolitik liegt mit anderen Worten zusätzlich darin, daß selbst ausreichende Handlungskapazitäten des politisch-administrativen Systems niemanden beruhigen könnten. Denn das Pensum der Umweltpolitik ist nicht nur erheblich größer als seine aktuell thematisierten, kleingehackten Segmente. Es radikalisiert sich auch zunehmend, sowohl durch unerkannte Altlasten als auch durch Neulasten, die nicht vorsorglich verhindert wurden. Oder durch die Erkenntnis, daß das industrielle Wohlstandsmodell langfristig katastrophale Folgen zeitigt, wenn es nicht global verallgemeinerungsfähig wird (Weizsäcker 1990). Das Pensum radikalisiert sich bereits dadurch, daß selbst die Verringerung von Flußgrößen wie Ressourceneinsatz oder Emissionen wenig an dem Problem ändern, daß sich die Umwelteffekte des Industrialismus gerade in den hochindustriellen (alten!) Gesellschaften auf hohem Niveau akkumulieren.

Hinzu tritt die Erkenntnis, daß im Prozeß industriellen Wachstums vorhandene Entlastungsstrategien wie die des End-of-pipe-Umweltschutzes in ihren Möglichkeiten rasch erschöpft sind. Das liegt vor allem an den verheerenden Wirkungen exponentiellen Wachstums. Bei 3,5 Prozent Wirtschaftswachstum haben wir in 60 Jahren eine Verachtfachung dessen, was wächst (vgl. Meadows/Meadows/Randers 1992). Und das ist selbst dann ökologisch problematisch, wenn nur Büroflächen wachsen.

Ein weiteres Problemfeld sind die *ökologischen Negativeffekte auch des (herkömmlich) modernisierten Wachstumsmusters*. Traditionelle Industriegesellschaften, wie wir sie z. B. in Osteuropa finden, litten und leiden unter den Emissionen der Schornsteinindustrien, vor allem der Schwerindustrien. Das modernisierte ökologische Belastungsmuster ist zwar mit blauem Himmel über Industriestädten und mit fischreichen Flüssen vereinbar. Dafür ergeben sich aber andere typische Belastungen: durch hohe und wachsende Abfallmengen, darunter schwer zu entsorgende Abfälle und Sonderabfälle aus Umweltschutzanlagen; durch hohe und wachsende Verkehrsleistungen auf allen Ebenen (Straßengütertransport, Luftverkehr, PKW); durch die auf hohem Niveau anwachsende Boden- und Flächenbelastung mit Spätfolgen für das Grundwasser; durch hohen und noch immer ansteigenden Stromverbrauch in der Produktion und durch neue toxische Emissionen, die verstreut und in kleinen Mengen anfallen, eine generalisierte Problemwahrnehmung also erschweren.

Die bloße Sicherung des ökologischen Status quo reicht also in den Industrieländern bei globaler und langfristiger Betrachtung nicht aus. Ökologische Modernisierung und der darüber hinausgehende Umbau der Industriegesellschaften erhält so den Charakter einer objektiven Notwendigkeit (vgl. Weizsäcker 1990).

Kann der Staat das leisten ?

Die skeptischen Positionen reichen hier bis hin zu der These eines staatsüberfordernden Umweltschutzpensums (Jänicke 1992b). Die Frage nach den Möglichkeiten einer die Handlungspotentiale erweiternden politischen Modernisierung liegt mithin äußerst nahe.

4. Politische Modernisierung

Die Marschrichtung einer gesteigerten Handlungskapazität des politischen Systems zeichnet sich mittlerweile deutlich ab. Einen Teil dieses Weges haben fortgeschrittene Industrieländer wie Japan oder Schweden bereits Anfang der siebziger Jahre mit politischen Reformen zurückgelegt. In der Politologie ergab sich im Laufe der achtziger Jahre zunehmend die Empfehlung, nicht der Utopie einer ständig steigerbaren Eingriffskapazität des Staatsapparates nachzulaufen, sondern das Interventionspensum zu verlagern und zu verteilen, wenn es schon nicht zu reduzieren ist. Als Ausweg aus der Sackgasse wurden Formen funktioneller und räumlicher Dezentralisierung in Kombination mit neuen kooperativen Integrationsmechanismen thematisiert (Schuppert 1989). Der Ohnmacht des Staates gegenüber den hochorganisierten Makroakteuren sollte mit sensibleren Strategien begegnet werden. Willke spricht von "sozietaler Steuerung" bzw. "dezentraler Kontextsteuerung" (Willke 1983). Beck möchte die "Fiktion zentralisierter Staatsgewalt" aufgeben und die tendenzielle Entmonopolisierung von Politik zugunsten dezentraler "Subpolitiken" in den Entscheidungsfeldern der "Risikogesellschaft" nutzen (Beck 1986: 371). Sehr markant umriß unlängst Scharpf (1991a) die Bedeutung von dezentralen Verhandlungssystemen als zweiter Steuerungsinstanz neben der hierarchischen, durch Mehrheitsentscheidungen legitimierten Intervention des souveränen Nationalstaates.

Die Diskussion ist heute an einem Punkt, an dem v. Beyme bereits die "Reste eines politikzentrierten Steuerungswahns" schwinden sieht (Beyme 1990: 462 u. 473). Es ist dies, wie ich meine, eine angreifbare Extremposition. Umweltpolitisch jedenfalls stünden wir heute (etwa bei Emissionen von Blei, Staub, Kohlenmonoxid, Schwefeldioxid oder Stickoxiden und der klassischen Gewässerverschmutzung) sehr viel schlechter da, hätten wir nicht *auch* auf die politikzentrierte Steuerung und den entsprechenden Legitimationsdruck auf das politisch-administrative System setzen können.

Weitgehend Konsens besteht hingegen darin, daß der bürokratische Staat heute nur eine Steuerungsinstanz von mehreren sein kann. In den weiteren - parastaatlichen - Instanzen könnte sehr wohl eine Chance liegen.

Wir erleben ja heute in den Braintrusts der Industriegesellschaften im Grunde einen *doppelten Paradigmenwechsel*: der eine betrifft das Wachstumsmuster und seine ökologische Angepaßtheit; der andere das Staatsverständnis. Beide Umorientierungen eröffnen Zukunftschancen erst dann, wenn sie konsequent umgesetzt und weitergetrieben werden.

Hinsichtlich des *Wachstumsmusters* findet das Paradigma einer ressourcenschonenden, emissions-, abfall-, transport- und risikoarmen Produktionsweise zweifellos wachsende Zustimmung, auch im Unternehmensbereich (Huber 1991a; Schmidheiny 1992).

Der andere Paradigmenwechsel betrifft die *politischen Steuerungsmechanismen* der entwickelten Länder. Er ist eine Konsequenz aus der Diagnose des "Staatsversagens", der "Grenzen regulativer Politik" oder der "Entzauberung des Staates".

Zu konstatieren ist eine politische Umorientierung (vgl. Hesse 1987b; Jänicke 1992b):

- von der bürokratischen Detailregelung zur verstärkten Steuerung von Rahmenbedingungen und Handlungskontexten,
- von der Etatisierung der Problembearbeitung zu ihrer Vergesellschaftung unter Einschluß des Staates,
- von der zentralistischen zur eher dezentralen Problemlösung,
- von der exklusiven zur stärker inklusiven und partizipativen Entscheidungsstruktur,
- vom imperativen Politikstil zur Verhandlungslösung,
- vom reaktiven zum stärker antizipativen Politikmuster,
- von der Steuerung über öffentliche Ausgaben zur verstärkten Steuerung über öffentliche Einnahmen (Steuern, Abgaben, Tarife, Gebühren).

Zwar betrifft auch dieser Paradigmenwechsel mehr die Braintrusts und die Fachdiskussionen als die tatsächliche Politik. Aber er ist als Tendenz unübersehbar. Es geht hier im Grunde um ein Politikmodell jenseits von liberalem "Laissez faire" und bürokratischem Staatsinterventionismus: um ein dezentraleres und konsensbetontes Politikmodell, das den Zentralstaat auf strategische Aufgaben konzentriert und Detailregelungen stärker auf dezentrale Akteure verlagert. Auf das Feld der Umweltpolitik übertragen, kommen dem Zentralstaat danach vor allem die Sicherstellung ökologischer Minima und "strategische" Gestaltungsfunktionen zu. Seine Aufgabe wäre es nicht zuletzt, die langfristigen Umweltprobleme zu definieren. Sache dezentraler Akteure wäre es dann, unter Nutzung ihrer spezifischen Innovationspotentiale über die nationalstaatlichen Grundbedingungen und Minima hinauszugehen.

5. Modernisierungskapazität

Was bedeutet dies für die Modernisierungskapazität politischer Systeme im allgemeinen und die langfristige Umweltentlastung im besonderen ?

Man könnte den sich abzeichnenden politischen Paradigmenwechsel als die Summe von Notlösungen ansehen: Weil der Staatsapparat mächtigen Industrieinteressen gegenüber ziemlich ohnmächtig und uninformiert ist, muß an die Stelle des Imperativs die Organisation konsensualer und insofern implementationsfähiger Ziele treten. Weil er zu ineffektiv und ineffizient interveniert, entsteht ein Druck auf andere Instrumentarien. Weil andere Akteure z. T. wirkungsvoller intervenieren, steigt deren Legitimation, usw. Erst indirekt entwickelt das Ganze die neue Qualität einer politischen Doppelstruktur.

Krisentheoretisch ist die Notlösung aber das Normale. Sie bedeutet Modernisierung, wenn sie innovativ und für eine längere Etappe tragfähig ist. (Der Streit wird dann darum gehen, ob die Krise lediglich in die Latenz zurückgedrängt oder kausal gelöst wird. Bisherige Modernisierungen und auch der bisherige politische Paradigmenwechsel entsprechen vermutlich eher der ersten Variante.)

Wenn die obige Definition gilt, daß politische Modernisierung - als Institutionalisierung eines signifikant höheren Problemlösungsniveaus - wesentlich krisenbedingte Reaktion ist, dann wächst auch politische Modernisierungskapazität in Stufen. In diesem Sinne hat sich z. B. auch die "Partizipationskapazität" (im Sinne von Binder u.a.) historisch über konflikthafte Ausweitungen des Wahlrechts bis hin zur heutigen Bürgerbeteiligung entwickelt. Ganz so, wie sich die "Distributionskapazität" über vielfältige Verteilungskrisen und die Legitimationskapazität über Legitimationskrisen aufbaute. Im Lichte des vorherrschenden reaktiven Politikmusters entsteht eine neue Stufe in aller Regel unter hohem Problemdruck. Allerdings bedarf es hierbei ausreichender Ausgangskapazität (vgl. Prittwitz); ansonsten kommt es zu folgenlosen, oft nicht einmal perzipierten Krisen wie im Falle vieler Umweltprobleme in Osteuropa. Die neu institutionalisierte Kapazität entwickelt nun aber typischerweise eine Eigendynamik, die so weit gehen kann, daß sich die Kapazitäten die Probleme suchen (Jänicke 1979) und ein ökologisches Helfersyndrom entsteht (Prittwitz 1990).

Die erste Stufe umweltpolitischer Institutionalisierung waren *additive* Einrichtungen staatlicher Umweltschutzpolitik. Vermutlich erleben wir heute im Lichte der Kritik eben dieses Ansatzes eine zweite Stufe: die des Ausbaus zusätzlicher *parastaatlicher* Kapazitäten der ökologischen Modernisierung.

Ein erster Versuch, umweltpolitische Modernisierungskapazität von Industrieländern im Lichte ihrer umweltpolitischen Leistungsbilanz zu umschreiben, betonte neben der Initialzündung eines hohen Problemdrucks vier Merkmale (Jänicke 1990):

- eine hohe Wirtschaftsleistung (sie beeinflußt nicht nur das Belastungsniveau, sondern auch die Ressourcen zu seiner Reduzierung);
- eine hohe Innovationsfähigkeit im Sinne von Meinungs- und Willensbildungsstrukturen, die für neue Interessen und Innovateure offen sind;
- eine hohe Strategiefähigkeit im Sinne einer Politik des langen Atems und einer ausgeprägten "interpolicy cooperation" (Knoepfel u.a. 1991) im Hinblick auf langfristige Ziele und
- eine hohe Konsensfähigkeit, die den Innovateur frühzeitig integriert und über Dialogstrukturen auf breiter Basis Akzeptanz für umfassenden Wandel schafft.

Für einige dieser Merkmale verfügen wir über empirische Erfahrungen: Die Offenheit der Inputseite des politischen Systems für Innovateure und neue Interessen und die Integriertheit, mit der neue Politikziele umgesetzt werden, spielen auch in der allgemeinen politikwissenschaftlichen Diskussion eine Rolle (vgl. Kitschelt 1983; Feick/Jann 1988). Besonders betont sie neuerdings Weidner, für den es drei Basiselemente effektiver Umweltpolitik gibt: Information, Partizipation und rechtliche Waffengleichheit (Weidner 1992). Die Konsensfähigkeit spielte in der Korporatismus-Debatte eine große Rolle, wenngleich weniger im Sinne des Politikstils als im Sinne des institutionellen Unterholzes von Konzertierungsmechanismen.

Aus dem internationalen Vergleich der Umwelt- und Energiepolitik wissen wir, daß die *Offenheit* der politischen Meinungs- und Willensbildungsmechanismen ökologische Innovationen begünstigt (Kitschelt 1983; Jänicke 1990; Weidner 1992). Dies gilt speziell für:

- die Offenheit des *Informationssystem* (Wissenschaft und Medien),
- die Offenheit des *Parteiensystems*,
- *Volksabstimmungen* (in vier Ländern wurde durch sie eine neue Energiepolitik erzwungen) und
- *Regionen und Kommunen*, die über nationale Standards hinausgehen können (s.u.),
- die Offenheit der *Politikarenen* und den Binnenpluralismus der Politik-Netzwerke,
- die Offenheit der *Rechtsprechung* für neue (Schutz-)Interessen und nicht zuletzt
- ein innovationsoffenes und flexibles *Wirtschaftssystem* (im Gegensatz zu einer ökonomischen Struktur, die durch starke - vertikale - Monopolisierung, Vermachtung und Sklerotisierung gekennzeichnet ist).

Die Fähigkeit zur integrierten Durchsetzung politischer Ziele wächst dort, wo ein kooperativer *Politikstil* die Kontrahenten innerhalb und außerhalb des Staates zusammenführt. Vergleichende Untersuchungen legen diesen Schluß für die Arbeitsmarkt- und die Industriepolitik nahe (Korporatismusmodell). Offensichtlich wird auch eine erfolgreiche Regionalpolitik durch Konzertierungen und Vernetzungen vor Ort (Stichwort "Synergieeffekte") begünstigt. Ein kooperativer Politikstil begünstigt aber offensichtlich auch die Umweltpolitik. Er fördert die Integration des Vollzugs. Er hat aber auch eine innovative Komponente insoweit, als Innovateure in dialogischen Politikmustern eher integriert bzw. weniger lange ausgegrenzt werden. Zu einer breiteren Wertberücksichtigung kommt es offenbar selbst dann, wenn korporative Strukturen ihrerseits eine Tendenz zur Exklusivität entwickeln.

Die angeführten Merkmale politischer Modernisierungskapazität wurden am Modell staatlicher Umweltpolitik entwickelt. Aber es zeigt sich zunehmend, daß politische Modernisierung heute vor allem bedeutet, daß Kapazitäten über den Staat hinaus entstehen und parastaatliche Mechanismen institutionalisiert werden, die als zusätzliche Motoren des industriellen Wandels fungieren.

Das betrifft vor allem die räumliche und die gesellschaftliche Dezentralisierung. Und hier jede Art von Umweltschutzinterventionen diesseits und jenseits des Staates: Im ersten Fall ist der Staat überhaupt nicht im Spiel. Dies ist der Fall, wenn Umweltschützer und ihre Organisationen nicht zum Rathaus, sondern direkt zum Verursacher gehen. Es ist auch der Fall, wenn Medien einen Versursacher von Umweltproblemen direkt angreifen oder wenn der Großhandel umweltschädliche Produkte aussondert. Diese Umweltschutzmaßnahmen ohne den Staat sind heute oft wirksamer als staatliche Politik. Wenn elektronische Medien vor einem karzinogenen Produkt warnen, verschwindet dieses oft bereits am folgenden Tag vom Markt. Wenn Unternehmen des Großhandels um die Umweltfreundlichkeit ihrer Produkte zu konkurrieren beginnen, hat dies einen nachhaltigen, breit wirksamen und raschen Steuerungseffekt für Produzenten ökologisch nachteiliger Produkte. Man vergleiche diese privaten Interventionen mit den langen Entscheidungswegen des politisch-administrativen Systems mit all ihren rechtlichen und politischen Restriktonen! Politologen müssen hier einfach konstatieren, daß es Akteure gibt, die nach Wirkungsbreite und Wirkungsgeschwindigkeit der traditionellen Politik weit überlegen sein können. *Faktisch sind die dezentralen Interventionsformen in Konkurrenz zu staatlichen getreten* (s. o.).

Die zweite Form gesellschaftlicher Selbstregulierung erfolgt ebenfalls zwischen Privaten, aber unter indirekter Beteiligung - "jenseits" - des Staates. Das betrifft Privatklagen aller Art (besonders ausbaufähig beim Haftungsrecht) und alle Maßnahmen, mit denen der Staat Kontroll- und Entscheidungsmechanismen an Dritte abgibt oder selbst Verhandlungspartner ist.

Der traditionelle Staat als gesamtgesellschaftlich legitimierte hierarchische Interventionsinstanz wird bei alledem aber insbesondere dann unverzichtbar bleiben (vgl. Offe 1987), wenn man das gewaltige ökologische Pensum einer den globalen Wachstumsprozeß langfristig (zumindest) kompensierenden technischen und strukturellen Modernisierung des Industrialismus in Rechnung stellt.

Reflexive Modernisierung und öffentliches Handeln

Volker von Prittwitz

Einleitung

Nach der von Martin Jänicke und Josef Huber eingeleiteten politikwissenschaftlichen Diskussion über ökologische Modernisierung und ökologischen Strukturwandel (Jänicke 1978, 1984, 1990; Huber 1982, 1986, 1988; Prittwitz 1990) hat sich seit dem Ende der achtziger Jahre ein soziologischer Diskurs über das Verhältnis von Umweltproblematik und Modernisierung entwickelt, in dessen Mittelpunkt das Konzept der reflexiven Modernisierung steht (Beck 1986, 1988, 1991; Giddens 1991; Zapf 1991; Luhmann 1992; Wehling 1992). Im folgenden wird reflexive Modernisierung nicht, wie in diesem Diskurs üblich, als abstrakt gesellschaftlicher, sondern als soziopolitischer Prozeß öffentlichen Handelns gefaßt. Dabei geht es insbesondere um das Verhältnis zwischen gesellschaftlichen Interessenbedingungen und Formen öffentlichen Handelns. Grundlage für diese Analyse der Modernisierung der Moderne ist die begriffliche Fassung der herkömmlichen Modernisierung. Hierfür schlage ich im Anschluß an Anthony Giddens (1991) das Konzept der Entkoppelung vor.

1. Modernisierung als Entkoppelung

Der sozialwissenschaftliche Diskurs über die Frage, was die moderne Gesellschaft charakterisiert, weist seit seinem Beginn Mitte des 19. Jahrhunderts bemerkenswerte inhaltliche Kontinuität auf. Im Jahre 1890 bezeichnete der Soziologe Georg Simmel die Auflösung traditionaler Lebensverhältnisse, Urbanisierung und zunehmende Individualisierung als Kennzeichen der Moderne (Simmel 1989) - Beschreibungsformen, die bis in die Gegenwart verwendet werden. So faßt etwa Johannes Berger in einem Überblick der soziologischen Moderne-Diskussion als allgemeine Komponenten der Moderne:

- ihre Abgrenzung gegenüber der Vergangenheit (Abschaffen sozialer und semantischer Herkunftswelten);
- ihr über sich selbst Hinaustreiben, insbesondere in der Form funktionaler Differenzierung;
- die Rationalisierung der differenzierten Bereiche und
- der daraus entstehende Imperativ zur immanenten Leistungssteigerung (Berger 1988: 226f.).

Alle diese Konzepte der traditionellen Moderne-Diskussion entsprechen einem übergreifenden Denkmuster, dem der Entkoppelung von vorgegebenen Bindungen: Der Bruch mit Tradition und Religion ist eine eklatante Form solcher Entkoppelung; Individualisierung und Urbanisierung können als Entkoppelung aus sozialen Herkunftsgemeinschaften verstanden werden; Arbeitsteilung, Spezialisierung und funktionale Differenzierung sind, genauso wie die sie überhöhende leistungsbezogene Rationalisierung, Formen der Abkoppelung von ganzheitlichen Produktions- und Lebenseinheiten.

Zur sozialen Entkoppelung kommt die Entkoppelung von natürlichen Bindungen: Naturwissenschaften und Technik waren und sind größtenteils immer noch am Denkmuster der Befreiung des Menschen von natürlichen Grenzen orientiert. Die technische Entwicklung dient dem Schutz des Menschen vor Natur, der Beherrschung von Natur, schließlich sogar deren Ersetzung durch besser brauchbare Stoffe, die technisch neugestaltet, kombiniert oder produziert sind.

Eine weitere geradezu symbolhafte, aber in ihrer Dominanz lange Zeit gar nicht als solche erkannte Form moderner Entkoppelung waren und sind Formen räumlicher Mobilitätssteigerung. Bereits die Entwicklung und Durchsetzung der Eisenbahn im Laufe des neunzehnten Jahrhunderts und später die Weiterführung dieser Entwicklung durch den Straßenbau bedeutete einen Schub an räumlicher Mobilität mit weitgreifenden Strukturfolgen für Wirtschaft und Gesellschaft (Monheim/Monheim-Dandorfer 1990; für Los Angeles: Bratzel 1992). Noch umfassender und tiefgehender waren die räumlichen Entkoppelungswirkungen, die von der Durchsetzung des Kraftfahrzeugs und des Flugzeugs ausgingen. Kraftfahrer sind nicht mehr schienen-, im Fall von geländegängigen Fahrzeugen nicht einmal mehr straßengebunden. Mit dem Flugzeug ist der älteste Traum menschlicher Entkoppelung, der Traum vom Fliegen, realisiert. Die psychischen, wirtschaftlichen und ökologischen Folgen der Massenmotorisierung sind heute jedem Zeitungsleser grundsätzlich geläufig (Holzapfel/Traube/Ullrich 1992; Monheim/Monheim-Dandorfer 1990; Seifried 1990; Höpfner u.a. 1988). Die Umwelt-Folgen des laufend weiter wachsenden Flugverkehrs werden heute in erster Linie unter dem Gesichtspunkt der Verlärmung des Umfeldes von Flughäfen thematisiert. Weitergehende zivilisatorische Folgen - siehe beispielsweise die Schadwirkung des Flugverkehrs auf die stratosphärische Ozonschicht - deuten sich an. Das weitgehendste Projekt räumlicher Entkoppelung ist die seit den fünfziger, besonders intensiv aber in den sechziger Jahren betriebene Weltraumforschung. Hier geht es um die Überwindung der physikalischen und chemischen Grenzbedingungen der Erde. Erste zivilisatorische Folgeprobleme, so beginnende Schadensrisiken durch Abstürze von Weltraum-Stationen, Überlastung der Erdatmosphäre mit Sendegerät etc. zeichnen sich bereits ab. Dies dürfte jedoch nur ein Bruchteil der in den kommenden Jahrhunderten entstehenden Folgeprobleme sein.

Zum Symbol der technologischen Entkoppelungsmöglichkeit von natürlichen Rohstoffgrenzen wurde die Atomtechnologie in den fünfziger und vor allem in den sechziger Jahren. Daß diese Technologie, vor allem aber ihre Fortsetzung in der Plutoniumwiederaufarbeitung, an massive Grenzen gestoßen ist, macht uns heute die Eindimensionalität moderner Atomgläubigkeit und der sie begleitenden Kernkraftfixierung der staatlichen Forschungspolitik nur noch deutlicher. Die aktuellste praktische Form eines technischen Entkoppelungsprojekts ist die Gentechnologie, die erst im letzten Drittel des 20. Jahrhunderts zur Entwicklungsreife gekommen ist. Hier geht es um die Entkoppelung von der in der bisherigen Menschheitsgeschichte feststehenden Vorgegebenheit natürlicher Produktion und Reproduktion. Die zivilisatorischen Risiken und ethischen Probleme einer Loslösung von "gewachsenen" physikalischen und chemischen Kombinationsformen wurden in den 80-er Jahren auch öffentlich breit diskutiert.

Die moderne Entkoppelung von sozialen und natürlichen Schranken kann als Befreiung, als Emanzipation (in positiver Konnotation) oder als Entfremdung, Vogelfreiheit (in negativer Konnotation) aufgefaßt werden. In jedem Fall erscheint demnach eine Gesellschaft als modern, deren Teilnehmer aus traditionalen Strukturen entbunden, deren Raum-Zeit-Bezüge, aber auch soziale Bezüge zunehmend aufgelöst sind. Die jeweiligen Wert- und Strukturbindungen treten damit in den Hintergrund der Betrachtung (Dahrendorf 1979).

Wird Moderne als eine räumlich-kulturell (Europa/Westen) und zeitlich bestimmte (seit dem Beginn des 17. Jahrhunderts entstandene) Formation sozioökonomischer und kulturell-politischer Strukturen verstanden, so bezeichnet *Modernisierung* die Durchsetzung und Universalisierung dieser Moderne. Modernisierung ist Subsumtion unter oder Anpassung an ursprünglich europäisch geprägte - inzwischen vor allem US-amerikanische - Technik-, Kultur-, Sozial- und Politikmuster im Sinne wachsender (leistungsorientierter) Entkoppelung. Das Wort bezeichnet dabei stärker als "Moderne" einen Veränderungsprozeß im Sinne der Moderne. Dieser Prozeß ist selbst zunehmend losgekoppelt von seinem historischen Entstehungskontext und erlangt als solcher universelle Geltung. Bedeutung hat Modernisierung in diesem Sinne insbesondere unter wirtschaftlich-technischem Gesichtspunkt erlangt: Die überlegende Wirtschaftskraft der modernen Gesellschaft wurde und wird als hauptsächliche Attraktion, als Unterwerfungsmechanismus, als Motor der Modernisierung betrachtet. Seit der Mitte des neunzehnten Jahrhunderts, am wohl durchschlagendsten in den fünfziger und sechziger Jahren des zwanzigsten Jahrhunderts galten "Modernisierung", "Fortschritt" und technisch-wirtschaftliche Innovation westlicher Prägung als synonym.[1]

Der Diskurs über eine heraufziehende *Postmoderne* (z.B. Lyotard 1979; von Beyme 1991; Baumann 1992) steht zum herkömmlichen Moderne-Diskurs in einem zweifachen Bezug:

---

1 Auch dabei stehen sich gegensätzliche Bewertungen gegenüber: die eindeutig negative Bewertung durch die wertkonservative Fortschrittskritik, die zwischen Faszination und revolutionärer Verdammnis schwankende Bewertung in der marxistischen Literatur und schließlich die ungebrochen positive Bewertung bei Fortschrittsfetischisten vom Schlage eines Rostow (1960) oder Kahn (Kahn/Wiener 1968).

1) Die herrschende Rationalität (und mit ihr die Rationalität der Naturbeherrschung) wird in Frage gestellt, wodurch ein positiver antimoderner Naturbezug möglich wird;
2) Pluralität und geringe Wertebindung ("anything goes") sind charakteristisch. Damit wird das für die klassische Moderne festgestellte Grundmuster der Entkoppelung noch weiter ausgefächert; die Individualisierungstendenz, die Entkoppelung von gesamtgesellschaftlich bindenden Werten, die funktionale Ausdifferenzierung, pluralistische Lebens- und Politikformen, die neben Initiativen zum Umweltschutz unter Umständen auch Formen der Naturzerstörung zulassen, prägen die Gesellschaft stärker denn je.

Auch die postmoderne Variante der Moderne-Diskussion eröffnet also keine gangbare Brücke zwischen "Umwelt" und Moderne: Einerseits wird die Moderne durch die Postmoderne rationalitätskritisch für beendet erklärt - Kritik der Umweltzerstörung ist dann nicht mehr rational, nicht mehr innerhalb der Moderne möglich. Andererseits setzt sich auch innerhalb der Postmoderne die soziale und ökologische Entkoppelung, die zur Umweltproblematik geführt hat, weiter fort. Postmoderne und Umweltschutz begegnen sich daher nur flüchtig: Umweltschutz mag innerhalb des pluralistischen Spektrums von Meinungen und Lebensstilen partiell und zeitweise "in" werden; eine tragfähige Wert- und Verhaltensorientierung zugunsten eines verträglicheren Verhältnisses zwischen Mensch und Natur muß sich daraus nicht ergeben. Geradezu ein Gegensatz zum postmodernen Weltbild stellt schließlich öffentliches, unter Umständen restriktives, Handeln im Sinne von Umweltschutz und Umweltgestaltung dar.

Wenn die herkömmliche Moderne in einem prinzipiellen Entkoppelungsverhältnis zur Natur steht, also einer Rückbindung zwischen Mensch und Natur sogar entgegenwirkt; wenn die Postmoderne zwar die Chance zum "New Age" läßt, aber auch das Ob und Wie öffentlichen Handelns zur Bewältigung der zivilisatorischen Folgelasten der Moderne offenläßt - wie läßt sich dann eine Verbindung von Moderne und konstruktivem Umweltbezug herstellen ? Ich prüfe im folgenden den von Ulrich Beck in die Diskussion eingeführten Begriff der "reflexiven Modernisierung" auf seine Eignung.

2. Reflexive Modernisierung

2.1 Der Begriff reflexiver Modernisierung

Ulrich Becks Verwendung des Begriffes "reflexive Modernisierung" (Beck 1986, 1991) ist weit weniger geschlossen, als es nach einer lediglich begriffsbezogenen Interpretation (Zapf 1991, Wehling 1992) den Anschein hat. Beck führt den Begriff im Vorwort zur "Risikogesellschaft" zwar mit Stichworten wie "einfache und reflexive Modernisierung", "Rationalisierung zweiter Stufe" leicht faßlich im Sinne einer "Modernisierung der Moderne" ein (Beck 1986: 12-21). Die Gesellschaft bezieht sich dabei auf Folgeschäden der herkömmlichen, "einfachen" Modernisierung. Wie dieser Bezug denn nun aussieht, bleibt bei der Lektüre der Beck'schen Texte allerdings offen. Nach Beck ist eine Gesellschaft reflexiver Modernisierung "eine Gesellschaft, in der auseinandergezogen wird, was bisher analytisch als zusammenhörig gedacht wurde" (Beck 1991: 41). Kennzeichnend für diesen Gesellschaftstypus sind:

- die Industrieproduktion ohne Industriegesellschaft, verstanden als lebensweltliches Modell, bei dem Geschlechtsrollen, Kleinfamilien und Klassen ineinander verschachtelt sind. "Die Dynamik von Wirtschaft, Politik, Wissenschaft löst die Industriegesellschaft als Erfahrungszusammenhang auf. Die Menschen werden freigesetzt aus den industriellen Sicherheiten und Standardlebensformen" (ebd.);
- die Aufspaltung der Gesellschaft in ein in den Institutionen geltendes Selbstbild, das die alten Normalitäten der Industriegesellschaft konserviert, und in eine Vielfalt lebensweltlicher Realitäten, die sich davon immer weiter entfernen. Nurmehr personelle Institutionen (als "Reiter ohne Pferd") erleiden akuten Legitimationsverlust;
- ein Auseinanderziehen der Strukturen der Industrieproduktions- und der Industriefolgengesellschaft (durch Externalisierung produzierter Risiken) (ebd.: 41).

Die Beck'sche Gesellschaft "reflexiver Modernisierung" ist damit eine in viele neue Teilformen und Tendenzen zerfallende Gesellschaft. Sie läßt sich nach dem in Kapitel 1 dargestellten Terminus als Gesellschaft weiterer Entkoppelung des Individuums, sei es durch den Bruch traditioneller Sozialverbände der Industriegesellschaft, sei es durch die technisch-ökonomische Überwindung räumlich-sektoraler Bindungen von Schadensproduktion und Schadens- bzw.- Risikoanfall, bezeichnen. Die Reflexivität der Gesellschaftsentwicklung ist also nur insoweit bestimmt, als sich etwas, was sich früher einmal - im Übergang zur Industriegesellschaft - geändert hat, nun wieder ändert. Die Art und Richtung der gesellschaftlichen Reflexion aber bleibt unklar. Noch am deutlichsten sind Verweise darauf, daß sich klassisch-moderne Tendenzen der Entkoppelung wie die Tendenz zur Individualisierung weiter verstärken. Ob Vorgänge reflexiver Modernisierung bewußt oder unbewußt, gezielt oder ungezielt vor sich gehen, wie sie sich im soziopolitischen Themenspektrum öffentlichen Handelns niederschlagen und unter welchen Akteurskonstellationen es zu soziopolitischen Reflexionsprozessen kommt, bleibt ungeklärt.

Im Unterschied zu Beck interpretiere ich "Reflexive Modernisierung" als einen sich auf Folgeprobleme der einfachen Modernisierung (Entkoppelung) beziehenden Innovationsprozeßt, der Elemente bewußter sozialer Steuerung enthält. Modernisierungsprozesse weisen, wie alle politisch-sozialen Prozesse, Bedingungen und Verlaufsmuster eines ungesteuerten Prozesses auf; sie sind komplex, in der Regel konflikthaft und damit nie vollständig steuerbar. Im Zusammenspiel staatlicher und außerstaatlicher Akteure kommt es jedoch, insbesondere bei stabilen institutionellen Bedingungen, sehr wohl zu Formen gezielter Entscheidungsbildung und -umsetzung mit Gemeinwohlanspruch, zu öffentlichem Handeln. In den Prozeß reflexiver Modernisierung fließen damit Ansätze rationaler Steuerung mit Gemeinwohlanspruch ein. Typische Ausdrucksformen solcher reflexiven Modernisierung ist die Entwicklung von Politiken mit Bezug auf Folgelasten einfacher Modernisierung. Ein frühes Beispiel derartiger Politik war die moderne Sozialpolitik, ein aktuelles ist die Umweltpolitik. Gesellschaften, in denen solche Politiken stark entwickelt sind, können daher als (reflexiv-) modern verstanden werden. Damit stellt sich die Frage nach den Voraussetzungen solcher Modernisierung.

2.2 Entstehungsbedingungen reflexiver Modernisierung - das Modell der Interessenspirale

Reflexive Modernisierungsprozesse werden häufig funktionalistisch erklärt. Reflexive Modernisierung, beispielsweise die Ausbildung effektiver Umweltpolitik, ist demnach eine Notwendigkeit gesellschaftlicher Selbsterhaltung. Demnach wächst der soziopolitische Modernisierungdruck angesichts steigender zivilisatorischer Probleme so stark an, daß eine entsprechende Veränderung nicht ausbleiben kann (Problemdruck-These). Wie mehrfach gezeigt (Prittwitz 1990, 1991; Jänicke 1990; Oberthür 1992a; Fischer 1992), reicht eine solche funktionalistische Betrachtung jedoch nicht aus, um Prozesse reflexiver Modernisierung zu verstehen. Hierzu berücksichtigt werden muß vielmehr die Wechselbeziehung zwischen Modernisierungsanstößen und Modernisierungskapazität. Im folgenden stelle ich derartige Wechselbeziehungen in Form eines Ablaufmodells, des Modells der Interessenspirale, dar.

Akteure präferieren in einer politischen Entscheidungssituation bestimmte Handlungsoptionen, wofür die wahrgenommenen Nutzen-Kosten-Relationen jeweiliger Handlungsoptionen von großem Gewicht sind. Diese Wahrnehmung politischer Nutzen oder Kosten wiederum findet auf der Grundlage bestimmter situativer Interessenlagen der jeweiligen Akteure statt. Zwischen politischer Präferenz und situativen Bedingungen eines Akteurs können zwar durchaus durch Informationsmängel, kognitive und affektive Orientierungsdifferenzen und ähnliches Diskrepanzen entstehen; es erscheint jedoch sinnvoll, einen engen Zusammenhang zwischen subjektiver Interessenwahrnehmung und situativen Interessenbedingungen anzunehmen (Scharpf 1991; Zürn 1992).

Grundlegend für das hier dargestellte Modernisierungsmodell ist die Unterscheidung soziopolitischer Interessentypen: Status-quo-Interessen, Veränderungs- und Helferinteressen.[2] Status-quo- und Veränderungsinteressen sind, wie ihr Name sagt, auf die Erhaltung des jeweiligen status-quo bzw. dessen Veränderung gerichtet und stehen demnach zueinander in striktem Gegensatz. Helferinteressen dagegen sind lediglich darauf ausgerichtet, aus der Helferrolle bei der Bewältigung zivilisatorischer oder auch politischer Probleme Nutzen zu ziehen. Sie beziehen sich also nicht auf die jeweilige Sachproblematik per se, sondern lediglich auf die Tatsache, daß diese Problematik zu einem soziopolitischen Problem wird (aus dessen Behandlung sie Nutzen ziehen). Sie bilden damit einen Interessentyp zweiter Ordnung gegenüber den sachorientierten Interessen erster Ordnung, nämlich Status-quo- und Veränderungsinteressen.

Abbildung 1: Akteurskonstellations-Modell reflexiver Modernisierung

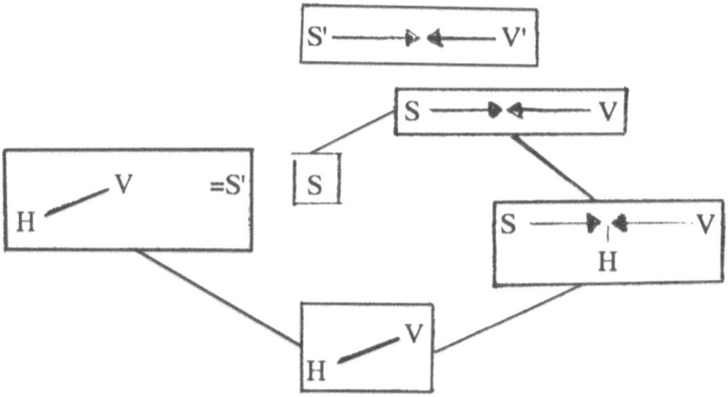

Legende: S: Status-quo-Interessen; V: Veränderungsinteressen; H: Helferinteressen;

---

2 Die bisher verwendeten Benennungen "Verursacher"-, "Betroffenen"- und Helferinteressen (Prittwitz 1990: 202 - 208) sind eingängig, erschweren aber die Einsicht in die grundsätzliche Unabhängigkeit der jeweiligen Interessentypen von bestimmten Akteurstypen. Entscheidend sind meines Erachtens nicht die jeweils verwendeten Benennungen, sondern das Ablaufmodell und die mit ihm korrespondierenden Kapazitäts-Überlegungen.

Der *Prozeß reflexiver Modernisierung* kommt nach dem Modell der Interessenspirale in einer charakteristischen Folge der Bildung und Rückbildung von Interessen erster und zweiter Ordnung zustande: Demnach stößt die zunächst allein bestehende Präferenz für den Status-quo auf eine innovationsorientierte Gegenpräferenz. Diese setzt sich jedoch nicht ohne weiteres gegen die Status-quo-Präferenz durch. Dies geschieht vielmehr erst, wenn sich eigenständige Helferinteressen entwickeln, womit sich ein Interessendreieck aus Status-quo-, Veränderungs- und Helferinteresse bildet. Dieser Modernisierungsschritt ist kritisch, weil hierzu die Träger der Helferpräferenz ihre schwebende Position über Status-quo- und Innovations-Interessen aufgeben und sich zumindest bis zu einem gewissen Grad mit den Trägern von Innovationsinteressen verbinden müssen.

Mit der Verbindung von Veränderungs- und Helferinteressen bestehen beste Chancen, daß Status-quo-Präferenzen an Einfluß verlieren. Dies gilt insbesondere, da häufig dieselben Akteure Träger von Status-quo- und Helferinteressen sind. Vollzieht sich ein solcher Substitutionsprozeß von Handlungspräferenzen bei wichtigen Akteuren, wird soziopolitische Modernisierung möglich. Innovation auf der Grundlage von Veränderungs- und Helferinteressen hat in aller Regel allerdings nur bezüglich des Ausgangsproblems problembewältigende Funktion. Bei sich verändernder Problemlage reicht die jeweilige Innovation unter Umständen nicht aus. Es kann zu einem unabhängigen Wertwandel kommen, durch den neue Innovation notwendig erscheint. Unter Umständen kann auch die gerade vollzogene Modernisierung ihrerseits zu Folgeproblemen führen, die wieder zum Gegenstand neuer Innovationspräferenzen werden. In all diesen Fällen wandeln sich die bisherigen Innovations- und Helferinteressen zu einem neuen Status-quo-Interesse. Entsteht eine Gegenposition zu diesem neuen Status-quo-Interesse, kommt es zu einer neuen Windung der Modernisierungsspirale nach dem eben beschriebenen Muster.

Reflexive Modernisierung ist demnach kein einmaliger Prozeß. Es kann vielmehr zu zahlreichen Modernisierungs"schleifen" erster, zweiter, dritter bis n-ter Ordnung kommen. Früher aufgetauchte Probleme sollen in folgenden Reflexionsvorgängen bewältigt oder vermieden werden, aber die jeweiligen Akteurskonstellationen sind ähnlich.

2.3 Interessenkonstellationen und öffentliches Handeln - ein Modernisierungsmodell

Was sind nun die Voraussetzungen dafür, daß sich die "Interessenspirale" wie dargestellt drehen kann ? Die wichtigste Voraussetzung für die Herausbildung von Veränderungsinteressen wird häufig entsprechend dem oben beschriebenen funktionalistischen Denkansatz in der Entstehung von Problemdruck durch Betroffene gesehen: Ein zivilisatorisches Problem schafft Betroffene, die das Problem möglichst rasch und gründlich gelöst sehen möchten, sofern sie es nicht selbst lösen können. Objektive Betroffenheit setzt sich jedoch keineswegs immer in subjektiv wahrgenommene Betroffenheit um; und diese wird nicht unbedingt politisch artikuliert. Betroffenheit kann sich vielmehr auch in Lethargie, Resignation oder Zerstörungswut niederschlagen. Typisch hierfür ist die Situation in Ballungsräumen mit ausgeprägter individueller beziehungsweise sozialer Entkoppelung des Typs Los Angeles (Vereinzelung, Bildung asozialer Gruppen).

Die Chance dafür, daß sich Betroffenheit in Veränderungspräferenz umsetzt, steigt mit den vorhandenen Wahrnehmungs- und Handlungskapazitäten der Betroffenen. Hierzu zählen sozioökonomische und politisch-institutionelle Rahmenbedingungen. Solche Rahmenbedingungen wiederum sind aber in der Regel nur mit Hilfe öffentlichen Handelns erreichbar. Dies gilt offensichtlich für das Setzen institutioneller, zum Beispiel rechtlicher Rahmenbedingungen, die Artikulation politischer Meinungen, dabei auch Minderheitsmeinungen, ermöglichen, indirekt auch für eine Zügelung der gesellschaftlicher Gewaltausübung durch öffentliche Instanzen, wodurch politische Positionen überhaupt erst politisch diskussionsfähig werden. Von Bedeutung können aber auch technische, informatorische, ökonomische und kulturelle Aktionen zur Unterstützung Betroffener oder Anderer sein, die eine Veränderung der Politik in dem jeweiligen Zusammenhang anstreben. Eine nicht unbedingt staatliche, aber doch öffentliche Leistung, die das Aufkommen von Veränderungspräferenzen erleichtert, ist die öffentliche Information über zivilisatorische Folgeschäden, gegebenenfalls auch die symbolische Überhöhung zivilisatorischer Probleme (Rucht/Kretschmer 1988, Bourdieu 1989, Prittwitz u.a. 1992).

Auch die Herausbildung jeweiliger Helferinteressen vollzieht sich im allgemeinen nicht ohne jeden Einfluß öffentlichen Handelns: Technische Innovationsprozesse sind, wie die soziologische Technikforschung gezeigt hat, in hohem Maß durch institutionelle und unternehmenspolitische Faktoren beeinflußt (Knie/Helmers 1992). Auch die staatliche und außerstaatliche Forschungspolitik (z.B. in Verbänden) beeinflußt, wie sich zum Beispiel im Energiesektor anhand der langen stagnativen Dominanz der Mittelvergabe zugunsten der Kernkraft gezeigt hat, in beträchtlichem Maße die Entwicklungsmöglichkeit von Hilfskapazitäten und entsprechenden Interessenlagen. Auch Helferinteressen können sich weiterhin nur dann artikulieren, wenn die institutionellen Verfahrensbedingungen dafür gegeben sind: Es müssen die formal-rechtlichen und politisch-prozessualen Voraussetzungen dafür bestehen, daß sich Minderheitspositionen politisch artikulieren können. Voraussetzung für reflexive Modernisierung sind schließlich politisch-kulturelle Bedingungen eines öffentlichen Diskurses. Der Modernisierungsprozeß kann nur in Gang kommen, wenn neben einer Artikulations- und Konfliktkultur auch eine Kommunikations- und Verständigungskultur der Beteiligten besteht. Dies gilt insbesondere für die kritische Übergangsphase vom ausgebildeten Interessendreieck zur Dominanz von Innovations- und Helferinteressen. Gerade in dieser Phase ist die Fähigkeit der Beteiligten entscheidend, die starre Koppelung bestimmter Präferenzmuster an bestimmte Träger (Personen oder kollektive Akteure) aufzugeben, beziehungsweise einen Präferenzwandel einzelner Akteure zu akzeptieren.

2.4 Die Veränderung des Spektrums öffentlicher Aufgaben im Zeichen reflexiver Modernisierung

Die aus dem Modell der Interessenspirale gewonnen Aussagen daüber, welche öffentlichen Aufgaben für den Prozeß reflexiver Modernisierung typisch sind, lassen sich nun noch durch allgemeinere Überlegungen zu einer Veränderung des Spektrums öffentlicher, insbesondere staatlicher Aufgaben ergänzen. Bezugspunkt sind dabei die klassischen Aufgabenfelder "Äußere Sicherheit", "Innere Sicherheit" und "Daseinsvorsorge".[3]

Äußere Sicherheit

Äußere Sicherheit impliziert im Zeichen der Globalisierung von Technik, Wirtschaft und Gesellschaft, etwa globalen Tourismus und globaler Migration, vor allem aber der globalen Ausbreitung "moderner" Vernichtungswaffen, zunehmend die Anforderung globaler Sicherheit. Dabein steht das Erfordernis, über Abwehrwaffen zu verfügen, die dem aktuellen Stand der Kriegstechnik entsprechen, der Gefahr selbstgefährdender Überrüstung gegenüber. Reflexive Modernisierung impliziert einen über den einseitigen Sicherheitsbegriff ("Äussere Sicherheit", "Nationale Sicherheit") hinausgehenden komplex-gebundenen Begriff des Systems von Sicherheit aller Beteiligten. Dazu gehören nach wie vor Kapazitäten der einseitigen Abwehr, vor allem aber soziopolitische und kulturelle Muster gemeinsamer Sicherheit, insbesondere stille Institutionalisierungsformen gemeinsamer Interessen und Werte.

Innere Sicherheit

Ähnlich wie im Bereich äußerer Sicherheit ergeben sich hinsichtlich der inneren Sicherheit komplexe Aufgabenstellungen, die nicht mit "law and order"-Gehabe oder einer Aufrüstung der Polizei, sondern nur im Zuge eines staatlich-gesellschaftlichen Gefüges öffentlichen Handelns bewältigt werden können. Hierzu gehören insbesondere die Vitalisierung der öffentlich-politischen Diskussion und soziale Gleichheitsnormen bezüglich Chancengebung für die einzelnen gesellschaftlichen Teilsysteme beziehungsweise Wirtschaftssektoren. Innere Sicherheit verflechtet sich unter diesem Gesichtspunkt derart eng mit

---

3 Das Spektrum öffentlicher Aufgaben weist historisch eine bestimmte Konstanz auf (Vollrath 1990). Nicht nur der Niedergang der in früheren Jahrhunderten einflußreichen Lehre von den Staatszwecken weist allerdings darauf hin, daß sich das Spektrum der öffentlichen Aufgaben um die Kernbereiche der inneren und äußeren Sicherheit historisch beträchtlich verändert hat und laufend verändert (Kaufmann 1991).

anderen Gesichtspunkten von Innepolitik, beispielsweise der Wirtschafts-, Sozial-, Landwirtschafts-, Umwelt- oder Forschungspolitik, daß es zu einem gegliederten Sicherheitsbegriff kommt.

So hat sich Umweltschutz bereits historisch zumindest in den Ballungsräumen als Schutz vor technisch-zivilisatorischen Gefahren entwickelt; er gehört insoweit zum Kernbereich öffentlichen Handelns, der Gewährleistung öffentlicher Ordnung und Sicherheit. Im Zuge wachsender Sensibilität für Umweltgefahren und Gestaltungsmöglichkeiten der Mensch-Umwelt-Beziehung wächst Umweltpolitik auch zu einem anerkannten Kernbereich öffentlichen Handelns in der modernen Gesellschaft heran.

Management von Modernisierungsfolgen

Die Herausbildung von Umweltpolitik bedeutet eine Erweiterung des traditionellen Themenspektrums und insoweit eine thematische "Modernisierung" von Politik: Über die klassischen Bereiche der Territoriumssicherung, der Sicherung von Frieden und Sicherheit, der Leistungs- und Dienstleistungsverwaltung und der sozialen Daseinsvorsorge hinaus werden nun Management bzw. Vermeidung zivilisatorischer Folgeschäden für Mensch und Umwelt zum Gegenstand politischen Handelns. Der politische Horizont weitet sich um den sachlichen Aspekt (zivilisatorischer Verhaltensfolgen auf Umwelt und Mensch), den zeitlichen Aspekt (mögliche Verhaltensfolgen für kommende Generationen) und den räumlichen Aspekt der Um-Welt (grenzüberschreitende, unter Umständen globale zivilisatorische Rückwirkungen eigenen Tuns).

Umweltpolitik ist allerdings keineswegs die erste Form selbstbezüglicher Politik der modernen Gesellschaft. Ihr voran gingen klassische "defensive" Politikbereiche wie die Sozial- und Gesundheitspolitik. Typische Folgeprobleme moderner Entkoppelung wie Massenarbeitslosigkeit, soziale Entwurzelung, Kriminalität, Altenproblematik, neue gesundheitliche Gefahren und Risiken oder Umweltbelastung werden in der Gesellschaft reflexiver Modernisierung thematisiert und darüber vermittelt zum Gegenstand öffentlichen Handelns. Der moderne Staat wird damit zumindest anspruchsmäßig zu einem

Sozial-, Wohlfahrts-, Kultur- und Umweltstaat.[4] Sichtbarster Ausdruck dieser historisch allerdings vielfach gebrochenen Tendenz ist die Aufnahme entsprechender Ziel-, zumindest Staatszielbestimmungen in die verfassungsmäßige Grundlage öffentlichen Handelns.

Erweiterte Daseinsvorsorge und Zukunftsgestaltung

Reflexive Modernisierung ist keineswegs nur "defensive" Modernisierung zum Ausgleich eingetretener Folgeschäden früherer Modernisierung; sie kann auch in einer sich selbst tragenden Weiterentwicklung von Modernisierungsansätzen über den jeweiligen Ausgangszustand der Reflexion hinaus bestehen. Charakteristisch hierfür sind etwa strukturelle Vertiefung und Weiterentwicklung sozialstaatlicher Ansätze, die eigenständige Weiterentwicklung bildungspolitischer Zielorientierungen und Formen ökologischer Modernisierung, die sich nicht mehr bestimmten Umweltbelastungen zuordnen lassen.

Genauso wie die Handlungsziele dieser Politikbereiche sind auch die Ziele und Werte der Umweltpolitik inzwischen keineswegs mehr nur defensiver Art: Sanierung, Kompensation, Verminderung und Vermeidung von Umweltschäden werden zunehmend überwölbt durch die Ziele umweltgerechter Gestaltung, Planung und Entwicklung. Zunächst negativ gefaßte Selbstbezüglichkeit wird zum integralen Entwicklungsaspekt moderner Gesellschaft.

Unter günstigen Entwicklungsbedingungen wird die Umweltpolitik zunehmend zu einem Motor für die Ausbildung gesellschaftlicher Selbstbezüglichkeit auch in Bereichen, die ursprünglich gar nicht als umwelttypisch galten, beispielsweise der Wirtschafts-, Verkehrs, Landwirtschafts-, Forschungs-, ja sogar der Außenpolitik. Diese gesellschaftlich-politische Querschnitts-, Mobilisierungs- und Anregungsfunktion der Umweltpolitik bezieht sich sowohl auf die inhaltliche Ausgestaltung als auch auf die institutionelle Struktur und Verfah-

---

4 Am weitesten vorangeschritten hierzu ist die sozialwissenschaftliche Diskussion des Wohlfahrtsstaates (z.B. Kaufmann 1982; Schmidt 1988; Alber 1989; Heinze/Olk/Hilbert 1988; Hesse/Benz 1990); zur aktuellen Diskussion von Problemen derartiger materialer Staatsaufgaben in einer "gespaltenen Gesellschaft" vgl. Bermbach/Blanke/Böhret 1990; zu den Formulierungen eines Kultur- und Natur- bzw. Umweltstaates siehe Mayer-Tasch 1991.

rensweise. Sie hat ihre wichtigste Grundlage in der im Konzept "Umwelt" angelegten Weitung des Verhaltenshorizonts unter sachlichem, räumlichem und zeitlichem Gesichtspunkt (Einbeziehung der natürlichen und gebauten Umwelt, Um-Weltpolitik, Nachweltpolitik).

Zwischen umweltpolitischer Innovation und allgemeiner reflexiver Modernisierung besteht also ein Wechselverhältnis: Allgemeine Voraussetzungen reflexiver Modernisierung, insbesondere ökonomisch-technische und politisch-institutionelle Kapazitäten, fördern die Entwicklung gezielter Umweltpolitik. Umgekehrt wird Umweltpolitik häufig zum Zugpferd allgemeiner sozialer und politischer Innovation.

Reflexionstiefe

Reflexive Modernisierungsprozesse beziehen sich zwar auf jeweils bestimmte Strukturen modernen Gesellschaft - mit ihren typischen Strukturen und Abläufen - sie können jedoch unterschiedliche Reflexionstiefe von der punktuellen Folgenreflexion über die Mittel- bis zur Ziel-, Wert- und Strukturreflexion aufweisen. Dabei sind auch Reflexionsformen vorstellbar, die herkömmliche Moderne- und Postmoderne-Muster der individuellen Entkoppelung zugunsten neuer Formen der Rückkoppelung, ja Bindung überformen. Moderne Lebensformen (Kleinfamilie, Vereinzelung) können mit neuen Formen gegliederter Gemeinschaftsbildung (Wohngemeinschaften, Vereine, Stadtteilkultur, sektorale Berufs- und Betriebskulturen usw.) kombiniert werden; die wertbezogene Entkoppelung wird relativiert durch die Wiedereinbindung in neue Wertbindungen ("Ligaturen").

Die öffentliche Diskussion dessen, was an gesellschaftlicher Regulierung notwendig ist, folgt vorherrschenden Wert- und Interessenorientierungen. Mit dem Wandel herrschender Wertorientierungen und Präferenzlagen im Sinne größerer Reflexionstiefe - über stärker präventive Handlungsformen und schließlich sogar strukturelle Veränderungen der (bisherigen) Moderne - kommt es mehr oder weniger ausgeprägt auch zu einem Wandel der öffentlichen Aufgabenfelder. Dies besagt jedoch nicht zwingend, daß staatliche Instanzen derartige Aufgabenbereiche alle oder zumindest im steigendem Maße unmittelbar bearbeiten. Im Rahmen reflexiver Modernisierung ändern sich nämlich auch Strategien und Verfahrensformen öffentlichen Handelns.

2.5 Die Veränderung von Verfahren und Strategien öffentlichen Handelns

Die politische Wahrnehmung zivilisatorischer Folgeprobleme der Moderne impliziert die öffentliche Diskussion inhaltlicher Defizite öffentlichen Handelns, aber auch die öffentliche Kritik der für diese Handlungsdefizite "verantwortlichen" politisch-institutionellen Bedingungen. Gegenüber den institutionellen Formen der Entkoppelung des Staates von der Gesellschaft - einer Errungenschaft erster Ordnung für die Ausbildungsmöglichkeit freier Gesellschaft und eines effizient arbeitenden Staates (Kaufmann 1991) - werden jetzt Bedürfnisse einer neuen Koppelung von Staat und Gesellschaft, dies allerdings bei grundlegender Ausdifferenzierung der Teilsysteme, artikuliert.

Geht es in der reflexiven Modernisierung gerade darum, zivilisatorische Folgeschäden der Moderne zu beheben oder zu vermeiden, so treten neben Schadensexperten die durch die Schäden Betroffenen oder Bedrohten in den Mittelpunkt der öffentlichen Aufmerksamkeit: Bürgerinitiativen, Verbände und andere Repräsentanten Betroffener erkämpfen sich nach und nach Partizipationsrechte und -möglichkeiten am politischen Willensbildungsprozeß. Die lediglich über abstrakte (entkoppelt erscheinende) Formen politischer Willensrepräsentation, so gesamtstaatliche Wahlen, legitimierte Entscheidungsfindung wird "unterfüttert" durch Willensbildungsformen, bei denen die unmittelbar Beteiligten Einfluß erhalten. Entscheidungen werden nicht einfach von oben herab (top down) gesetzt oder lediglich in einem Vorhof der Macht mit wenigen Verbänden abgesprochen, sondern immer häufiger und weitgehender in politischen Netz-werken unter Beteiligung aller betroffenen oder durchführungsrelevanten Akteure gebildet (Heclo 1978). Diese Policy-Netzwerke (Ma-rin/Mayntz 1991, Mayntz 1991) können zwar "Machthügel" zugun-sten oder zu Lasten einzelner Akteure aufweisen, sind aber grundsätz-lich eher nach den Verfahren des Aushandelns und gemeinsamen Pro-blemlösens unter Gleichberechtigten und weniger gemäß hierarchi-scher Entscheidungsbildung strukturiert. Policy-Netzwerke stehen weiterhin für eine inhaltliche Ausdifferenzierung der Beteiligtenkreise nach den jeweils zu behandelnden Problemen oder Entscheidungsop-tionen. Schließlich verkörpern sie neue Kombinationsformen staatli-cher, halb- und außerstaatlicher Akteure. Sie stehen daher im besonde-ren für die neue Ausbildung öffentlichen anstelle lediglich staatlichen Handelns.

Im Zusammenhang mit der reflexiven Veränderung der Entscheidungsverfahren zugunsten netzartiger Institutionen öffentlichen Handelns werden auch die klassischen Formen zentralstaatlichen Handelns durch reflexive Handlungsformen ergänzt, die den Beteiligten größere Handlungsräume, aber auch größere Verantwortung geben. Diese umfaßt die Formen reflexiven Rechts, wonach durch zentralstaatliche Einrichtungen lediglich Rechtsrahmen-Bedingungen gesetzt und die Ausformung und Umsetzung dieser Rahmenbedingungen bei den jeweiligen Bereichs-Akteuren liegt. Über formal-rechtliche Formen hinaus kommt es aber vor allem zu einem Aufschwung informeller - und als solcher legimitierter - Verwaltungs- und Kommunikationsformen im Sinne öffentlichen Handelns (Mayntz (Hg.) 1983, Wewer 1991, von Beyme 1991a).

Zusammen gesehen ergibt sich damit die Kombination direkter und indirekter Steuerungsimpulse und die Ausfächerung eines politischen Handlungssystems unterschiedlicher Handlungstypen als typisches Muster öffentlichen Handelns. Dabei sind indirekte und eher zurückhaltende zentralstaatliche Beeinflussungsformen für Übergangsphasen, die Ergänzung dieser Instrumententypen durch Formen klassischer zentralstaatlicher Regulierung und Sanktionierung für Phasen mit ausgeprägtem Wertekonsens charakteristisch. Als eine Art Klammer informeller und formeller, Top-down- und Bottom-up-Mechanismen dient dabei der öffentlich-politische Diskurs. Dieser selbst kann seine Orientierungsfunktion im Rahmen reflexiver Modernisierung aber nur durch eigene Weiterentwicklung in Richtung einer wachsenden Ausdifferenzierung des öffentlichen Meinungsbildungs-Systems erfüllen. Dabei wird der gesamtpolitische öffentliche Diskurs in wachsendem Maß durch autopoietisch gebildete Teildiskurse, Fachöffentlichkeiten, ergänzt. Fachöffentlichkeiten und gesamtpolitischer Diskurs stehen in einem komplexen Wechselzusammenhang. Im Mittelpunkt des gesamtpolitischen Diskurses stehen nicht nur Grobentscheidungen, sondern immer wieder auch Detailprobleme. Dies jedoch nur insoweit, als diese Gesamtentscheidungslinien akzentuieren, symbolisch überhöhen. Die politische Agendabildung im Verhältnis zwischen öffentlichem Gesamtdiskurs und Teilöffentlichkeiten stellt insoweit eine Art Verteilerinstanz politischer Aufmerksamkeit für notwendige Veränderungen dar. In den Fachöffentlichkeiten werden Routineverfahren, aber auch Probleme ohne gesamtgesellschaftliche Symbolkraft abgehandelt.

Die Reformdiskussion politischer Institutionen in einzelnen Ländern (vgl. March/Olson 1989, Hesse/Benz 1990) entspricht nur partiell der hier dargestellten Entwicklungslogik reflexiver Modernisierung. Einfache und reflexive Modernisierungsschübe setzen sich nämlich international ungleich durch. Auch ist die Überlagerung einfacher und reflexiver Modenrisierungsstrukturen, nicht aber die ausschließliche Durchsetzung reflexiver Modernisierung die Regel. Unter besonderen Bedingungen, so am Beispiel des deutschen Einigungsprozesses zusehen, können Schübe einfacher Modernisierung sogar nach Schüben reflexiver Modernisierung einsetzen. Öffentliches Handeln vollzieht sich dann im Kampf verschiedener Modernisierungsmodelle.

Ökologische Modernisierung: Zwischen bürokratischem und zivilgesellschaftlichem Handeln

Joseph Huber

Ein Fachkompendium wie dieses unter der Überschrift "Umweltpolitik als Modernisierungsprozeß" wäre noch bis Mitte der 80er Jahre als Widerspruch in sich aufgefaßt worden. Denn unter Modernisierung verstand man im Kern Industrialisierung und Wirtschaftswachstum, und diese galten als Hauptursache der Umweltprobleme. "Ökologische Modernisierung" hieß somit "ökologische Industrialisierung" bzw. "ökologisches Wirtschaftswachstum", und sich etwas Derartiges als Beitrag zur Lösung der Umweltprobleme vorzustellen (Jänicke 1982; Huber 1982, 1986), damit u.a. auch industrielle Problemverursacher zugleich für die Problemlösung zuständig zu machen, war damals in keiner Weise resonnanzfähig - im Unterschied zu heute, wo bereits große Minderheiten, wenn nicht schon die Mehrheit, eine solche Vorstellung für einlösbar hält.

Die Umweltdiskussion im zurückliegenden Vierteljahrhundert durchlief eine Reihe charakteristischer Phasen. Von Beginn an wurde die Diskussion auf wissenschaftliche Art und Weise geführt, jedoch weniger auf Initiative und unter Führung der Wissenschaft denn vielmehr als öffentliche Diskussion in der Wissenschaftsgesellschaft, initiiert und getragen vor allem von bürgerlichen Vereinigungen wie dem Club of Rome, vor allem aber der weltweiten Ökologiebewegung und ihren Bürgerinitiativen, in deren Fahrwasser dann u.a. auch der religiöse Protestantismus einen gesellschaftspolitischen Jungbrunnen fand. Erst im Verlauf der 80er Jahre, spiegelbildlich zur abnehmenden Virulenz der neuen sozialen Bewegungen im Zuge der allgemeinen Diffusion ihrer wichtigsten Anliegen, wurden ökologische Fragestellungen zu einem integrierten Teil der etablierten wissenschaftlichen Disziplinen, wie ja auch der etablierten Politik, der etablierten Wirtschaft und überhaupt dem gesellschaftlichen Establishment.

Ökodebatte als Wachstumskontroverse

Eine erste Etappe der öffentlichen Umweltdiskussion kann vom Ende der 60er Jahre an die ganzen 70er Jahre hindurch datiert werden. Es war die Zeit der Formulierung der "Grenzen des Wachstums" und der sich daran knüpfenden Wachstumskontroverse (Forrester/Meadows-Bericht an den Club of Rome 1972; Zusammenfassung der Wachstumskontroverse bei Mishan 1980). Industrialisierung und Wirtschaftswachstum wurden als Ideologie des "immer mehr, immer größer, immer schneller, immer weiter" gebranntmarkt, aber auch verteidigt (z.B. Beckerman 1974). Gegner wie Befürworter einer weiteren Industrialisierung bezogen sich hierbei auf einen einigermaßen schlichten, auf das Quantitative vereinseitigten Wachstumsbegriff:

- als fortgesetztes Bevölkerungswachstum in Verbindung mit Verstädterung und Vermassung in den Großstädten,
- als fortgesetzte Produktionssteigerung aufgrund des Massenkonsums und der Gesetze der Massenproduktion (economies of scale),
- als massiv gesteigerter Verschleiß von Rohstoffen, Energie und Umweltmedien mit den fossilen Stoffen Kohle und Erdöl als zentralen Rohstoffen.

Man fragte "Wieviel ist genug ?", wann würden die Kosten der Zerstörung den Produktionsgewinn überwiegen (Kapp 1963, dt. 1977) ? Wo käme die Grenze, an der das Wachstum mittels immer machtvollerer Produktions-Techniken nicht mehr weitergehen kann und die Plünderung des Planeten sich selbst beenden würde (Mumford 1974; Gruhl 1978) ? In einer solchen Wahrnehmung schließen Ökonomie und Ökologie in einem krassen unversöhnlichen Gegensatz einander aus. Eingriffe in die Natur können nur als Zerstörung interpretiert werden, nicht als Gestaltung und Kultivierung (Bennett 1976). Deshalb mußte man aus ökologischer Sicht in einem so definierten Handlungsfeld *gegen* weiteres Wachstum sein.

Je nach persönlichem und politischem Temperament konnte man sich zu radikaleren und gemäßigteren Reaktionen bekennen. Die gemäßigteren Varianten formulierten sich in der Forderung nach Nullwachstum, differenzierter als steady state economy (Daly 1977, der damit J. St. Mill's Konzept der stationary state economy von 1848 wieder aufgriff). Die radikaleren Varianten wollten Wirtschaftsschrumpfung (Georgescu-Roegen 1971, 1979: Demain la décroissance). Sie zielten auf einen "Ausstieg" aus der Industriegesellschaft. Die vorwissenschaftliche und vortechnologische Kultur wurde idealisiert und neuerlich herbeigesehnt (Stavrianos 1976: The Promise of the Coming Dark Age). Diverse spirituelle und esoterische Strömungen gewannen Zulauf, die "New Age"-Bewegung entstand, obschon bald neubürgerlich gezügelt.

Gemäßigte wie radikale Varianten standen in der Tradition des Malthusianismus und vor allem der rousseauistischen und romantischen Zivilisationskritik (vgl. Huber 1991b) (im übrigen eine *moderne* Tradition, deren Elemente besonders in den Schriften von Illich fast vollzählig wiederkehrten). Eine allgemeingültige Grundlegung schien die Übertragung des Entropiegesetzes auf die Ökonomie zu geben (Georgescu-Roegen 1971, 1979) - wobei jedoch immer nur der Abbau, nie der Aufbau von Ordnung behandelt wurde.

Gegen die grünen Antimodernisten und Nullwachstums-Anhänger wurden zwei Hauptargumente vorgebracht. Zum einen ist Modernisierung zweifellos ein anthropogener Prozeß, aber es unterliegt nicht menschlicher Willkür, ihn schlicht zu stoppen und rückgängig machen. Die Kritiker des industriellen Machbarkeitswahns unterliegen selbst einem nicht geringeren Wahn betreffend der Machbarkeit des Ausstiegs. Zum anderen, wäre der Ausstieg machbar, müßte er unter industriellen ebenso wie vorindustriellen Bedingungen noch schneller in die Katastrophe münden, weil ein Einfrieren oder Zurücknehmen der Produktion beim gegebenen (d.h. ökologisch noch wenig entwikkelten) Stand der Produktivkräfte und bei mehreren Milliarden Menschen in hochverdichteten Lebensräumen sich unmittelbar katastrophal auswirken muß. Der hohe Bestand an menschlichen Populationen und an sie geknüpfter Material- und Energieflüsse ist als solcher für unabsehbar lange Zeit nicht mehr rückholbar.

Ökodebatte als Streit zwischen Fundamentalisten und Realisten

Die Ausstiegs-Verfechter verkannten weitgehend, daß die antimodernistische Kritik stets Teil der selbstkorrektiven Entwicklung der Moderne gewesen ist, Ausgangspunkt von Reformen und Innovationen. Verkannt wurde deshalb u.a. auch, daß die Wissenschaft selbst ihre Paradigmen im Sinne des Systemisch-Evolutiven erneuert, daß Nützlichkeitsdenken, Gewinn- und Konsumstreben sich neu relationieren, zum Beispiel im Konzept der Lebensqualität, daß die economies of scale sich zu economies of scope ausdifferenzieren, und daß der monetäre Wertzuwachs sich vom materialen Mengenzuwachs teilweise abkoppeln kann. Außer dem Einsatz von Kapital und Arbeit läßt sich auch der Einsatz von Naturfaktoren rationalisieren, so daß die Steigerung der Stoff- und Energieeffizienz und eine damit steigende Umweltproduktivität sogar als Gewinnquelle in Aussicht stehen. Ökologie wird in dieser Perspektive zu Ergebnis ebenso wie Bedingung rentabler Ökonomie, der Konflikt von Ökologie und Ökonomie im Prinzip aufhebbar.

Im Versuch, den Konflikt zwischen Ökonomie und Ökologie durch moderne Mittel der Industriegesellschaft selbst (als High-Tech-Gesellschaft, Dienstleistungsgesellschaft, Informations- und Kommunikationsgesellschaft, Wissensgesellschaft) zu lösen, zeigt sich der Übergang zu einem erneuerten, einem erweiterten und vervollständigten Modernisierungsverständnis. Systemwachstum bedeutet nicht nur mehr vom Gleichen oder mehr vom Gleichartigen, sondern Übergang zu etwas Neuartigem durch Differenzierung, Struktur- und Funktionswandel der Systemteile, durch Innovation, zum Beispiel in Gestalt der Einführung von neuen, umweltverträglicheren Produkten und Herstellungsverfahren oder der Ausbreitung eines umweltbewußten Verbraucherverhaltens.

Die Frage stellt sich: Geht das überhaupt ? Kann man tatsächlich auf hohem Bestandsniveau umweltverträglich "anders konsumieren", oder wird man letztlich doch nicht umhin kommen, "weniger konsumieren" zu müssen. Kann man das Industriesystem, statt "auszusteigen", tatsächlich ökologiegerecht "umbauen" ? Bietet zwischen der bloßen "Abrüstung" oder "Aufrüstung" eine realpolitische "Umrüstung" einen gangbaren Weg ? Wenn dem so sein sollte (wofür sich immer mehr Argumente finden und wovon hier auch ausgegangen wird), kann es der Ökologiebewegung nicht mehr um De-Industrialisierung, De-Monetarisierung usw. gehen, sondern um Re-Strukturierung des Industriesystems, um eine naturkreislaufintegrierte Re-Adaption der Produktions- und Konsumkreisläufe mit Hilfe neuester Wissenschaft und Technik, mit professionellem Know-How gehandhabt, gesteuert durch Recht, Geld und personale Verantwortungsethik. Erst der Aufbau dieser Kapazitäten im Zuge der fortschreitenden Industrialisierung macht eine ökologische Modernisierung bis hin zu einer integrierten strukturellen Ökologisierung möglich (Prittwitz 1990).

Durch solche Überlegungen ergab sich im Verlauf der 80er Jahre eine neue Frontstellung. Die ökologisch orientierten Wachstumskritiker hatten die "Betonfraktion" des Weiter-Wachsens-wie-bisher aus dem Feld geschlagen. Nun spalteten sie selbst sich in die sog. Öko-Realisten ("Realos"), die sich die Vision einer ökologischen Modernisierung, in welcher Form auch immer, zu eigen machten, und in die sog. Öko-Fundamentalisten ("Fundis"), die teils an den bisherigen Ausstiegs- und Verzichtsperspektiven festhielten, teils, diffus bleibend, revolutionäre Systemveränderungen statt Reformen verlangten. Mit dem Verblassen der sozialistischen Utopie und dem Zusammenbruch des real existierenden Sozialismus ist auch diese Strömung untergegangen. Sofern öko-fundamentalistische Strömungen noch weiterbestehen, liegen sie überwiegend im Einflußbereich eines quasi pietistischen Verzichts-Konservatismus.

Differenzierte Wachstumskonzepte

Angebahnt hatte sich die Wendung zum Konzept einer ökologischen Modernisierung schon in den 70er Jahren. Eine Reihe von Beiträgen baute damals ergänzend aufeinander auf:

- Das "organische" Wachstum (Mesarovic/Pestel 1974) orientierte sich am biologischen Modell der logistischen Populationsdynamik. Diese steigt in einem S-Kurvenförmigen Verlauf erst exponentiell an, um sich danach tangential einem neuem Plateauwert anzunähern.

- Das "selektive" Wachstum (Gartner/Riesman 1978; Eppler 1981) hatte den Strukturwandel der Beschäftigung und der Wirtschaft im Auge. Die Bedeutung von Landwirtschaft und Industrie würde relativ zurückgehen, während man von den zunehmenden Dienstleistungen sowie den Informations- bzw. wissensbasierten Tätigkeiten annahm, sie seien per se umweltfreundlich.
- Das "entkoppelte" Wachstum (Binswanger u.a. 1983) zielt darauf ab, ein Produkt bzw. eine Energiedienstleistung mit einem geringeren Ressourceninput und bei geringerer Umweltbelastung zu erzielen. Dies soll mit Hilfe rationellerer Verfahren, neuer Methoden, veränderter Produktkonstruktion u.a erreicht werden. Tatsächlich hat seit den Ölpreisschüben der 70er Jahre eine relative Entkopplung des Energieverbrauchs vom Wirtschaftswachstum stattgefunden. Zum Beispiel stieg das BIP der Bundesrepublik zwischen und 1980 und 1990 um jahresdurchschnittlich 2,1 Prozent, während der Primärenergieverbrauch um jahresdurchschnittlich 0,1 Prozent zurückging (iwd 22/1991: 6).
- Das Konzept des "qualitativen Wachstums" wurde zur Brücke, über die die Parteigänger von Ökologie und Ökonomie einander näher kommen konnten. Die Autorschaft des Konzepts scheint nicht mehr eindeutig rekonstruierbar (Wicke 1982; Binswanger u.a. 1983; Majer 1984). "Qualitativ" signalisiert die Erkenntnis, daß die aufs Quantitative fixierte Wachstumskontroverse nicht weiter führt, bleibt darüber hinaus jedoch abstrakt und unbestimmt. Der Ausdruck verbreitete sich Mitte der 70er Jahre (u.a. durch einen Kongreß der Gewerkschaft IG Metall) zusammen mit dem Begriff der Lebensqualität. Der Ausdruck führt die zuvor genannten Ideen mit sich und betont darüber hinaus noch mehr das Element des Strukturwandels. Protagonisten der technischen Innovation und der Marktdynamik können sich darin ebenso wiederfinden wie Fürsprecher sozialer Reformen (Strasser/Traube 1981).

Eine hierbei gemeinsam geteilte Perspektive liegt darin, im Interesse der Ökologie und der Vollbeschäftigung zugleich, Investitionen in arbeitssparende Techniken und Organisationsformen künftig zugunsten von Investitionen in stoff- und energieeffizientere Verfahren und Produkte umzulenken (Binswanger u.a. 1978, 1983). Statt vorrangig Arbeit zu rationalisieren und die Arbeitskraft ebenso wie die Umweltfaktoren in einem intensivierten Prozeß zu verschleißen, sollen umgekehrt der Stoff- und Energieeinsatz sowie die Nutzung der Umweltmedien rationeller gestaltet werden. Als ein Hauptinstrument zu dieser Schwerpunktverlagerung werden diverse Varianten von Energiesteuern diskutiert und teilweise auch schon angewendet (Ewringmann/Schafhausen 1985; Opschoor/Vos 1989).

In der neueren Volkswirtschaftslehre wurde im Wechsel von den 70er zu den 80er Jahren das Konzept der Internalisierung von externalisierten Umweltkosten entwickelt (im deutschsprachigen Raum z.B. bei Siebert 1978, 1982, 1983; Frey 1980; Flassbeck/Maier-Rigaud 1982). Es handelt sich um das ökonomische Pendant zum juristischen Verursacherprinzip: Die Nutzung der Umweltmedien soll eigentumsrechtlich geregelt sein, damit sie rationell und verantwortlich bewirtschaftet werden. Wer die Umwelt nutzt, und wer dabei insbesondere Umweltschäden verursacht, soll die vollen Kosten dafür tragen. Gleich dem Verursacherprinzip hat auch das Internalisierungspostulat von Beginn an große Zustimmung erfahren - was freilich nur möglich gewesen ist, weil es sich um einen moralisch überzeugenden Gedanken mit Leerformelcharakter handelt. Seine praktische Ausfüllung erlaubt verschiedenste, teilweise konträre Interpretationen.

So können mit dem Internalisierungspostulat Landesregierungen und kommunale Parlamente den buntscheckigen Flickenteppich von zweckgebundenen Umweltabgaben, an dem sie stricken, ebenso legitimieren, wie eine allgemeine lenkungswirksame Energiesteuer oder Öko-Zölle zur freien Verfügung des Finanzministers damit gerechtfertigt werden können. Bürokratische Konzepte einer "ökologischen Buchhaltung" mit einem hohen Maß an willkürlichen Wert- und Preissetzungen (nach Müller-Wenk 1978) lassen sich damit ebenso begründen wie eine strikt an tatsächliche Preise gebundene Neugliederung des vorhandenen Rechnungswesens unter Umweltgesichtspunkten.

Nicht zuletzt das Konzept der handelbaren Umweltverschmutzungszertifikate wird mit dem Internalisierungspostulat begründet (Bonus 1984a und 1984b). Manche versteigen sich dazu, darin *das* Lehrmodell eines vermeintlich marktgerechten Finanzinstruments der Umweltpolitik zu sehen. In Wirklichkeit handelt es sich um wenig mehr als um ein Anreizinstrument, das dem Arsenal der bürokratischen Planwirtschaft zugehört, insofern es dazu dient, planwirtschaftliche Emissions- oder Immissions-Kontingente auf der Grundlage ordnungsrechtlich minutiös vorgeschriebener Rechte und Pflichten zuzuteilen. Es impliziert dabei einen erheblichen Genehmigungs-, Kontroll- und sonstigen Verwaltungsaufwand, wobei es letztlich weniger der ökologischen Schadenseindämmung als mehr den Kassen der Umweltbürokratie zugute kommt.

Ökologische Modernisierung in systemischer Perspektive

Die Diskussion darüber, was qualitatives Wachstum sei, befindet sich weiterhin in Fluß. Dabei läßt sich feststellen, daß die Diskussion seit der zweiten Hälfte der 80er Jahre den Bereich der sozialen Bewegungen, wo sie entstand, mehr und mehr verlassen hat und zunehmend als Diskussion von Wissenschaftlern, Fachbeamten und Praktikern in der Industrie geführt wird. Jenseits der meinungs- und willensbildenden Massenmobilisierung, die Umwelt-Issues heute zu bewirken vermögen, unterliegt auch die Umweltpolitik zunehmend einem Trend zum Fachexpertentum und zur Professionalisierung.

Die Konzepte des organischen und selektiven Wachstums treten hierbei in den Hintergrund. Ihr Manko liegt darin, daß sie nicht das Bestandsproblem lösen. Auch und gerade in einer Dienstleistungs- und Informationsgesellschaft werden großvolumige Material- und Energieumsätze in Gang gehalten. Ökologisch gesehen ist es gleichgültig, ob die betreffenden Produktionen von drei oder dreißig Prozent der Erwerbstätigen bewerkstelligt werden.

Die Konzepte entkoppeltes und qualitatives Wachstum versuchen, die Bestandsfrage zu beantworten. Sie finden sich realpolitisch damit ab, daß Verzichtstrategien mehrheitlich nicht anschlußfähig sind, und dies in den ärmeren Ländern verständlicherweise noch weniger als in den wohlhabenderen. Unter dieser Voraussetzung ist nach Wegen zu suchen, den hohen Umsatzbestand ökologisch weniger schädlich oder überhaupt unschädlich zu machen.

Die Natur wird hierbei nicht länger als Gegenbild zur Zivilisation gesehen, sondern sie wird - im Sinne kybernetischen und bionischen Denkens - zum Vorbild für sachgerechtes Wirtschaften. Der Naturhaushalt der Erde setzt auch ohne anthropogene Beiträge Tag für Tag mehr Stoff- und Energieflüsse in Bewegung, als jede noch so mächtige Zivilisation jemals wird bewerkstelligen können. Die Sonne "verschwendet" an die Erde Energie in einer Größenordnung, die keine Zivilisation jemals wird verschwenden können. Jedoch erfolgen diese gewaltigen Stoff- und Energieflüsse auf eine überwiegend integrierte Art und Weise, die in der Regel der erweiterten Reproduktion der Ökosysteme dient und nur ausnahmsweise zu ihrer Zerstörung führt. Eine "De-Materialisierung" von Produktion und Konsum, wie eine neuerdings verbreitete Formel lautet, ist im strengen Wortsinn weder möglich noch nötig. *Nötig* ist die raschestmögliche Re-Integration der anthropogenen Stoff- und Energieflüsse in den Gesamthaushalt der Natur. *Ob* dies tatsächlich *möglich* sein wird, ist als sinnstiftende Frage unausweichlich zu stellen, zu beantworten sein wird sie indes nicht im Zuge theoretischer Erwägungen, sondern im lebenspraktischen Handeln zur tatsächlichen Bewältigung dieser historischen Aufgabe. Ökologische Modernisierung ist in dieser Perpektive darauf ausgerichtet, den anthropogenen Stoffwechsel dem Naturstoffwechsel mit den Mitteln der modernen Zivilisation wieder einzufügen.

Das Konzept der ökologischen Modernisierung sollte hierbei nicht naturwissenschaftlich-technisch vereinseitigt werden. Eine solche Vereinseitigung liegt im heutigen Bannkreis der "wissenschaftlich-technischen Zivilisation" ebenso nahe wie im 19. Jahrhundert die ökonomistische Reduzierung auf Kapitalbewegungen als dem vermeintlichen Dreh- und Angelpunkt des Weltgeschehens, oder im absolutistischen 17./18. Jahrhundert die Präokkupation mit einem rationalen Staats- und Verwaltungswesen, und zuvor, im reformatorischen Umbruch zur Moderne, die glaubenskämpferische Fixierung auf Weltbild und Weltanschauung. Es mag sein, daß Modernisierungsschübe in verschiedenen Subsystemen der Gesellschaft zu verschiedenen Zeiten unterschiedliche Virulenz besitzen. Jedoch kann sich auf Dauer kein Subsystem von der Modernisierung abkoppeln, sondern die (Selbst-)Modernisierung jedes Subsystems gehört zum Kontext der (Selbst-)Modernisierung aller anderen (Bühl 1990; Willke 1989).

Ökologische Modernisierung bedeutet eine schubweise oder kontinuierliche Rationalisierung des Verhaltens von umweltrelevanten Akteursgruppen, wie insbesondere Industrie und Gewerbe, Handel, Verbraucher, Wähler, Medien, Wissenschaft, Politik, Regierung und Behörden sie darstellen. Der ökologische Rationalisierungsprozeß vollzieht sich stets auf mehreren Handlungs-Ebenen, die systemisch einander bedingen und von daher allzu große Ungleichzeitigkeiten nicht zulassen. So handelt es sich nicht nur um

- *technische Maßnahmen* zur Vorkehrung gegen Luft-, Wasser- und Bodenbelastungen und zur Steigerung der Stoff- und Energieeffizienz, sondern ebenso um
- *ökonomische und finanzpolitische Maßnahmen* zur Erweiterung und Vervollständigung der ökonomischen Produktionsfunktionen (Internalisierung zuvor externalisierter Umweltfaktoren)

sowie darüber hinaus um

- eine Fortentwicklung der *rechtlichen Handlungsgrundlagen* und der *politischen Entscheidungs- und administrativen Verfahrens-Rationalität*, und nicht zuletzt um
- eine Veränderung der *soziokulturellen Handlungs-Rationalität bzw. Normbildung* (durch Einstellungswandel, veränderte Wertprioritäten und Präferenzen, einen allgemeinen "Paradigmenwandel" in Wissenschaft und Gesellschaft, was schließlich auch die kognitiv-emotionale "Rationalisierung" der zuvor genannten Maßnahmen mit einschließt).

Ohne die tatsächlichen Evolutionsprozesse auf dem Gebiet des Umwelthandelns in ein rigides Schema pressen zu wollen, dreht sich der aktuelle Stand der wissenschaftlichen Diskussion faktisch um ein Drei-Stufen-Modell. Danach beginnt das Umwelthandeln mit

(1) nachträglichen Schutz-, Entsorgungs- und Reparaturmaßnahmen, sog. *nachgeschalteten Maßnahmen* (add-on bzw. downstream

bzw. end-of-pipe). Diese sind stets umweltmedial, d. h. luft-, wasser- und bodenspezifisch sowie toxikologisch ausgerichtet. Sie beruhen auf einer ordnungs- und polizeirechtlichen Interventionsstrategie vor dem Hintergrund eines vergleichsweise gering entwickelten bzw. inkonsistenten Umweltbewußtseins und Handlungswillens. In dieser Phase treten u.a. die Probleme des sog. Vollzugsdefizits auf, und es bilden sich vielfach Phänomene einer kontraproduktiven Bürokratisierung des Umwelthandelns.

(2) Im Zuge weiterer Entwicklungen kommt es dann zur Herausbildung des sog. *integrierten Umwelt- und Ressourcenschutzes*, das heißt, der vorsorgenden Verminderung oder gar Vermeidung von Umweltmedien-Belastungen durch eine systematische Steigerung der Umweltproduktivität an der Quelle (Simonis 1988 u. 1990a). In diesem Stadium treten wissenschaftlich-technische Erfindungen und Verfahrens- und Produkt-Innovationen in den Vordergrund. Das politisch-administrative Umfeld wird zunehmend auch von zivilrechtlichen Rahmenbedingungen geprägt (zum Beispiel Produkt- und Umwelt-Haftung, diskursiv vereinbarte kollektive Selbstverpflichtungen, durch Mediation erzielte Kooperationslösungen, ökologische Marktordnungs- und Wettbewerbspolitik u.a.). Das Umweltwissen und das Umweltbewußtsein sind allgemein hoch entwickelt, jedoch bestehen weiterhin Inkonsistenzen dadurch, daß immer noch ein juristisch verengtes Verständnis der ökologischen Schadensverursachung vorherrscht, das einseitig auf die (technologische) "Quelle" der Schäden fixiert ist (etwa auf das Produkt Papier und die Papiermaschine samt Abwasserkanal), während andere Akteure als Mitverursacher sich schadlos zu halten suchen.

(3) Die Stufe der *strukturellen Ökologisierung* soll solche Vereinseitigungen aufheben (vgl. Jänicke 1986; Prittwitz 1988). Die ökologischen Wirkungsverkettungen werden in größtmöglicher Komplexität transdisziplinär analysiert und im Sinne einer vielfältig involvierenden Querschnittsaufgabe behandelt. Integrierter Umweltschutz wird nicht mehr nur punktuell, sondern überall und in professioneller Routinisierung betrieben. Die Wirtschaftsstruktur wird sektoral und betrieblich von den Merkmalen der

Dienstleistungs- bzw. Informations- und Kommunikationsgesellschaft geprägt. Die Formulierung der Umweltgesetzgebung ist in dem Sinne im wesentlichen abgeschlossen, daß es zwar weiterhin Novellierungen, aber kaum mehr neue Gesetzeswerke gibt. Im vorhandenen Regelwerk sind ordnungsrechtliche und zivilrechtliche Regelungen in differenzierter Weise elaboriert und aufeinander abgestimmt. Umweltwissen und Umweltverhalten sind integrierte Bestandteile sämtlicher Sozialisations- bzw. Enkulturationsprozesse. Sie sind ein selbstverständlicher (damit auch nicht mehr sonderlich hervorgehobener) Teil des Alltagshandelns in der Erziehung, den Medien, der schulischen und beruflichen Ausbildung, im Berufsleben, am Arbeitsplatz, im Verkehr, im privaten Haushalt, der Freizeit u.a.

Nachgeschaltete Schadens-Verschiebung versus innovative Integration

Zu den Ausgangspunkten von o.g. Stufenmodell-Überlegungen gehört die Einsicht in den Unterschied von nachgeschalteten und integrierten Umweltschutz-Maßnahmen (Huber 1982/86; Jänicke 1988; Kreikebaum 1991 u. 1992). Durch nachgeschaltete Verfahren werden die betreffenden Umweltprobleme meist nicht wirklich gelöst, sondern stofflich und zeitlich verschoben. Durch Kläranlagen zum Beispiel säubert man Schmutzwasser, produziert aber belasteten Klärschlamm, der seinerseits aufwendig verbrannt, deponiert oder anderweitig weiterbehandelt werden muß. Durch Filter wird Abluft gereinigt, aber Sondermüll erzeugt. Nachgeschalteten Technologien ist fast immer eine Teufel-Beelzebub-Problematik eigen. Akute Schäden werden eingedämmt, aber nicht behoben, sondern stofflich verschoben und zeitlich gestreckt, wobei meist ungute Nebenwirkungen eintreten. Die Schadensursachen werden nicht behoben, es folgt eine langfristige Schadenskumulation.

Integrierter Umweltschutz bedeutet demgegenüber eine nachhaltige Lösung der ökologischen Probleme. "Integriert" mag eine vieldeutige Vokabel sein. In der Gegenüberstellung zum Nachgeschalteten tritt ihr Sinn jedoch klar hervor: Umwelt- und Ressourcenschutz wird durch erfindungsreiche Neuerungen "in" das Verfahren oder Produkt hinein- und somit auch vorverlegt. Integriert ist Umweltschutz, wenn Ressourcenverschleiß und Umweltbelastung durch das Produkt sowie sein Herstellungs- und Recyclingverfahren selbst von vornherein vermindert oder vermieden werden. Eine nachhaltige Lösung der Umweltprobleme kann daher nicht in (stets nachgeschalteter) Umwelttechnik liegen, sondern sie wird zu suchen sein in technischen und sonstigen Innovationen, mit denen günstige Umweltwirkungen einhergehen (vgl. auch Strebel 1991; Steger 1991).

Als Verbindung zwischen Maßnahmen des integrierten und des nachgeschalteten Typus finden sich die vielfältigen Formen des Recycling. Wichtig ist hierbei die Erkenntnis, daß Recycling als solches eine ökologisch ambivalente Bedeutung besitzt. Erstens kann es kein hundertprozentiges Recycling geben, so daß es sich auch hier zunächst nur um eine, gewiß sehr willkommene, Streckung in der Zeit handelt. Zweitens stellt sich die Frage nach der Energiebasis des Recycling-Prozesses. Drittens und vor allem aber bleibt auch beim Recycling die qualitative Frage, *was* rezykliert wird - ob es sich um naturnahe bzw. toxisch unbedenkliche Stoffe oder um quasi naturfremde, schwer absorbierbare, naturhaushaltstörende oder toxische Problemstoffe handelt, sagen wir, ob es sich um *umweltverträgliche oder umweltschädliche Stoffe* und Stoffkonzentrationen handelt. Der angelsächsische Sprachgebrauch lautet clean vs. dirty technologies/products (Ott/van den Akker 1983).

Die meisten Metalle beispielsweise sind im allgemeinen gut umweltverträglich, toxisch unbedenklich und gut rezyklierbar. Umweltverträgliche Herstellungsverfahren und Energiebasis vorausgesetzt, wären auch große Herstellungs- und Recyclingvolumina von Eisen im Prinzip unbedenklich. Von organischen Lösungsmitteln gilt das Gegenteil, ähnlich wie von vielen Plastiksorten, die relativ naturfremd und dem Naturkreislauf schwer integrierbar sind. Die ebenso umwelt- und gesundheitsverträgliche wie recyclinggerechte Produktgestaltung bildet einen Kernpunkt des integrierten Umweltschutzes (Kreibich/Rogall/Boes 1991).

Betriebswirtschaftlich gesehen verursacht nachgeschalteter Umweltschutz stets verlorene Mehrkosten, während Investitionen in integrierte Verfahren sich amortisieren und rentieren können. Der Wirtschaftlichkeits-Unterschied zwischen umweltverschmutzender Technologie, die aufwendige Entsorgung verlangt, und Vorsorge treffender sauberer Technologie besteht darin, daß erstere die Kostenstruktur, Rentabilität und Wettbewerbsfähigkeit verschlechtert, letztere sie verbessert. End-of-Pipe-Maßnahmen, zumal wenn sie per Ordnungsrecht dirigistisch auferlegt werden, stehen dem unternehmerischen Interesse als zusätzlicher Kostenfaktor grundsätzlich entgegen. Integrierte Lösungen entsprechen demgegenüber unternehmerischem Interesse, denn hier handelt es sich um einen Investitionsaufwand, der sich im Erfolgsfall amortisiert. Er führt zu nachhaltiger Kostenvermeidung, zu Kostensubstitution und zu erhöhter Produktivität, und - im glücklichsten und wünschenswertesten Fall - zu einer Umsatz- und Ertragssteigerung durch neue umweltverträgliche Produkte. Dieser Zusammenhang wurde inzwischen durch vielzählige empirische Studien hinreichend gesichert (Huisingh 1986; Steger 1988: 75; Meffert/Kirchgeorg 1992).

Man kann sich die heutige Schlagseite zugunsten des nachgeschalteten Umweltschutzes am Beispiel der Ausgaben im Abwasserbereich vor Augen führen. Hier entfielen in den 80er Jahren auf Maßnahmen der nachträglichen Abwasser- und Klärschlammbehandlung 64 Prozent der Ausgaben. Nur 29 Prozent wurden ausgegeben, um Abwasser in Kreisläufen wieder- oder weiterzuverwenden. Lediglich die verbleibenden 7 Prozent wurden dafür verwendet, die Wasserverschmutzung durch Umstellungen an der Quelle der Produktionstechnik selbst von vornherein zu mindern.

Ökodebatte als Kontroverse zwischen bürokratischen und zivilgesellschaftlichen Strategien der Umweltpolitik

Mit der allmählichen Erkenntnis der ganzen Tragweite des Unterschieds von nachgeschaltetem und integriertem Umweltschutz bildet sich im Übergang zu den 90er Jahren innerhalb der realpolitischen Orientierung eine neuerliche Kontroverse heraus: Es entbrennt der Streit zwischen den Befürwortern eines eher staatsdirigistischen Weges und eines eher marktwirtschaftlichen Weges der ökologischen

Modernisierung, die Kontroverse zwischen bürokratischen und zivilgesellschaftlichen Strategien des Umwelt- und Ressourcenschutzes (Huber 1991a).

Für den Unterschied zwischen einer Marktwirtschaft in dezentraler Selbstverantwortung der Marktteilnehmer und einer sog. Planwirtschaft in zentral-dirigistischer Regie herrscht nach wie vor ein durchaus waches Bewußtsein. Merkwürdigerweise wurde in der Umweltdebatte bis Ende der 80er Jahre diesem Unterschied kaum Beachtung geschenkt. Man spricht wie selbstverständlich von der ökologischen Marktwirtschaft, jedoch handelt es sich bei dem, was in Wirklichkeit praktiziert wird, wenn schon nicht um eine ökologische Planwirtschaft, so doch um eine bürokratische Umweltpolitik.

Bürokratische Umweltpolitik beruht auf ordnungs- und polizeirechtlichem Vorgehen wie es besonders seit Beginn der 70er Jahre im wesentlichen dem gewerberechtlichen Instrumentarium nachgebildet wurde. Es werden nicht nur ökologische Grenzwerte definiert (was in vielen Fällen unerläßlich ist), sondern es werden auch eine Vielzahl von operativen Verboten und Geboten auferlegt (deren Unerläßlichkeit in der neuerlichen Kontroverse vielfach in Zweifel gezogen wird). Unter wirtschaftlichem Aspekt wird ein staatlicher Technik-Dirigismus befördert, mit einer verzweigten Genehmigungs- und Kontroll-Bürokratie, einem juristisch kodifizierten "Stand der Technik", mit Kontingentierungen, administrierten Preisen usf. Technisch führt dies in aller Regel zu besagten nachgeschalteten Lösungen, mit denen die meisten Umweltprobleme nicht wirklich gelöst, sondern nur zeitlich und stofflich verschoben werden. Ethisch betrachtet steht all dies unter dem Opportunitätsdruck einer grünen Gesinnungsethik, die faktisch zu einer doppelten Moral führt, insofern öffentlich Priorität für Umwelthandeln behauptet wird, privat jedoch der kurzfristige wirtschaftliche Eigennutz Vorrang behält. Unter der Bedingung des Zielkonflikts von Ökonomie und Ökologie bei nachgeschalteten Verfahren, muß Umwelthandeln in diesem Kontext per Gesetz erzwungen werden bei vielfach zweifelhaft bleibendem Umweltnutzen.

Das marktwirtschaftliche Modell setzt demgegenüber beim Zivilrecht an, zum Beispiel bei vertraglich begründeten Kooperationen und bindenden Selbstverpflichtungen, wobei es sich um bilaterale Verträge ebenso handeln kann wie um multilaterale Vertragswerke mit vielen Beteiligten. Es beruht ferner auf vertraglich vereinbarten Leistungszielen und auf Haftungspflichten, insbesondere Pflichtigkeiten der Produkt- und Umweltgefährdungshaftung. Wirtschaftlich verbindet sich dies mit Methoden der ökologischen Unternehmungsführung sowie mit einem Kosten- und Leistungswettbewerb auch und gerade in Umweltangelegenheiten (Pfriem 1986; Winter 1987; Steger 1988; Hopfenbeck 1990; Kirchgeorg 1991; Wicke u.a. 1992; Schmidheiny 1992).

Technisch impliziert dies jene vorsorgenden Investitionen in umweltfreundlichere Verfahren und Produkte, führt somit zu integriertem Umweltschutz durch Innovationen, der alleine Umweltprobleme *nachhaltig* zu lösen vermag. Die Moral dieses Modells kennt sicherlich eine Vielzahl bedingender Wenn und Aber, jedoch keinen doppelten Boden, denn es handelt sich um eine praktische Verantwortungsethik, bei der man mit seinem Ansehen, seinem Geld und seiner Freiheit voll haftet.

Regierung und Gesetzgeber verlieren hierbei ihre Rolle als Umweltakteur keineswegs. Es geht nicht um "weniger Staat", nicht um geringere, jedoch um anders geartete Beiträge des Staates. Der Staat kann durch die Art seiner Vorgaben ordnungsrechtlich-obrigkeitlich dirigieren oder aber durch geeignete Rahmenbedingungen eher zivilgesellschaftlich orientieren. Zum Beispiel können im Abfall- und Altlastenbereich planwirtschaftliche Monopolstrukturen unter staatlicher Regie vorgeschrieben werden (ordnungsrechtliche "Zertifikatslösung"), es können aber auch die an einem Altlastenproblem Beteiligten und davon Betroffenen unter staatlicher Führung dazu bewegt werden, einen situativ sachgerechten und interessengerechten Vertrag auszuhandeln (zivilgesellschaftliche "Kooperationslösung"). Eine Kommune kann, wie üblich, eigene Deponien betreiben und einen in der Regel inkompetenten Parteienstreit um Abfallgebühren, Stellenbesetzungen und andere Wirtschaftsfragen pflegen. Sie kann aber auch einfach den Deponieraum fest begrenzen, ihn an einen privaten Deponiebetreiber umsatzbeteiligt verpachten und den Rest dem Nachfragedruck am Abfallmarkt überlassen. Der Staat kann Investoren in Anlagen und Produkte dazu zwingen, sich standardisierten Umweltverträglichkeitsprüfungen, Produktlebenszyklus-Analysen, Genehmigungs- und Kontrollverfahren zu unterwerfen, was den Investoren zwar lästig ist, womit sie aber auch von der Last bestimmter Verantwortungen und Betriebsrisiken weitgehend freigestellt werden. Der Staat könnte diese Vorgaben demgegenüber auch aufs unbedingte Minimum reduzieren und stattdessen die volle Verantwortung und Haftung auf die Hersteller bzw. Betreiber übertragen - mit dem Ergebnis, daß jene die oben genannten Tätigkeiten mit gesteigertem Interesse an verfügbarer Information aus eigener Initiative und aus eigenem Vorsorge-Interesse zusammen mit der Versicherungswirtschaft gründlicher und kritischer durchführen würden, als Behörden dies jemals erzwingen könnten. Investitionen mit nicht hinreichend abzuklärenden Risiken würden unterbleiben. (Für eine detaillierte Kritik der bürokratischen Umweltpolitik und eine weitergehende Gegenüberstellung der Instrumente einer staatsdirigistischen und einer zivilgesellschaftlich-marktwirtschaftlichen Umweltpolitik, für die hier leider nicht der Platz ist, vgl. Huber 1991a).

Es soll hier, am Ende des Kalten Krieges, kein obsoleter Dogmenstreit vom Zaun gebrochen werden. *In Wirklichkeit* haben wir es immer schon mit einem gemischten System zu tun. Ordnungsrecht wird in gewissem Umfang auch künftig unverzichtbar bleiben. *Praktisch* geht es um die optimale Kombination von Elementen beider Seiten. Denn beide Wege besitzen je nach Problemlage und Entwicklungsniveau der zu modernisierenden Bereiche ihre Vor- und Nachteile. Der Vorteil der ordnungsrechtlichen Intervention liegt darin, daß sie relativ schnell erreicht werden kann und entsprechend rasch wirkt, auch wenn sie, wie erläutert, auf Dauer nicht das Richtige bewirkt (nachgeschaltete statt integrierte Lösungen). Der Vorteil der zivilgesellschaftlich-marktwirtschaftlichen Strategie liegt demgegenüber darin, daß sie auch auf Dauer das Richtige bewirkt (integrierte statt nachgeschaltete Lösungen), wobei dies jedoch erheblich längere Zeiträume beansprucht, was nicht zuletzt mit Investitionsrhythmen bei der Erneuerung des volkswirtschaftlichen Kapitalstocks zusammenhängt. Bürokratische Umweltpolitik kann unter gering entwickelten ebenso wie hoch entwickelten komplexen Bedingungen stattfinden, wobei sie im letzteren Fall mit zunehmender Dauer jedoch mehr

Schaden als Nutzen zu stiften beginnt. Zivilgesellschaftlich orientierte Umweltpolitik dagegen ist unter gering entwickelten Verhältnissen schwerlich vorstellbar und kann umso besser greifen, je höher allgemeine Bildung sowie spezielles Wissen und Know-How, öffentliche Kommunikation und politischer Diskurs, freiheitlicher Rechtsstaat und Rechtspflege, Märkte, Kapitalbildung und Unternehmen entwickelt sind.

Auf welcher Entwicklungsstufe auch immer, stets sind Elemente beider Arten von Umwelthandeln mit unterschiedlichem Schwerpunkt existent und erforderlich. Es handelt sich um ein Optimierungsproblem. Die Ausgangs-Feststellung jetzt lautet, daß die heutige Umweltpolitik in den fortgeschrittenen Bereichen der Industrieländer fern vom Optimum operiert, weil marktwirtschaftlich-zivilrechtliche Elemente unterentwickelt geblieben sind, während die Elemente der ordnungsrechtlichen Umweltpolitik so weit vorherrschen, daß man von einer bürokratischen Umweltpolitik sprechen muß.

Erforderlich ist daher eine Schwerpunktverlagerung vom bürokratischen zu einem marktwirtschaftlich-zivilrechtlichen Umweltschutz. Den Unternehmen kommt hierbei eine natürliche Schlüsselrolle zu - den Ingenieuren, Chemikern, Biologen, Kaufleuten und Juristen vor Ort des Geschehens. Es gibt keine Ökologisierung ohne die Eigeninitiative der Industrie - nicht ohne sie, nicht gegen sie, nur mit ihr, freilich auch in Auseinandersetzung mit ihr. Keine Staatsbürokratie ist zu vorsorgendem integriertem Umweltschutz imstande. Auch die Verbraucher können integrierten Umweltschutz im Vorgriff nicht leisten. Dazu bedarf es eben jener Techniker, Kaufleute u.a., die durch ihr Tun die Entwicklungen maßgeblich bestimmen. Wo viele der Umweltprobleme entstehen, ist auch viel Wissen darüber und eine große Kompetenz zu ihrer Lösung vorhanden. Industrielle Problemverursacher sind auch potentielle Problemlöser.

Die einfache Grundlegung einer ökologischen Marktwirtschaft besteht darin, daß die Unternehmen in umweltfreundliche Entwicklungen investieren und die Verbrauchermehrheiten mit ihrer kaufkräftigen Nachfrage diese Angebote am Markt honorieren und ihnen die nötige Resonnanz verschaffen. Der Staat kann durch Setzung geeigneter Rahmenbedingungen kontextsteuernd in diese Richtung wirken. Im so vorgegebenen Kontext sind es jedoch die Produzenten und Konsumenten selbst, die den industriellen Kurs bestimmen. Der politische Schlüssel für die Beantwortung der ökologischen Frage liegt deshalb in einer Umweltpartnerschaft von Produzenten und Konsumenten (ganz ähnlich, wie die Beantwortung der sozialen Frage durch die Sozialpartnerschaft von Arbeitgebern und Arbeitnehmern möglich wurde).

Bei der Umweltpartnerschaft zwischen Herstellern und Verbrauchern wird der Staat immer der Dritte im Bunde bleiben. Aber es wird keine nachhaltige Besserung der Umweltlage geben, solange hierbei der ordnungsrechtlich begründete Dirigismus anstelle der zivilrechtlich-marktwirtschaftlich orientierten Kontextsteuerung vorherrschend bleibt. Nach einem Vierteljahrhundert ordnungsrechtlich bestimmten Umweltschutzes ist heute in den fortgeschrittenen Industrieländern eine Situation erreicht, wo der Umweltnutzen der vorgeschriebenen Maßnahmen stagniert, während die Investitions- und Betriebskosten dafür prohibitiv weiter steigen. Man muß deshalb davon ablassen, die Problemverursachung einseitig der Industrie zu attribuieren und ihr zugleich die Fähigkeit und Willigkeit zur Problemlösung abzusprechen, die privaten Haushalte grundsätzlich aus dem Spiel herauszuhalten und zu salvieren, um schließlich die Probleme nur aus der Sicht der Staates zu betrachten und Zwangsmaßnahmen aus der Sicht staatlicher Akteure zu konstruieren. Maßnahmen werden künftig mehr aus der Sicht der Marktteilnehmer - der Hersteller, Händler und Verbraucher - zu konzipieren sein.

Jenseits von Modernisierung und Postmodernisierung: Überlegungen zur universalistischen Dimension der Politischen Ökologie*

Peter Cornelius Mayer-Tasch

Im Rückblick auf die Entwicklung der deutschen Politikwissenschaft der letzten beiden Jahrzehnte wird unübersehbar, daß die Untersuchung mehr oder minder scharf abgegrenzter Politikfelder (Policy-Analysis) in immer stärkerem Maße in den Vordergrund gerückt ist. Auch die im vorliegenden Band unternommene Analyse der Umweltpolitik macht hier keine Ausnahme. Daß diese Analyse unter einem bestimmten Blickwinkel - dem Modernisierungsaspekt - erfolgt, verleiht der Untersuchung des Politikfeldes 'Umweltpolitik' lediglich eine besondere Note, löst sie aber noch nicht aus der spezifischen Problematik jeder (bloßen) Politikfeld-Analyse - aus der Schwierigkeit nämlich, die Verflechtung ihres Gegenstandes mit den tendenziell transzendenten Feld- und Umfeld-Faktoren sowohl zu erkennen als auch zu vermitteln.

Der analytische Vorzug einer mehr oder minder arbeitsteiligen Untersuchung bestimmter Politikfelder liegt auf der Hand: die strukturellen und die funktionalen, die institutionellen und die personellen Besonderheiten des jeweiligen Untersuchungsbereichs treten deutlich in Erscheinung. Deutlich in Erscheinung treten insbesondere die Entscheidungsprozesse. Gerade diese Konzentration auf die Entscheidungsprozesse des jeweiligen Politikfeldes verstellt jedoch nur allzu leicht den Blick auf das, was dem Feld letztendlich zugrunde liegt, impliziert die Wendung zur allzu weitreichenden Reduktion von Komplexität. Auch insoweit präsentiert die Untersuchung des Politikfeldes 'Umweltpolitik' keine Ausnahme von der Regel.

---

* Die Gedankenführung dieses Beitrags habe ich mit meinem Mitarbeiter Dr. Armin Adam ausführlich diskutiert; ihm verdanke ich eine Reihe wichtiger Hinweise.

I

Wenn im Untertitel dieses - als perspektivischer Kontrapunkt zu den anderen Artikeln gedachten - Beitrags nicht von 'Umweltpolitik', sondern von 'Politische(r) Ökologie' die Rede ist, so geschieht es im Hinblick auf diese Tendenz. Die Betrachtung der dem Politikfeld 'Umweltpolitik' zugrundeliegenden Phänomene unter dem Blickwinkel der Politischen Ökologie markiert eine Verschiebung der Perspektive, die auf einer anderen Wahrnehmung der Gesamtproblematik beruht: Ökologie selbst bezeichnet in erster Linie eine Teildisziplin der Biologie, die das Zueinander und Miteinander eines oder mehrerer natürlicher 'Haushalte' zu erfassen versucht. Ohne sie als solche ausdrücklich zu thematisieren, werden hier die wirkenden (und insoweit auch wirklichen) Ur-sachen jener Polis, mit der es die Politikwissenschaft seit eh und je zu tun hat, schon in der nicht-menschlichen Natur gesucht. Während 'Umweltpolitik' die Politik als den Haushalt des Menschen betrachtet, für den die 'Umwelt' lediglich als materielle (Rand-) Bedingung ins Blickfeld rückt, geht die 'Politische Ökologie' von der unverrückbaren Vergänglichkeit eines gemeinsamen Haushalts namens Natur aus, in dem die Menschen im Grunde nicht mehr als Mitspieler sind.

Umgekehrt bezeichnet Politische Ökologie aber auch die Politisierung der Ökologie, versucht sie, Sinn und Zweck der - nach Aristoteles "um des vollkommenen Lebens willen" (1252 b) bestehenden - Polis auf das individuelle und kollektive Verhältnis des Menschen zur Natur zurückzuprojizieren. Ihr thematischer Ausgangspunkt ist mithin die Naturhaftigkeit des Menschen. Während jedoch die Ökologie als biologische Teildisziplin vom Naturhaushalt auszugehen hat und Veränderungen in diesem Haushalt nur naturgeschichtlich beschreiben kann, versucht die Politische Ökologie diese Naturhaftigkeit mit dem zu verbinden, was spezifisch menschlich ist - mit der (individuellen wie kollektiven) Entscheidung und ihren mehrdimensionalen Voraussetzungen und Konsequenzen nämlich.

Allenthalben begleitet die - sich im Handeln wie im Nicht-Handeln gleichermaßen aktualisierende - Entscheidung die menschlichen Eingriffe in den Haushalt der Natur. Gedeutet werden kann und muß sie sowohl unter jenseitig-naturgeschichtlichen oder gar meta-(natur)geschichtlichen als auch unter diesseitig-politischen Aspekten, im Hinblick auf das Commonwealth of Nature wie im Hinblick auf das Commonwealth of Men. Der Verzicht auf einen quasi universalistischen, dem Einen Ganzen (aus dem alle Lebensimpulse hervorgehen) zugewandten Deutungsversuch muß zwangsläufig übersehen, daß die Frage nach dem Haushalt der Natur nicht eine Frage unter Vielen ist, über die nach Maßgabe der jeweils vorherrschenden Wahrnehmungs-, Interessen- und Machtverhältnisse rein (umwelt-)politisch entschieden werden kann. Als wissenschaftliche Disziplin entzieht sich die Politische Ökologie daher jeder eindeutigen Zuordnung - auch und gerade in der akademischen Landschaft der Politikwissenschaft. Ihr Suchen und Fragen kann nicht umhin, sich auf dem Felde der Natur- wie der Sozialwissenschaften und Geisteswissenschaften zu beweisen, und hier nicht zuletzt auch im Bereich der Philosophie und der (meta-dogmatischen) Theologie.

Anthropozentrisch wird dieses Suchen und Fragen stets insoweit bleiben, als es vom Menschen betrieben und auf den Menschen bezogen ist - auf die kognitive wie die aktive conditio humana, auf Wahrnehmung und Bewußtsein wie auf Handel und Wandel des Menschen ausgerichtet ist. Anthropozentrisch auch deshalb, weil man wohl - trotz aller gerade im Zeichen der ökologischen Krise gebotenen Relativierungsbereitschaft - davon ausgehen kann, daß der Mensch im allumfassenden Haushalt der Natur eine ganz besondere Stellung einnimmt. Immerhin scheint er das einzige Lebewesen zu sein, dem die Bedingungen seiner Existenz nicht völlig vorgegeben sind, der sie wenigstens bis zu einem bestimmten Grade zu beeinflussen bzw. zu verändern vermag. Im Hinblick auf dieses Beeinflussungs-und Veränderungspotential haben wir uns daran gewöhnt, den Menschen als ein - nicht zuletzt nach der jeweiligen Aktualisierung dieses Potentials bestimmbares und bestimmtes - geschichtliches Wesen zu betrachten. Was wir trotz dieser Bestimmbarkeit der Historizität des Menschen merkwürdigerweise immer wieder zu vergessen scheinen, ist die Tatsache, daß die im erwähnten Sinne bestimmbare und bestimmte Geschichte des Menschen in sehr nachdrücklicher Weise auch in die Geschichte der Natur einzugreifen vermag, daß Naturgeschichte also nur noch bedingt als ein selbständiger - ein 'natürlicher' -Prozeß verstanden werden kann, wenn man sich nicht auf eine ganz andere, auf eine metaphysische, menschliche und außermenschliche Natur dialektisch verbindende Interpretation des Evolutionsgeschehens kaprizieren will. Auch derartige Deutungslinien reichen in die Randzonen der Politischen Ökologie; ihr Zusammenhang mit der hier thematisierten Frage, ob und inwieweit Umweltpolitik als Modernisierungsprozeß gedeutet werden kann, ist unübersehbar.

Wie jede Zuordnungsdiskussion kommt auch eine Diskussion des geschichtlichen Stand- und Wirkorts der Politischen Ökologie im allgemeinen und der Umweltpolitik im besonderen nicht um die Anerkennung einiger schlichter Tatsachen herum - um die Anerkennung der Tatsache etwa, daß die Frage, was als modern, was als vor- und was als nachmodern bezeichnet werden kann, in hohem Maße konsensabhängig ist. Und gefallen lassen muß sie sich nicht zuletzt auch die Frage nach der Tragweite einer solchen Zuordnungsdebatte.

Im Strom des geschichtlichen Werdens und Vergehens wird jedweder Modus von einem anderen Modus "modi"-fiziert oder auch (um im Bilde zu bleiben) liquidiert. Die jeweilige "Moderne" modernisiert sich zwangsläufig und kontinuierlich auf irgendeine Weise; sie kann gar nicht anders als sich zu modernisieren. Und dies ganz unabhängig davon, ob sie sich für eine bestimmte Zeitspanne im Gestus des Verweilens im Status Quo oder im Gestus reformseligen Fortschreitens gefällt. Zweifelhaft mag im Einzelfall sein, was als Akt der Beharrung und was als Schritt zur Überwindung, was als modus vetus und was als modus novus zu deuten ist. Unterhalten mag man sich über das analytische wie normative Hoc-post-hoc (aut Hoc-post-hoc). Und wenn man sich für die Wünschbarkeit nicht nur des Fortschreitens, sondern auch des Fortschreitens in eine ganz bestimmte Richtung entscheidet - im konkreten Falle also für eine Effektivierung der Umweltpolitik im Sinne ihrer generellen Zielsetzungen - so gilt es, zumindest vorläufige Gewissheit darüber zu erlangen, welche konkreten Schritte dieser Zielsetzung angemessen sind.

Konkrete Schritte solcher Art - wie etwa ökologische Kapitalisierungs- und politische Demokratisierungsstrategien - werden in diesem Band diskutiert und sollen hier nicht weiter kommentiert werden (vgl.

aber Mayer-Tasch 1976: 23ff.; Ders. 1985a; 1991 u. 1992). Das im oben umrissenen (weiteren) Sinne polit-ökologische Anliegen dieses Beitrags ist vielmehr die (Komplementär-) Frage nach den - die wirtschafts- und sozialgeschichtlichen Vordergründe transzendierenden - Hintergründen des inzwischen global und ubiquitär gewordenen Phänomens der Selbstvergiftung und -vernichtung der "modernen" Industriegesellschaft wie auch die (Komplementär-) Frage nach trans-modernen Ansätzen zu einer Überwindung dieses Phänomens.

II

1. Die am weitesten verbreitete - *sozialgeschichtliche* -Interpretation des sozioökologischen Dekadenzprozesses verweist auf die sozioökonomische und soziopolitische Selbstläufigkeit des Geschehens - auf die im Laufe der letzten Jahrhunderte erfolgte Veränderung der Produktionsbedingungen, auf den (meist mit erheblichen regionalen Phasenverschiebungen) erfolgten und noch weiter erfolgenden Übergang von der Agrar- zur Geldwirtschaft, auf industrielle Revolution, Urbanisierung, Bevölkerungsexplosion und anderes mehr. Der auf diese Diagnose antwortende Therapievorschlag heißt (schlicht und ohne Ankränkelung durch hintergründiger Gedanken Blässe) 'Umweltpolitik'.

2. Eine eher *philosophisch* akzentuierte Interpretation des sozioökologischen Dekadenzprozesses befaßt sich mit den Folgen der Entuniversalisierung der abendländischen Geistigkeit am Ausgang des Mittelalters, schätzt und errechnet die sozialen und ökologischen Kosten der in ihrem Gefolge marschierenden Aufklärung. Sie schätzt und errechnet die sozialen und natürlichen Kosten jenes Glaubens, der die menschliche Autonomie zum Kampfruf erhoben und im Sog dieses Kampfrufs die Erde nachhaltig verändert hat: Sich selber Gesetze zu geben, fortzustürmen auf dem Weg zu jenem - von Joachim von Fiore (1130-1202) verheißenen - (dritten) Reich des (Heiligen) Geistes, dem Reich der Erleuchtung und der Freiheit, in dem der Mensch endlich zu sich selbst gekommen sein würde - dieser Ehrgeiz der sich als "Projekt der Moderne" (Habermas 1988) immer weiterschreibenden Aufklärung hatte (gewollte) Wirkungen und (ungewollte) Nebenwirkungen,

die sich nicht mehr in den (bloßen) Interpretationsrahmen einer Geschichte der Menschheit pressen lassen. Der - nahezu - unbedingte Wille, sich frei zu machen, zerreißt nicht nur die Ketten, mit denen die Menschheit sich selbst gefesselt hat; er zerreißt auch die ebenso zarten wie zähen Bande, die den Menschen mit der Natur verbinden und ihn als natürliches Wesen erscheinen lassen.

Die Antwort auf diese philosophisch akzentuierte Deutung des weltweiten ökologischen Dekadenzgeschehens kann nur noch sehr bedingt als 'Umweltpolitik' im tradierten Verständnis interpretiert und initiiert werden. Während nämlich 'Umweltpolitik' in diesem Sinne zumindest von der Bewußtseinshaltung einer Vielzahl der sie Projektierenden und Praktizierenden her die Autonomietendenzen der Menschheit eher fort- als zurückschreibt, ruft die hier skizzierte Deutung unserer Menschheitsstunde eher nach einem polit-ökologischen Bewußtsein prononcierter (Natur-)Dependenz (um nicht zu sagen: Heteronomie) der menschlichen Existenz. Sie geht davon aus, daß es etwas gibt, von dem sich auch der Mensch existentiell nicht frei machen kann - es sei denn, er verzichtet auf seine irdische Existenz. In diesem Sinne ist die Politische Ökologie Krisen-Wissenschaft, und ihr so häufig gerügter apokalyptischer (Unter-)Ton keineswegs nur modisches Accessoire. Recht besehen entstand die Politische Ökologie (samt all ihren umweltpolitischen Ausgliederungen) erst mit der in dieser Intensität neuartigen Wahrnehmung, wie auch mit der sowohl prä- als auch postmodernen Erkenntnis, daß die Komplexität der ineinandergreifenden und sich wechselseitig verstärkenden Verfallsprozesse und -probleme sich der Steuerung durch linear angewachsenes Sonder- und Detailwissen entzieht. Voraussetzung und Folge dieser Wahrnehmung und dieser Erkenntnis ist die ganzheitliche Perspektive: eine Natur, eine Welt, eine Menschheit. Ihr Januskopf zeigt ein empirisches und ein normatives Gesicht. Auf geradezu wundersame Weise in einer Blickrichtung vereint, erscheinen diese beiden Gesichter jedoch in der Abwendung vom umweltanalytischen und umweltpolitischen Sowohl-als-auch einer halbherzig-anthropozentrischen Ökospenglerei wie auch in der Hinwendung zu einer Verantwortung für das Schicksal des Ganzen übernehmenden, tendenziell universalistischen Kosmozentrik.

3. Noch eine weitere Stufe der (Re-)Universalisierung markiert schließlich eine dritte, eher *spirituell* akzentuierte Deutung des heute weltweit erfahrbaren Zivilisationsgeschehens - eine Deutung freilich, die angesichts ihrer metaphysischen Ausrichtung kaum auf breite Resonanz hoffen darf und die sich daher auch nicht dazu eignet, "am lauten Markt zur Schau gestellt" zu werden, um mit Hermann Hesse zu sprechen. Auch diese Deutung gründet auf der ganzheitlichen Perspektive der einen Natur, Welt und Menschheit, sieht die kosmische Einheit jedoch in erster Linie im Lichte einer spirituellen Kohäsionsdialektik.

Die sozio-ökologische Krise der gegenwärtigen Menschheitsstunde erscheint in diesem Lichte als karmisch erklärbares Phänomen, als materialisierte Quittung des Hegel'schen Weltgeistes für das offenbar unaufhebbare kollektive Geflochtensein auf das 'Rad der Gier', von dem Buddha sprach, für die Verstrickung in die 'Pleonexia' der griechischen Klassik bzw. die 'Erbsünde' des Christentums - für das ständige Mehr-haben-Wollen des ganzheitsvergessenen Einzelinteresses, das sich unaufhörlich fortzeugt und so letztendlich zu einer als katastrophal empfundenen, hyperdynamischen Auflösung der selbsterzeugten (Todes-) Starre führt. Zu einer Auflösung freilich, die auf den Menschen als solchen ebensowenig Rücksicht nimmt wie dieser zuvor auf die seine materielle und spirituelle Existenz tragenden Struktur- und Funktionsgesetzlichkeiten des Universums Rücksicht genommen hat. "Die Dinge" nämlich - sagt der Vorsokratiker Anaximander, dem wir das erste abendländische Zeugnis für eine solche para-karmische Kohäsionsdialektik verdanken - "leisten einander Sühne und Vergeltung nach dem Maß ihrer Ungerechtigkeit und der Ordnung der Zeit" (Mayer-Tasch/Adam/Schönherr (Hg.) 1991: 31f.).

Je nachdem, welchen Blickwinkel man einnehmen will oder muß, wird man die karmische Antwort auf das individuelle und (oder) kollektive Tun und Lassen als schmerzliche Dekadenz oder auch als hoffnungsträchtiges Transformationsgeschehen deuten können - als einen Prozeß jedenfalls, der so oder so wieder aus einer Phase der Partikularisierung in eine solche der (Re-) Universalisierung führen wird und muß. "So oder so" heißt konkret: durch die Nicht-Korrektur wie durch die Korrektur der die Lebenskraft des sozialen Ganzen (und damit indirekt auch seiner Glieder) schwächenden, tendenziell oder auch dezidiert nekrotischen Zivilisationstendenzen. Durch die Nicht-Korrektur deshalb, weil sie bei Hochrechnung der gegenwärtigen auf die künftigen Auswirkungen des menschlichen Handels und Wandels auf die Überlebensmöglichkeiten des Homo Sapiens eine (vom menschlichen Überlebenswillen her gesehen) katastrophale "Wiederherstellung der natürlichen Dinge" erwarten läßt, wie sie Carl Amery in seinem "Untergang der Stadt Passau" (1975: 14) beschrieben hat. Diese "Wiederherstellung der natürlichen Dinge" aber ist per se ein Prozeß der (Re-)Universalisierung, wenn dieser Prozeß auch für den Menschen in seiner ganzheitsvergessenen Leiblichkeit als 'atemberaubend' erlebt werden muß - als ein Prozeß, bei dem ihm nach und nach oder auch sehr rasch 'Hören und Sehen' vergehen kann.

Eine Re-Universalisierung hätte das sozioökologische Dekadenz- und Transformationsgeschehen aber langfristig auch dann zur Folge, wenn seine Wahrnehmung kurz- oder mittelfristig zu einer nachhaltigen, die bisherige "Politik des (lediglich) peripheren Eingriff" (Doran/Hinz/Mayer-Tasch 1974) überwindenden Korrektur führen würde. Zu erwarten wäre für diesen Fall, daß sich der Gang der zivilisatorischen Entwicklung auf ein Schrittmaß einpendeln würde, das keine durch anthropogene Naturkatastrophen ausgelösten, mehr oder minder gewaltsamen Einbrüche in den menschlichen Lebens- und Überlebensrhythmus zur Folge hätte, weil dann sowohl der "Friede mit der Natur" (Meyer-Abich 1984) als auch der - mit diesem aufs engste verknüpfte - Friede unter den Menschen zwangsläufig erhebliche Fortschritte gemacht hätte.

Offen freilich bleibt in jedem aller denkbaren Fälle die Frage nach Sinn und Zweck der Geschichte des Menschen wie - darüber hinaus - auch nach Sinn und Zweck der Evolution des Lebens, an der der Mensch durch sein Tun und Lassen mitwirkt. Im Anruf und Anspruch dieser (nur als Glaubensmythos beantwortbaren) Frage gerät der Eifer wie auch das Pathos jeder umweltpolitischen Bemühung zur mehr oder minder hilflosen Geste. Und gerade vor dem Hintergrund dieser Frage (wie ganz allgemein vor dem Hintergrund jeder spirituellen Deutung der gegenwärtigen sozioökologischen Krise) verliert auch die in diesem Band thematisierte Frage nach der Modernisierung und deren Voraussetzungen und Folgen viel von ihrer Brisanz.

III

Mit guten Gründen mag man die umweltpolitischen Bemühungen der Industrieländer - wie dies in diesem Band geschieht - als Modernisierungsprozeß beschreiben. Die Frage ist nur, was damit über die - politikwissenschaftlich interessante - Bestimmung des Stand- und Wirkorts dieser Bemühungen hinaus gewonnnen ist. Ganz abgesehen nämlich von der schon eingangs erörterten terminologischen Relativität jeder "Modernisierungs"debatte werden polit-ökologische Anstrengungen stets in eine normative Dimension hineinwachsen müssen, wenn sie dem sozialen Relevanzanspruch genügen wollen, dem sich keine Wissenschaft entziehen kann. Der beschreibend-analytische und der vorschreibend-normative Gestus sind unter dem Vorzeichen dieses Relevanzanspruches nicht (oder allenfalls zu heuristischen Zwecken) voneinander zu trennen. In Frage steht mithin auch die Relevanz des - wie auch immer beschriebenen - Modernisierungsprozesses und seiner Prozeduren.

Unter dem in diesem Beitrag hervorgehobenen spirituellen Blickwinkel ließe sich - mit dem Hinweis auf die dargelegte Zwangsläufigkeit des Re-Universalisierungsgeschehens - die Relevanz der Modernisierungsdebatte schlechthin verneinen. Damit wären zugleich auch alle polit-ökologischen Bemühungen im weiteren und alle umweltpolitischen Bemühungen im engeren Sinne in ein politisches Limbo "jenseits von Modernisierung und Postmodernisierung" verwiesen. Auch die ökologisch Gestimmten könnten sich dann getrost dem privaten wie dem öffentlichen Quodlibet überlassen.

In soziale und politische Aktivität mündendes ökologisches Engagement ist letztlich nur aus der Überzeugung begründbar, daß es sich bei der sozio-ökologischen Gegenwartskrise um einen Ausfluß der Verwirrung des menschlichen Geistes handelt, die sich in einem komplex geknüpften Netzwerk sozio-ökonomischer, sozio-politischer und sozio-kultureller Fehlentwicklungen manifestiert. Eine solche Überzeugung wiederum läßt sich nicht zuletzt aus der - hier skizzierten -

karmischen Kohäsionsdialektik gewinnen - einer Kohäsionsdialektik, von der man freilich nicht erwarten kann, daß sie zur historisch akkreditierten Legitimationstheorie des Mainstreams der ökologischen Bewegung werden wird, wenn sich ihr wohl auch manche Facetten der von Josef Huber in diesem Band erwähnten Realo-Fundi-Polarität zuordnen lassen. Einerseits werden sich nämlich selbst sog. Öko-Fundamentalisten selten zu einer derart konsequent spirituellen Deutung des Geschehens aufschwingen; andererseits sind unter gewissen Voraussetzungen auch "realistische" Positionen mit einer solchen Perspektive vereinbar.

Wie immer man dies auch im Einzelfall sehen mag - unabweisbar ist jedenfalls, daß die Modernisierungsfrage bei einer solchen Sichtweise zwangsläufig an Relevanz verliert. "Die Dinge" (um noch einmal mit Anaximander zu sprechen) leisten sich ganz unabhängig von den konkreten Zeitumständen und deren Wandlungsformen "Sühne und Vergeltung nach dem Maß ihrer Ungerechtigkeit und der Ordnung der Zeit". Die von Anaximander angesprochene, von uns auch in oecologicis allenfalls annäherungsweise erkennbare "Ordnung der Zeit" entscheidet wohl nur darüber, wann die Bemühung um Ent-Sühnung und Ent-Geltung zum Tragen kommen kann. Wieder ge-heilt werden muß das Verwundete, wieder ganz gemacht werden muß das Gesprengte und das Zerrissene - re-universalisiert werden muß aus der Sicht derer, die sich auch bei einer spirituellen Deutung der Krise aus einem lediglich kontemplativen Gestus lösen wollen, ganz unabhängig von den konkreten Zeitumständen und deren Wandlungsformen. Der *Modus* der Re-Universalisierung wird mithin unter diesen Vorzeichen wenn nicht zur quantité negligeable, so doch zur cura posterior.

Teil 2
Konzepte institutioneller Modernisierung

Die Modernisierung der Demokratie im Zeichen der Umweltproblematik

Horst Zilleßen

1. Modernisierung der Demokratie oder Modernisierung des Staates ?

In der Staats- und Verwaltungswissenschaft der Bundesrepublik sind in den vergangenen Jahren einige neue Stichworte aufgetaucht, die allesamt anzeigen, daß sich hinter der Fassade der alltäglichen Routine in Staat und Verwaltung bemerkenswerte Änderungen abzeichnen. Die Stichworte lauten "kooperativer Staat" (Ritter 1979), "informales Verwaltungshandeln" (Bohne 1984), "Vermittlungsfunktion des Staates" (Ellwein/Hesse 1987: 55), "Modernisierung des Staates" (Hesse 1990: 13ff.). Sie sind Ausdruck einer Entwicklung, die ein Verständnis von Staat und Verwaltung herbeiführt, das deren Autonomie und "souveräne" Handlungsfähigkeit mehr und mehr in Zweifel zieht, und die in einer "Enthierarchisierung der Beziehung zwischen Staat und Gesellschaft" (Scharpf 1991a) mündet.

Der Staatsapparat kann seine wachsenden Aufgaben nur dann erfüllen, wenn er die gesellschaftlichen Akteure, betroffene oder sich betroffen fühlende Einzelpersonen und Organisationen in die Vorbereitung politischer oder administrativer Entscheidungen einbezieht. So belegt das Stichwort "Enthierarchisierung" ebenso wie die umweltpolitische Praxis der Kooperation, daß Luhmanns (1988a: 128) Vorbehalte gegen einen handlungs- oder akteurbezogenen Ansatz bei der Analyse der politischen Wirklichkeit von dieser längst überholt worden sind.

Gerade der empirisch belegte Einfluß des personalen Faktors in der Umweltpolitik (vgl. Raschke 1980: 24)[1] legt es nahe, die skizzierte politische Entwicklung unter einem Modernisierungsansatz zu diskutieren, der von den gesellschaftlichen Akteuren und nicht vom Akteur Staat ausgeht. Die Formulierung "Modernisierung der Demokratie" nimmt gezielt Bezug auf die politische Form, welche die Entscheidungen der Regierenden grundsätzlich auf die Zustimmung der Regierten gründet. Dieses demokratische Grundprinzip schließt von der Idee her die Möglichkeit ein, daß der Bürger an solchen Entscheidungen, die seine Lebenswirklichkeit richtunggebend bestimmen, teilhaben, sie mitbeeinflussen kann[2].

Die Frage der Modernisierung des Staates und der öffentlichen Verwaltung, die Joachim J. Hesse in jüngster Zeit mehrfach aufgegriffen hat (vgl. Hesse 1987a; Hesse/Benz 1990), setzt demgegenüber beim Staat im Sinne von Staatsapparat an und fordert dessen institutionelle, prozessuale, materiell-inhaltliche und personale Erneuerung. Diese Perspektive läßt sich ebenfalls unschwer mit der Umweltproblematik verknüpfen, wenn Hesse etwa den Ruf nach Modernisierung politisch auf die notwendige Anpassung an veränderte ökonomische, technische oder soziokulturelle Rahmenbedingungen oder funktional auf Leistungs- und Vollzugsdefizite zurückführt (Hesse 1990: 13-27). Aber die Perspektive von den Einrichtungen des Staates her lenkt seinen Blick z.B. auf die Ministerialbürokratie, wenn er über institutionelle Modernisierung spricht, auf politische Steuerung, wenn es um prozedurale Aspekte, und auf das Berufsbeamtentum, wenn es um personale Aspekte geht (Hesse/Benz 1990: 16-21).

Perspektive und Ziel seiner Modernisierungsthesen sind ebenso legitim wie notwendig. Aber da Staat nicht nur als Staatsapparat definiert ist, sondern auch als "Herrschaftsorganisation der Gesellschaft" (Eschenburg 1956: 21), liegt den nachfolgenden Ausführungen die an-

---

1 S. auch Beck (1989: 12): Das gesellschaftlich erstaunlichste, überraschendste und wohl am wenigsten begriffene Phänomen der achtziger Jahre ist in der Bundesrepublik die unverhoffte Renaissance einer 'enormen Subjektivität' - außerhalb und innerhalb der Institutionen".

2 Die Enquete-Kommisssion Verfassungsreform nennt dies die Rückbindung der Staatsleitung an den Willen der Bürger; vgl. dies. 1976: 50.

dere, genau entgegengesetzte Perspektive zugrunde: von der Gesellschaft, den Bürgern her ist der Blick auf die staatlichen Institutionen und administrativen Verfahren gerichtet, wird der Ort gesucht, an dem der Bürger noch richtunggebend oder kontrollierend Einfluß nehmen kann auf für sein Leben grundlegende Entscheidungen, wird nach Möglichkeiten gefragt, wie solche Entscheidungen wieder stärker rückgebunden werden können an den Willen der durch sie Betroffenen.

Daß von dieser anderen Perspektive her andere Ziele sichtbar werden, wenn Möglichkeiten einer institutionellen Modernisierung untersucht werden, erscheint plausibel. Umso bemerkenswerter ist es, daß auf der prozeduralen Ebene eine grundsätzliche Übereinstimmung mit dem Ansatz von Hesse dort besteht, wo dieser die Ergänzung regulativer Verfahrensgestaltung durch die Wahrnehmung kommunikativer, kooperativer und moderativer Aufgaben des Staates anspricht (Hesse 1990: 17). Bei genauem Hinsehen wird diese Übereinstimmung einleuchtend, denn bei den (Genehmigungs-)Verfahren können die Bürger ihr "wachsendes Störpotential" (Ellwein/Hesse 1987: 55) zur Geltung bringen, was auch aus der Perspektive der staatlichen Einrichtungen eine Reaktion auf Mitsprache- und Teilhabeforderungen nahelegt.

2. Die Herausforderung der Umweltproblematik an die repräsentative Demokratie

Es ist - und das deutet das Stichwort "Genehmigungsverfahren" an - letztlich die Umweltproblematik, die die andere Perspektive in der Modernisierungsdiskussion zwingend nahelegt. Man kann zwar die "'ökologische Erneuerung' eher als Etikett für allgemeineren Erneuerungsbedarf ansehen" (Fürst/Henke 1988: 306), aber die Diskussion landet dann wieder bei den bekannten Fragen der Staats- und Steuerungstheorie. In demokratietheoretischer Betrachtung erweist sich dagegen die Umweltproblematik als eine singuläre Herausforderung, weil sie alltäglich und augenscheinlich die Frage aufwirft, welche Rolle denn die Interessen und Wertorientierungen der einzelnen Bürger im parlamentarisch-repräsentativen System spielen. Welche Mitwirkungsrechte besitzen sie bei den vielen Entscheidungen in diesem System, die ihre tägliche Lebensführung berühren und von welchen sie erkennen können, daß deren Folgen noch das Leben ihrer Enkel betreffen und bedrohen können ?

2.1 Das Problem der langfristigen Folgen

Die Forderungen nach Modernisierung der demokratischen Entscheidungsstrukturen und -verfahren, nach "Sozialinnovationen" (Jänicke 1986: 49) oder einer ökologischen "Reformation" des Verfassungsstaates (Schneider 1990: 142), erhält durch die Umweltproblematik eine neue Qualität, weil sie die Frage unausweichlich macht, wie die Gesellschaft mit dem Problem der langfristigen Folgen von Entscheidungen umgeht. Die bisher gewählten Lösungen sind dieses Problem eher pragmatisch angegangen und haben versucht, die übliche Ergebniskontrolle durch eine vorausschauende Kontrolle z. B. in Form von Umweltverträglichkeitsprüfungen oder Technikfolgenabschätzung zu ergänzen. Über die Wirksamkeit dieser Kontrollverfahren kann selbst im Rahmen des ihnen zugeordneten Anwendungsbereichs noch kein abschließendes Urteil gefällt werden, da die Erfahrungsbasis zu gering ist.

Wichtiger ist freilich im vorliegenden Zusammenhang, daß diese Form der vorausschauenden Kontrolle sich auf Entscheidungen oder Planungen bezieht, die im Rahmen eines auf kurzfristigen Erfolg setzenden politischen Systems entstanden sind, und daß dementsprechend auch die Kontrollmaßstäbe den Nutzen für die Gegenwart weitaus höher bewerten als die Folgen für die Zukunft. Das liegt sowohl an dem kurzfristigen und gegenwartsorientierten Zeitverständnis der Gesellschaft, als auch an der Tatsache, daß gerade die Folgen für die Umwelt häufig keinen akuten Handlungsbedarf anzeigen, weil sie "nur in Form von schleichenden Katastrophen" auftreten (vgl. dazu Böhret 1990: 84).

Die parlamentarisch-repräsentative Demokratie steht hier also vor einem zweifachen Dilemma: Einerseits ist die Konkurrenzdemokratie strukturell auf kurzfristigen (Wahl-)Erfolg hin orientiert.[3] Diese Strukturschwäche wird auch durch die mit größerer Kontinuität agierende Ministerialbürokratie kaum korrigiert, denn diese teilt im wesentlichen die Sichtweise der Politik (so auch Böhret 1990: 203). Diese Vernachlässigung der Zukunft zugunsten der Gegenwart wird andererseits noch verschärft durch die Strukturen der pluralistischen Gesellschaft, in denen die Verbände für die Definition gesellschaftlicher Ziele eine entscheidende Rolle spielen. Die enge wechselseitige Verknüpfung von Staat und Verbänden, die sowohl durch gesetzlich geregelte Beteiligung als auch durch wechselseitige personelle Verflechtungen abgesichert ist (vgl. die Analysen zum Verbandswesen bei Alemann/ Heinze 1979: 38ff.), beeinflußt den Inhalt von Politik auf zweifache Weise. Zum einen wird mit der Vorherrschaft der in Verbänden organisierten Interessen das zum Regulativ von Politik, was Götz Briefs das "autonome Verbandsinteresse" (vgl. dazu Briefs 1955) genannt hat. Es ist das von den Interessen der Verbandsmitgliedern losgelöste, selbständige Interesse der Verbandsvertreter an einem Erfolg, der die Notwendigkeit der Verbandstätigkeit ebenso nachweist wie die Unentbehrlichkeit der Verbandsvertreter. Mit dem langfristigen Interesse des Gemeinwesens hat dieses Verbandsinteresse wenig oder nichts zu tun.

Zum anderen folgt aus jener Verknüpfung ein regelmäßiges Zusammenspiel der Verbände mit allen Ebenen der Verwaltung. Diese kooperiert mit den etablierten Interessenorganisationen, selbst wenn diese sehr eigennützige Interessen vertreten, weitaus selbstverständlicher als mit Bürgern und Gruppen, die sich um die langfristige Entwicklung des Gemeinwesens sorgen.

Die eingangs gestellte Frage, wie die Gesellschaft mit dem Problem der langfristigen Folgen von Entscheidungen umgeht, erweist sich somit als unbeantwortet. Unter dem Gesichtspunkt der Modernisierung der Demokratie muß daraus gefolgert werden, daß es institutioneller und prozeduraler Innovationen bedarf, damit politische Ent-

---

3 S. Richard von Weizsäcker (1982: 6): "Das Zeitmaß der Parteien ist durch den nächsten Wahltermin bestimmt und zugleich begrenzt... Hierin liegt eine Strukturschwäche der Parteiendemokratie, die sich zu Lasten der Zukunft auswirkt".

scheidungen zuverlässig auf die Zukunft des Gemeinwesens hin ausgerichtet werden.

2.2. Komplexität und Kooperation

Die Umweltproblematik stellt zum zweiten das Problem der Bewältigung von Komplexität in der modernen Gesellschaft auf eine neue Ebene und schafft auf diese Weise einen weiteren Modernisierungsbedarf. In seinem derzeitigen Zustand ist das politische System dem Wachstum an Komplexität bei den zu lösenden Problemen nicht gefolgt, vielmehr relativ und möglicherweise auch absolut erstarrt (vgl. Dierkes/Zimmermann 1988: 198). Da aber die Umweltprobleme die Notwendigkeit angemessen komplexer Problemlösungen immer offensichtlicher machen, setzen die von diesen Problemen Betroffenen die Politik immer stärker unter Druck. Diese reagierte darauf mit dem Angebot der Kooperation an gesellschaftliche Gruppen und entwikkelte neue Formen und Stile der politisch-administrativen Problembearbeitung (vgl. Fürst 1987: 262).

Daß diese Form der Kooperation mit den etablierten Gruppen und Verbänden nicht ausreichen konnte, um die Problemlösungsfähigkeit der Politik wiederherzustellen, liegt an der Art der Umweltprobleme. Sie sind so vielschichtig und alltäglich, daß die verbandsmäßige Vertretung der durch sie betroffenen Interessen nicht mehr ausreicht. Gewiß kann etwa die Verwaltung versuchen, über eine möglichst vollständige Erfassung und Addition der Problemsichten zu einer angemessenen Lösung zu gelangen. Aber da die verschiedenen Betroffenen das, was für sie rational ist, nach ihrem jeweiligen Bezugssystem und ihren Loyalitäten, z.B. als Vertreter eines Wasserversorgungsunternehmens oder einer Naturschutzorganisation, beurteilen, führt die Addition von Partialrationalitäten nicht zu einer dem Problem gemäßen Gesamtrationalität.

Wenn Hesse darin zuzustimmen ist, daß die Leistungsfunktionen des Staates sich "zu einem nicht unbeträchtlichen Teil auf dezentrale politisch administrative Ebenen" verlagern (Hesse 1987b: 69), dann folgt daraus aus der Perspektive des Staatsbürgers, daß die dabei angewandten Formen und Verfahren der Kooperation auch ihn als Entscheidungsbetroffenen erfassen müssen. Modernisierung der Demokratie heißt dann in diesem Zusammenhang, die Voraussetzungen dafür zu schaffen, daß in politisch-administrativen Entscheidungsverfahren die breitestmögliche Integration von Partialrationalitäten und -interessen erfolgt.

2.3 Betroffenheit und Akzeptanz

Die Alltäglichkeit und Ubiquität der Umweltprobleme ergibt schließlich in Verbindung mit sozialstrukturellen Veränderungen eine besondere Herausforderung und zugleich ein besonderes Potential für politische Modernisierung. Die besondere Herausforderung zeigt sich z.B. bei den häufigen Entscheidungsnotständen in der Abfallpolitik, sobald es um Standortfragen geht: Hier geht in der Regel gar nichts mehr! Der Grund dafür liegt zum einen in der Unmittelbarkeit, mit welcher hier Bürger in ihrem direkten Umfeld von politischen Entscheidungen betroffen werden. Er liegt zum anderen darin, daß sie das Zustandekommen dieser Entscheidungen nicht nachvollziehen und also nicht verstehen können, warum ausgerechnet sie durch ein Problem, das alle Bürger verursacht haben, besonders belastet werden sollen.

Die fehlende Akzeptanz von Entscheidungen, die zugunsten der Gemeinschaft einzelne Glieder derselben belasten, rührt zum dritten her aus den Veränderungen der subjektiven Voraussetzungen und der objektiven Bedingungen für die Wahrnehmung demokratischer Rechte. Was die subjektiven Voraussetzungen angeht, so ist mit dem Anstieg des allgemeinen Bildungsniveaus in der Gesellschaft generell die Bereitschaft gestiegen, sich mit konventionellen, aber auch mit unkonventionellen Handlungsformen bis hin zum zivilen Ungehorsam politisch zu engagieren (vgl. dazu Fuchs/Klingemann/Schöbel 1991: 40ff.). Der Bürger ist also politisch selbstbewußter geworden, versteht sich gegenüber Politik und Verwaltung nicht mehr als Untertan, sondern erwartet die Berücksichtigung seiner Interessen durch den Leistungsstaat und verlangt nach mehr Mitsprache, wo es um diese Interessen geht. Andererseits wird der Bürger zunehmend sensibler gegenüber den Belastungen und Risiken, die von politischen Entscheidungen oder administrativen Maßnahmen ausgehen, und er reagiert darauf mit zunehmendem Mißtrauen und Widerstand (dazu Klages 1988: 15).

Auf der Ebene des Akzeptanzproblems treffen sich daher der demokratietheoretische und der staatstheoretische Ansatz in der Forderung nach neuen Formen politisch-administrativer Entscheidungsverfahren, die die "Fragen nach der Motivation und Kooperation der Beteiligten sowie nach der Akzeptanz der Betroffenen" (Hesse 1987b: 80) aufnehmen. Die Bedeutung der Umweltproblematik für das demokratische Selbstbewußtsein einer Gesellschaft ist noch nicht von allen erkannt (so Beck 1989: 12), aber die politische Brisanz dieses Zusammenhangs fordert unmißverständlich zum Handeln heraus.

3. Vorschläge für eine institutionelle und prozedurale Modernisierung

An Ideen, wie die Zukunfts- und Problemlösungsfähigkeit der Politik zu verbessern ist, hat es nicht gefehlt (vgl. dazu Schneider 1990: 138ff.; Wienholtz 1985; Evers 1991: 13). Im folgenden sollen drei Vorschläge kurz vorgestellt werden, die versuchen, ausländische Erfahrungen mit politischen Innovationen in die deutsche Modernisierungsdiskussion einzubringen.

3.1. Die Umweltproblematik hat besonders augenfällig werden lassen, daß eine *Institution* fehlt, die zuverlässig sicherstellt, daß die grundsätzlichen und langfristigen Fragen und Themen der Gesellschaft auf die politische Tagesordnung gesetzt und der ihnen zukommenden Bedeutung nach öffentlich diskutiert und entschieden werden. Es sollte daher eine nationale Organisation geschaffen oder eine bestehende wie die Deutsche Bundesstiftung Umwelt damit beauftragt werden, nationale Politik-Foren durchzuführen, auf welchen jene Fragen und Themen bundesweit öffentlich diskutiert werden können. Die Entscheidung, welches Thema jeweils Gegenstand der nationalen Foren sein soll, sollte den Gremien der Organisation oder Stiftung obliegen, die tunlichst nicht nach Parteienkompetenz zusammengesetzt sein sollten. Zu dem jeweiligen Thema sollten Foren zumindest in jedem Bundesland stattfinden, die durch öffentliche Workshops mit Wissenschaftlern und im Thema engagierten Vertretern von Verbänden, Parteien, Bürgergruppen etc. vorbereitet werden sollten. Die Einrichtung dieser nationalen Politik-Foren kann gegebenenfalls mit der Verpflichtung verbunden werden, daß der Bundestag nach Abschluß eines Forums über die Ergebnisse und Empfehlungen derselben zu beraten hat.[4]

Der Vorschlag selbst nimmt Bezug auf die in den USA von der Stiftung "The Conservation Foundation" organisierten Politik-Foren, die in der Regel als einmalige Veranstaltung und unter Beteiligung von Regierungschefs (Governors) von Einzelstaaten sowie von Spitzenbeamten aus Ministerien und Behörden stattfinden (vgl. zu weiteren Einzelheiten: The Conservation Foundation (Hg.) 1985 u. 1988).

3.2. Die Umweltproblematik erweist sich je länger je mehr als das typische Beispiel dafür, daß die Ausdehnung staatlicher Reglementierung einerseits notwendig ist und andererseits im politisch-administrativen System zu einer *Gewichtsverschiebung zugunsten des administrativen Bereichs* beiträgt. Der Bedeutungsgewinn der Verwaltung zwingt dazu, den administrativen Entscheidungsprozeß wesentlich zu verändern, ihn durchsichtiger und offener für die Beteiligung der Entscheidungsbetroffenen zu machen, damit er der gegebenen sachlichen und sozialen Komplexität gerecht zu werden vermag.

Für die notwendige Änderung der politisch-adminstrativen Entscheidungsverfahren in Richtung auf Transparenz, Teilhabe der Entscheidungsbetroffenen, Vertretung aller, auch der langfristigen und nicht an bestimmten Personen oder Gruppen festzumachenden Interessen, auf produktiven Umgang mit Konflikten können die amerikanischen Verfahren der Alternative Dispute Resolution und hier insbesondere das Mediation-Verfahren dienen (vgl. dazu Adminstrative Conference of the U.S. Sourcebook 1987 u. 1990).

Das Alternative gegenüber dem üblichen Decide-Announce-Defend-Verfahren, bei welchem viele Betroffene erst in der letzten Phase und dann nur in Form von Widerstand reagieren können, besteht darin, daß die Betroffenen bereits in die erste Entscheidungsphase, die Problembearbeitung und -lösung, einbezogen werden. Sie können hier

---

4 Die hier vorgestellten Einzelheiten sollen nur andeuten, in welche Richtung der Vorschlag zielt und wie er umgesetzt werden könnte. Sie umfassen weder alle zu berücksichtigenden Aspekte und Fragen, noch sind sie als verbindliche Richtlinien anzusehen.

schon ihre Interessen einbringen, anstatt gegen eine über ihre Köpfe hinweg gefundene Problemlösung Position beziehen zu müssen. Über die allgemeine Charakterisierung dieser Verfahren, die Vorgehensweise, die Funktion und die konkreten Aufgaben des Mediators oder Konfliktmanagers kann an dieser Stelle nicht näher eingegangen werden (vgl. dazu u.a. Susskind/Cruikshank 1987; Hoffmann-Riem 1989; Zilleßen 1991 u. 1992a). Der Vorzug dieser Verfahren ist vor allem darin zu sehen, daß sie eine ebenso frühzeitige wie umfassende Interessenvermittlung in dem Entscheidungsprozeß gewährleisten, daß der professionelle Konfliktmanager den Prozeß so in seinen inhaltlichen, prozeduralen und psychologischen Aspekten steuern kann, daß die Interessen aller Parteien abgedeckt werden, ja daß der Mediator gegebenenfalls Vertreter der Interessen benennen kann, die - wie die der künftigen Generationen oder der Natur - üblicherweise nicht mit am Verhandlungstisch sitzen.

3.3. Das *Problem der "strukturellen Verantwortungslosigkeit"* (Böhret 1987) im repräsentativen Regierungssystem insbesondere im Hinblick auf die langfristigen Folgen politischer Entscheidungen zwingt zur Einführung neuer Institutionen politischer Kontrolle.

Auf Bundesebene könnte eine größere strukturelle Verantwortung dadurch etabliert werden, daß "die alte Frage nach der Macht der Weisen oder nach der Kraft der Ideen im politischen Körper" (Jonas 184: 55f.) mit der Einrichtung eines Gremiums, eines Senats oder einer Kammer, beantwortet wird, das bei grundlegenden und langfristig wirkenden Entscheidungen des Parlaments das Recht eines aufschiebenden Vetos besitzt. Auf diese Weise würde das Parlament gezwungen, Prozesse des Nachdenkens über die Folgen und der Besinnung auf das Ganze einzuleiten. Das Veto könnte daher mit einer Verpflichtung zur öffentlichen Diskussion (z.B. in Politik-Foren) über das Für und Wider der beabsichtigten Entscheidung verbunden werden. Erst nach dieser Diskussion kann das Veto durch eine erneute Abstimmung im Parlament aufgehoben werden. Auf diese Weise würde der Rechtfertigungszwang des Parlaments verstärkt und damit zugleich die Verantwortlichkeit parlamentarischer Entscheidungen strukturell erhöht.

Auf regionaler oder kommunaler Ebenen kann die Entscheidungskontrolle durch eine Einrichtung vergleichbar dem Public Intervenor in Wisconsin oder dem Umweltanwalt in Österreich verbessert werden. Der Public Intervenor hat die Aufgabe, die allgemeinen, langfristigen und insbesondere die Interessen der Umwelt in administrative Entscheidungs- und Genehmigungsverfahren einzubringen, aber auch die Interessen derer, die auf die Verfahren üblicherweise keinen Einfluß haben, obwohl sie von ihrem Ergebnis betroffen werden. Der Intervenor kann in administrative Verfahren eingreifen, über die er durch die Verwaltung in gesetzlich geregelten Fällen informiert werden muß, er kann Gutachter und Zeugen befragen sowie alles unternehmen, was ihn in einem bestimmten Verfahren angemessen erscheint - bis hin zu einer möglichen Klage bei Gericht (vgl. Dubois/Christensen 1977: 10f.).

Auch der österreichische Umweltanwalt bietet Ansatzpunkte dafür, einerseits Bürger- und Betroffenenbelange bei anstehenden umweltrelevanten Entscheidungen, andererseits bisher tendenziell vernachlässigte Umweltbelange verstärkt zu berücksichtigen (vgl. Zwanzig 1986; Barbian 1992). Er ist als Teil der Verwaltung generell als "Anwalt der Umwelt" in Verhandlungsverfahren tätig, als Gutachter von Rechtsnormen und als Ansprechpartner bei Umweltfragen für Gemeinden und Bürger. Diese Institution entspricht durchaus dem internationalen Trend der durch die Umweltproblematik hervorgerufenen Lösungsansätze und könnte auch für die Bundesrepublik Deutschland von Interesse sein.

Modernisierung der Demokratie, Umweltschutz und Grundgesetz

Rüdiger Robert

1. Die Debatte in den 70er Jahren

Die Diskussion um "Zentralisation als Alptraum und Dezentralisation als leuchtendes Morgenrot" (Mayer-Tasch 1980: 71), um eine "Enthierarchisierung der Beziehung zwischen Staat und Gesellschaft" (Scharpf 1991a: 621ff.) hat in der Bundesrepublik in den späten 60er, bzw. frühen 70er Jahren eingesetzt. Ihren sichtbarsten Ausdruck hat die Debatte um den Staat als eine "Herrschaftsorganisation der Gesellschaft" (Eschenburg 1956: 21), die dem Individuum künftig neuen Handlungsspielraum gewähren soll, in dem Ausspruch des früheren Bundeskanzlers Willy Brandt gefunden: "Mehr Demokratie wagen" (Brandt 1990: 277). Gestützt und getragen worden ist die das parlamentarisch-repräsentative System als modernisierungsbedürftig hinterfragende Diskussion zunächst vor allem von der außerparlamentarischen Opposition, später von der sogenannten Bürgerinitiativbewegung. Ihre Wurzeln hatte sie zum einen in einer generellen Verschlechterung der sozio-ökologischen Situation, zum anderen in dem wachsenden Unbehagen sowohl am Parteien- als auch am Verbände- und Verwaltungsstaat als zentralen Elementen des bundesdeutschen politisch-administrativen Systems (Mayer-Tasch 1977: 23ff.).

Auf verfassungspolitischer Ebene hat die Auseinandersetzung um Perspektiven und Ziel einer "Demokratisierung von Staat und Gesellschaft" in den 70er Jahren zu grundsätzlichen Überlegungen über eine Stärkung der politischen Mitwirkungsrechte der Bürger an der wirtschaftlichen und staatlichen Leitungsgewalt geführt. Auf wirtschaftlicher Ebene war es vor allem der Streit um die Ausweitung der Unternehmensmitbestimmung, der bis vor das Bundesverfassungsgericht getragen worden ist (Robert 1979: 22ff.). Soweit es die staatliche Ebene der Leitungsgewalt angeht, hat sich die "Enquete-Kommission

Verfassungsreform des Deutschen Bundestages" dezidiert mit dem Spannungsverhältnis zwischen repräsentativen und plebiszitären Elementen der Demokratie auseinandergesetzt. Insbesondere hat sie die "Zweckmäßigkeit einer Verstärkung des plebiszitären Elements im Grundgesetz" durch die Einführung von Volksbefragung, Volksbegehren und Volksentscheid - also die stärkere Verzahnung von Entscheidungsträgern und Entscheidungsbetroffenen im politischen Prozeß - geprüft (Schlußbericht der Enquete-Kommission 1976: 45ff.).

Während die Unternehmensmitbestimmung als ein Element der Demokratisierung - und damit Modernisierung - von Wirtschaft und Gesellschaft schließlich partiell ausgebaut worden ist, war das Resultat der Bemühungen der "Enquete-Kommission Verfassungsreform" insoweit negativ, als es zu keinerlei Konsequenzen im Hinblick auf eine Änderung der Verfassung geführt hat. Die Aufnahme plebiszitärer Elemente in das Grundgesetz ist im Gegenteil von der Kommission mit dem Hinweis auf die Gefahr wachsender politischer Desintegration und Konfrontation abgelehnt, die Frage entsprechender institutioneller und prozeduraler Innovationen negativ beantwortet worden. Unterhalb der Verfassungsebene hat es allerdings eine partielle Modernisierung des politisch-administrativen Systems mit dem Ziel gegeben, verstärkt auftretende Akzeptanzprobleme bei den von politischen Entscheidungen Betroffenen abzubauen. Das gilt vor allem für den Bereich der Kommunalpolitik und hier mit dem Städtebauförderungsgesetz und dem Baugesetzbuch in erster Linie für den Bereich der Städteplanung.

Wie sehr eine Modernisierung von Staat und Gesellschaft gerade im Zeichen der Umweltproblematik erforderlich ist, hat in der Bundesrepublik ebenfalls seit Ende der 60er, Anfang der 70er Jahre eine maßgebliche Rolle gespielt (Bechmann 1984). Das hat seinen Niederschlag nicht nur in der breiten öffentlichen Resonanz auf den ersten (Meadows u.a. 1972) und zweiten (Mesarovic/Pestel 1974) Bericht des Club of Rome zur Lage der Menschheit gefunden, sondern spiegelt sich auch in den umweltpolitischen Initiativen und Programmen der Regierung Brandt/Scheel wider. Grundlegende Weichenstellungen sind in dieser Zeit mit dem "Sofortprogramm der Bundesregierung für Umweltschutz" im September 1970 und dem "Umweltprogramm der

Bundesregierung" vom Oktober 1971 (BT-Drucks. 6/2710) vorgenommen worden. Die gegenwärtigen Bemühungen um eine Systematisierung des Umweltrechts durch Schaffung eines allgemeinen und mittelfristig auch besonderen Teils eines Umweltgesetzbuches finden hier ihre Wurzeln (Wittkämper 1992: 156f.).

Erstmals ist in diesen Jahren trotz zunächst noch großer Unklarheit über die Dimensionen des Umweltbegriffs auch die Frage der Einfügung eines Umweltgrundrechts bzw. einer Staatszielbestimmung "Umweltschutz" in das Grundgesetz erörtert worden. Der neugebildete "Sachverständigenrat für Umweltfragen" (SRU) hat sich 1974 unmißverständlich hinter die Forderung nach einem Umweltgrundrecht als Beitrag zu einer umfassenden Problemlösung gestellt (SRU 1974: 173). Über den genauen Wortlaut und die Tragweite einer solchen Vorschrift bestanden indes erhebliche Unsicherheiten.

Im Rahmen der umweltpolitischen Diskussion der 70er Jahre war die Frage nach dem Verhältnis von Umweltschutz und Grundgesetz aber nur eine Frage von untergeordneter Bedeutung. Im wesentlichen muß von einer Phase des behutsamen Herantastens an ein bislang noch wenig ausgelotetes Feld der Verfassungspolitik gesprochen werden. Politisch treibende Kraft in diesem Zusammenhang war - wenn überhaupt davon gesprochen werden kann - die F.D.P. SPD und CDU/CSU haben eine eher abwartende bis ablehnende Haltung gegenüber einer Änderung des Grundgesetzes in Sachen Umweltschutz eingenommen (Robert 1992).

Auffallend ist, daß bis Ende der 70er Jahre die Verfassungsdiskussion über eine Demokratisierung von Staat und Gesellschaft weitgehend unabhängig von der Diskussion über eine stärkere Absicherung und Gewichtung des Umweltschutzes im Grundgesetz geführt worden ist. Der politische Druck, den die Umweltproblematik bei der Bewältigung des Komplexitätsproblems in der modernen Industriegesellschaft erzeugt, ist jedenfalls nur unzureichend gesehen worden.

Diese These trifft zumindest insoweit zu, als sich die "Enquete-Kommission Verfassungsreform des Deutschen Bundestages" bei ihren Beratungen über die Einführung von Volksbegehren, Volksentscheid und Volksbefragung über die in Art. 29 GG vorgesehenen Fälle hinaus nicht mit der Frage eines möglichen Zusammenhangs von Demokratisierung und Umweltpolitik auseinandergesetzt hat. Umgekehrt gilt, daß die Forderung nach Einführung eines Umweltschutzgrundrechts bzw. einer Staatszielbestimmung "Umweltschutz" gemeinhin nicht mit dem Hinweis auf die Notwendigkeit einer Enthierarchisierung der Beziehung zwischen Staat und Gesellschaft begründet worden ist.

Allgemein darf über die 70er Jahre geurteilt werden, daß die rechts- und sozialstaatlich definierte Demokratie in der Bundesrepublik trotz bemerkenswerter Ansätze zu einer umfassenden Umweltpolitik in erster Linie weiterhin mit verteilungspolitischen Herausforderungen und nicht mit dem physischen und psychischen Schutz ihrer Bürger vor Umweltgefährdungen befaßt war (Mayer-Tasch 1980: 87).

2. Die Debatte in den 80er Jahren

Die Debatte der 80er Jahre um eine Modernisierung der bundesdeutschen Demokratie hat nahtlos an die des vorangegangenen Jahrzehnts angeknüpft. Getragen worden ist sie vornehmlich von den "neuen sozialen Bewegungen" (Brand/Büsser/Rucht 1986), insbesondere von der Friedens- und der Antikernkraftbewegung, aber auch von der sich politisch etablierenden Partei DIE GRÜNEN. Hervorragendes Merkmal dieser Debatte war die Forderung nach mehr direkter Demokratie, d.h. nach Möglichkeiten für den Bürger, selbst richtunggebend und kontrollierend auf Entscheidungen Einfluß nehmen zu können, die ihn grundlegend berühren.

Eine breite verfassungspolitische Diskussion über die Aufnahme plebiszitärer Elemente in das Grundgesetz und damit eine Modernisierung der Gesellschaft hat in den 80er Jahren jedoch nicht stattgefunden. Von staatlicher, d.h. in diesem Fall regierungsamtlicher Seite ist nicht über die Ergebnisse der "Verfassungsenquetekommission des Deutschen Bundestages" aus dem Jahr 1976 hinausgegangen worden.

Trotz deutlicher oder gerade wegen deutlicher politischer Polarisierung zwischen den konservativen gesellschaftlichen Kräften, die die christlich-liberale "Koalition der Mitte" unter Bundeskanzler Helmut Kohl tragen, und den sich vielfach als basisdemokratisch, in jedem Fall aber als innovatorisch verstehenden oppositionellen Kräften aus

GRÜNEN und neuen sozialen Bewegungen ist es nicht zu einer fruchtbaren Diskussion über Sinn oder Unsinn einer Demokratisierung von Staat und Gesellschaft gekommen.

Die politische Auseinandersetzung um die Umweltpolitik hat in den 80er Jahren mit der Antikernkraftbewegung, mit dem Kampf gegen die Wiederaufbereitungsanlage in Wackersdorf, mit dem Widerstand gegen die Inbetriebnahme des schnellen Brüters in Kalkar, aber auch mit der Katastrophe von Tschernobyl einen neuen Höhepunkt erreicht. Augenfällig geworden sind die zunehmenden Umweltprobleme nicht zuletzt mit der Verstärkung des Waldsterbens und der immer größer werdenden Zerstörung der die Erde umgebenden und schützenden Ozonschicht.

Auf verfassungspolitischer Ebene hat dieser Entwicklung eine zunehmende Bereitschaft entsprochen, sich in Anlehnung an die Empfehlungen der sogenannten "Denninger-Kommission" aus dem Jahr 1983 (Sachverständigenkommission "Staatszielbestimmungen/Gesetzgebungsaufträge" 1983) konstruktiv mit der Frage der Aufnahme einer Staatszielbestimmung "Umweltschutz" in das Grundgesetz auseinanderzusetzen. In den Deutschen Bundestag sind deshalb von der SPD (BT-Drucks. 10/1502, BT-Drucks. 11/10, BT-Drucks. 11/7934), den GRÜNEN (BT-Drucks. 10/990, BT-Drucks. 11/604, BT-Drucks. 11/663) und im Jahre 1990 auch von CDU/CSU und F.D.P (BT-Drucks. 11/7423) entsprechende Gesetzentwürfe eingebracht worden. Auf Initiative der Länder Hessen (BR-Drucks. 247/84) und Scheswig-Holstein (BR-Drucks. 307/84) hat sich auch der Bundesrat (BT-Drucks. 11/885) wiederholt mit der Verankerung des Umweltschutzgedankens im Grundgesetz befaßt.

Die Diskussion um das Verhältnis von Umweltschutz und Verfassung hat in den 80er Jahren - mit Ausnahme der GRÜNEN - zur bewußten Ablehnung der Einführung eines Umweltgrundrechtes und zur ebenso bewußten Hinwendung zur Aufnahme einer Staatszielbestimmung "Umweltschutz" in das Grundgesetz geführt. Im Zusammenhang damit hat sich die Diskussion auf die Frage einer Modernisierung des Staates, speziell seiner Handlungs- und Entscheidungsabläufe, konzentriert. Aus der Diskussion um das "Ob" einer Staatszielbestimmung "Umweltschutz" ist gleichzeitig eine Diskussion um das

"Wie" geworden. Diese allerdings konnte wegen unüberbrückbarer Meinungsverschiedenheiten zwischen den politischen Parteien nicht zu einem erfolgreichen, d.h. die Verfassung ändernden Resultat gebracht werden.

Insgesamt gesehen ist es auch in den 80er Jahren bei einer Parallelberatung der beiden Themenkomplexe "Demokratie und Grundgesetz" sowie "Umweltschutz und Grundgesetz" geblieben. Eine inhaltliche Verbindung zwischen den beiden Diskussionssträngen ist nur dort erfolgt, wo in Richtung auf eine grundlegende gesellschaftliche Veränderung gedacht und gearbeitet worden ist. Das gilt neben verschiedenen Ansätzen zur Konzipierung einer "Politischen Ökologie" (Mayer-Tasch 1980: 69ff.; Evers/Opielka 1985: 15ff.) vornehmlich für das Umweltrechtspaket der GRÜNEN. Es läßt das Konzept einer gleichermaßen ökosozialen wie basisdemokratisch ausgerichteten Gesellschaft zumindest erahnen.

3. Die Debatte unter dem Vorzeichen der deutschen Einheit

Die Wende von den 80er zu den 90er Jahren war durch die Wiederherstellung der politischen Einheit Deutschlands bei faktisch andauernder wirtschaftlicher und sozialer Spaltung gekennzeichnet. Angesichts der Tatsache, daß die "friedliche Revolution" in der ehemaligen DDR mit dem Ruf "Wir sind das Volk" durch das Volk erzwungen worden ist, hat der Gedanke einer unmittelbar vom Volk getragenen und legitimierten Erneuerung von Staat und Gesellschaft erheblichen Auftrieb erfahren. Dazu hat auch beigetragen, daß im Westen Deutschlands - also in der alten Bundesrepublik - Interessen und Wertorientierungen der Bürger zunehmend mit Formen und Inhalt parlamentarisch-repräsentativer Entscheidungen in Konflikt geraten sind.

Die Forderung nach mehr Demokratie hat ihren Niederschlag sowohl im Verfassungsentwurf des "Runden Tisches" von Anfang 1990 (Runder Tisch 1990) als auch im Verfassungsentwurf des "Kuratoriums für einen demokratisch verfaßten Bund deutscher Länder" vom Juni 1991 (Guggenberger/Preuß/Ullmann (Hg.) 1991: 99ff.) gefunden. Die Stärkung der demokratischen Informations-, Mitwirkungs- und Teilhaberechte, "... die Festigung der Gewaltenteilung, die Dezentralisierung und Kontrolle der Macht und das Zurückdrängen demokratiegefährdender Tendenzen durch die Übermacht der Exekutive, durch wirtschaftliche oder Verbandsmacht ..." war nach der zum Verfassungsentwurf des Kuratoriums vorgelegten Denkschrift sogar der erste und vielleicht wichtigste Grundgedanke des gesamten Entwurfs (Guggenberger/Preuß/Ullmann (Hg.) 1991: 38).

Zu einer konkreten Verfassungsänderung ist es bis Ende 1992 nicht gekommen. Die Frage nach dem Pro und Contra einer Modernisierung des Staates nicht bloß als Herrschaftsapparat, sondern auch als "Herrschaftsorganisation der Gesellschaft" ist jedoch nicht nur im Zusammenhang mit dem Prozeß der Wiederherstellung der staatlichen Einheit Deutschlands, sondern auch im Rahmen der Arbeit der "Gemeinsamen Verfassungskomission von Bundestag und Bundesrat", im Zusammenhang mit den Beratungen über die neuen Länderverfassungen in Ostdeutschland - insbesondere in Brandenburg (Verfassung des Landes Brandenburg 1992: 41ff.) -, im Kontext mit einer Volksabstimmung über die künftige Verfassung des geeinten Deutschland und nicht zuletzt im Zusammenhang mit der Forderung nach einem Volksentscheid über den Vertrag von Maastricht zur Schaffung einer Europäischen Union virulent geworden.

Das Bestreben, den "Schutz der natürlichen Umwelt als Lebensgrundlage gegenwärtiger und künftiger Generationen" zu einer "Pflicht des Staates und aller Bürger" (Runder Tisch 1990: 8), zu einer "Pflicht des Landes und Verpflichtung aller im Land" (Verfassung des Freistaates Sachsen 1992: 21) zu machen, hat durch den Prozeß der deutschen Einheit ebenfalls merklichen Auftrieb erhalten. Auf verfassungspolitischer Ebene ist dabei eine Neuakzentuierung des Themas festzustellen. Der Gedanke, daß es nicht reicht, die Ökologie bloß additiv und isoliert von den übrigen Bestimmungen des Grundgesetzes in dieses aufzunehmen, wird in Anlehnung an politische Vorstellungen der GRÜNEN aus den 80er Jahren wieder aufgegriffen und hat seinen Niederschlag nicht zuletzt in den Verfassungsentwürfen des "Runden Tisches" sowie des "Kuratoriums für einen demokratisch verfaßten Bund deutscher Länder" gefunden.

Während der Verhandlungen über den Vertrag zur deutschen Einheit haben die beteiligten Parteien indes lediglich an die westdeutschen Bemühungen der 80er Jahre angeknüpft, den Umweltschutz als Staatsziel in das Grundgesetz aufzunehmen. Angesichts fortdauernder Meinungsverschiedenheiten über Inhalt und Schranken eines solchen Staatsziels haben sie sich darauf beschränkt, den gesetzgebenden Körperschaften des vereinten Deutschland zu empfehlen, sich innerhalb von zwei Jahren nach der Wiedervereinigung u.a. mit den Überlegungen zur Aufnahme neuer Staatszielbestimmungen in das Grundgesetz auseinanderzusetzen (Schäuble 1991: 205 f.).

Nicht absolut, wohl aber der Dauer und Intensität nach erstmals sind die Themenkomplexe "Demokratie und Grundgesetz" sowie "Umweltschutz und Grundgesetz" zu Beginn der 90er Jahre inhaltlich zusammengeführt worden. Hauptargumentationslinie ist dabei, daß Ökologie und Demokratie keinen Gegensatz darstellen, sondern einander bedingen: "Ökologische Verfahrensrechte stärken die Ökologie mit den Mitteln der Demokratie. An erster Stelle stehen dabei die verschiedenen Informations- und Akteneinsichtsrechte, durch die die Bürgerinnen und Bürger überhaupt erst in den Stand gesetzt werden, umweltpolitisch tätig sein zu können" (Guggenberger/Preuß/Ullmann 1991: 67). In Art. 6 Abs. 2 der sachsen-anhaltinischen Verfassung vom 16.7.1992 findet sich deshalb auch ähnlich wie in Art. 39 Abs. 7 der brandenburgischen Verfassung und Art. 34 der sächsischen Verfassung das Recht eines jedes einzelnen "... auf Auskunft über die Vorhaben und Daten im Verfügungsbereich der öffentlichen Gewalt, welche die natürliche Umwelt in seinem Lebensraum betreffen, soweit nicht Bundesrecht, rechtlich geschützte Interessen Dritter oder das Wohl der Allgemeinheit entgegenstehen".

Allerdings gibt diese Position, die den Blick von staatlichen Institutionen und Verfahren weg und hin auf den Bürger und seine (Mit-) Verantwortung für die Umwelt lenkt, nicht den Hauptstrom der gegenwärtigen politischen Diskussion über das Verhältnis von Grundgesetz, Demokratie und Umweltschutz wieder. Eher zutreffend für die Mehrheit der an dieser Diskussion Beteiligten dürfte die Auffassung von Martin Kriele sein, der sich - den gesamten Forderungskatalog einer Verfassungserneuerung vor Augen - dezidiert gegen Plebiszite, imperative Mandate und andere Formen der Bürgerentscheidung als Alternative zu parlamentarischen Entscheidungen ausgesprochen hat. Was - so sein Vorwurf - die Opposition in den Parlamenten nicht durchsetzen könne, wolle sie offenbar künftig über Plebiszite mit Hilfe der manipulierenden Medien erreichen. Da die Opposition ganz überwiegend "sozial-, ökologisch- und friedensorientiert" sei, sehe sie hier offenbar ein geeignetes Mittel, ihre Vorstellungen gegenüber den "bürgerlichen Parteien", die "bloß ökonomische Interessen verträten", durchzusetzen (Kriele 1991: 339).

Damit zeigt sich deutlich, daß es in der verfassungspolitischen Diskussion Deutschlands derzeit zwei Lager gibt. Das eine Lager, das den "Mainstream" der Debatte repräsentiert und wohl auch in der "Gemeinsamen Verfassungskommission von Bundestag und Bundesrat" dominiert, sieht weder einen positiven Zusammenhang zwischen der Forderung nach einer Modernisierung der Demokratie und der Forderung nach besserem Umweltschutz noch eine Notwendigkeit, das Grundgesetz entsprechend zu ändern. Wenn überhaupt, dann möchte es beide Themenkomplexe getrennt voneinander behandelt wissen. Andernfalls hält es die Gefahr eines unverantwortlichen Herumexperimentierens mit dem Grundgesetz für gegeben. Das andere sich als reformerisch verstehende Lager will - zumindest der Tendenz nach - eine "Verfassung von unten" und hält das Grundgesetz deshalb für in wesentlichen Punkten verbesserungsbedürftig. Zwischen der Forderung nach einer stärkeren Rückkoppelung des Staates an die Gesellschaft und der Forderung nach einem die Zukunft des Planeten berücksichtigenden Umweltschutz wird infolgedessen auch eine inhaltliche Verbindung gesehen, die es bei der anstehenden Beratung des Grundgesetzes in der "Gemeinsamen Verfassungskommission von Bundestag und Bundesrat" zu berücksichtigen gilt.

Von der Fähigkeit des deutschen Föderalismus zur Umweltpolitik

Gisela Müller-Brandeck-Boquet

20 Jahre regulativer bundesdeutscher Umweltpolitik haben bislang nicht vermocht, den Trend zu steigenden Umweltbelastungen zu stoppen oder gar umzukehren. Das in diesem Zeitraum entwickelte komplexe umweltrechtliche Instrumentarium, dem unbestritten auch Teilerfolge zuzuerkennen sind, hat sich insgesamt als ungenügend erwiesen.

Die Politik- und Verwaltungswissenschaft lastet dies u.a. den mangelnden und mangelhaften Steuerungskapazitäten des politischen Systems an (Jänicke 1986; Schneider 1990; Hesse/Benz 1990: 40-53); gefordert wird die Modernisierung von Staat und Demokratie, um der ökologischen Herausforderung adäquat entgegensteuern zu können. Bei der Frage nach den konkreten Konturen dieser Modernisierung soll im folgenden der mögliche Beitrag erörtert werden, den der deutsche Föderalismus zur Bewältigung der Umweltkrise leisten kann. Diese Fragestellung drängt sich insofern auf, als seit der Entzauberung des Interventions- und Wohlfahrtsstaates Ende der 70er Jahre allenthalben eine gewisse Rückbesinnung auf Überschaulichkeit, Problem- bzw. Bürgernähe und Dezentralität, auf Regionalismus und Föderalismus zu beobachten ist.

Der deutsche Föderalismus im allgemeinen, die jeweiligen Landesregierungen im besonderen verstehen sich seit jeher als Garanten einer sachgerechten, bürgernahen, kooperativen, innovativen und damit in besonderem Maße demokratieverträglichen Politikgestaltung (Kisker 1984). Die föderalen Strukturen scheinen folglich auch für problemadäquates umweltpolitisches Handeln besonders gut gerüstet. Doch wird der deutsche Bundesstaat de facto weitgehend von den eher negativ zu bewertenden Auswirkungen der starken Unitarisierung, Kooperation und Politikverflechtung geprägt. Kritische Föderalismusforscher bezeichnen den deutschen Föderalismus deshalb als hochgradig verflochten und ineffizient; die ausgeprägt exekutivistischen Kooperationsstrukturen bringen eine weitgehende Entparlamentarisierung mit sich, die zu gravierenden Transparenz- und Kontrolldefiziten führt. Der starke Hang der Länder zur Selbstkoordinierung verstärkt außerdem den Trend zur "Allparteienregierung" (Ernst-Wolfgang Böckenförde), der die Wahlentscheidungen der Bürger auf Landes- und Bundesebene letztlich entwertet (Klatt 1986; Scharpf 1989b; Ossenbühl 1989; Abromeit 1991).

Die hier nun interessierende Frage lautet, ob der deutsche Föderalismus trotz dieser problematischen Charakteristika dennoch über umweltpolitische Innovationsspielräume verfügt. Der Forschungsbefund fällt recht ambivalent aus: Zum einen läßt sich belegen, daß auch die Umweltpolitik in den negativen Strukturen des "Spätföderalismus" (G. Kisker) gefangen ist (Punkt 1); anderseits sind derzeit gegenläufige, innovative Entwicklungen zu beobachten, die - getragen von dem "Paradigmawechsel Dezentralität"[1] - eine Wiederentdeckung des föderalen und dezentralen umweltpolitischen Handlungsspielraums andeuten (Punkt 2).

1. Umweltpolitik im "Spätföderalismus"

Die Umweltpolitik wurde von der den deutschen Föderalismus bis Mitte der 70er Jahre prägenden Unitarisierung voll erfaßt. Durch Grundgesetzänderung gingen 1972 die Zuständigkeiten für die klassischen Umweltbereiche Luftreinhaltung, Lärmschutz und Abfallbeseitigung (Art. 74 Nr. 24 GG) in die konkurrierende Gesetzgebungskompetenz des Bundes über. In dem ebenfalls klassischen Umweltpolitikfeld Gewässerschutz - wie beim Natur- und Landschaftsschutz - verfügt der Bund zwar nur über die Rahmenkompetenz, doch nimmt er diese Kompetenz extensiv wahr (Steinberg/Müller 1989: 280). Umweltpolitik als Querschnittsaufgabe umfaßt zwangsläufig wesentlich mehr als nur den Schutz der Umweltmedien Luft, Wasser, Boden; Entscheidungen und Optionen in den Politikfeldern Wirtschaft, Energie, Verkehr und Chemie beispielsweise haben äußerst bedeutsame

---

[1] Diesen Begriff verwendete Martin Jänicke auf einer Arbeitssitzung des AK Umweltpolitik der DVPW im Juli 1991 in Berlin.

Auswirkungen auf den Zustand der Umwelt; all diese Politikbereiche unterstehen ebenfalls der konkurrierenden Gesetzgebung des Bundes.

1.1 Die umweltpolitische Rolle des Bundesrates

Die Frage nach der Fähigkeit des Föderalismus zur Umweltpolitik impliziert auch die Frage nach der Befähigung der Bundesländer zu selbstbestimmter Umweltpolitik. Diese ist - wie dargelegt - im normativen Bereich fast nicht (mehr) vorhanden. Die Unitarisierung im deutschen Föderalismus war aber insofern mit einer gewissen Kompensation der aufgegebenen Selbstbestimmungsrechte verknüpft, als dem Bundesrat als Vertreter der Länderexekutiven weitreichende Mitbestimmungsrechte eingeräumt wurden. Diese Mitbestimmungsrechte mögen in anderen Politikfeldern nur ungenügend Kompensation verschaffen (Klatt 1986: 7); in der regulativen Umweltpolitik als äußerst technischer Materie muß sich die Gesetzgebung sehr häufig auf allgemeine Zielkodifizierungen (unbestimmte Rechtsbegriffe) beschränken, die durch sog. untergesetzliche Vorschriften, d.h. durch Rechtsverordnungen (z.B. Großfeuerungsanlagenverordnung, Verpackungsverordnung) oder Verwaltungsvorschriften (z.B. TA-Luft) präzisiert werden müssen. Beide untergesetzlichen Normsetzungsinstrumente, die sich in ihrer Rechtsqualität wesentlich unterscheiden - so sind Verordnungen unmittelbar geltendes Recht, während Verwaltungsvorschriften lediglich verwaltungsintern bindende Wirkung zu entfalten vermögen[2] - bedürfen der Zustimmung des Bundesrates. Damit nimmt der Bundesrat bei der konkreten Ausgestaltung umweltpoltischer Zielsetzungen, beispielsweise bei der Fixierung verbindlicher Emissionswerte, eine ganz zentrale Stellung ein.

Der Bundesrat selbst ist jedoch ein äußerst schwer zu charakterisierendes Verfassungsorgan. Als Vertretungsorgan der Landesregierungen ist er unzweifelhaft ein auf Mitbestimmung beschränktes, dem Bundestag nicht voll gleichberechtigtes Bundesorgan, das durch das herrschende Mehrheitsprinzip dem einzelnen Bundesland ein (umweltpolitisches) Vetorecht versagt. Außerdem wird auch der Bundesrat derart stark von der Parteienlogik geprägt (Hassel/Koschnik 1989),

2 Die Rechtsnatur der TA-Luft beispielsweise ist umstritten, vgl. Beyerlin 1987.

daß einem an Eigeninteressen orientierten Abstimmungsverhalten der Länder in der Regel enge Grenzen gesetzt sind. Doch inzwischen hat der Bundesrat die umweltpolitische Herausforderung ansatzweise angenommen: Nachdem der konservativ dominierte Bundesrat in den Anfangsjahren gesteigerter umweltpolitischer Aktivitäten seitens der sozial-liberalen Bundesregierung im wesentlichen hemmend gewirkt hatte (Michelsen 1979), erstritt 1983 der ebenfalls unionsgeführte Bundesrat eine wesentliche Verschärfung der Großfeuerungsanlagenverordnung - bekanntlich ein Erfolgsfall deutscher Umweltpolitik -, und in jüngerer Zeit konnte der sozialdemokratisch dominierte Bundesrat sowohl eine Verschärfung der Umwelthaftpflichtversicherung als auch der Verpackungsverordnung durchsetzen. Es scheint, daß sich der Bundesrat den Pressionen der auf ihren Verschmutzerrechten beharrenden Wirtschaft besser entziehen kann als Bundesregierung und Bundestag. Hinzu kommt, daß die Landesregierungen im Rahmen ihrer Vollzugstätigkeiten unmittelbarer als der Bund mit dem ökologischen Problemdruck konfrontiert sind (Stichwort: Müllnotstand).

1.2 Politikverflechtung in der Umweltpolitik

Das Lebenselexier des kooperativen Föderalismus sind die zahlreichen, mehr oder minder institutionalisierten Strukturen der Zusammenarbeit der Länder untereinander, der sog. Kooperation auf der 3. Ebene, und der Länder mit dem Bund, der sog. Kooperation auf der 4. Ebene (Prietzcker 1988). Ossenbühl bezeichnet diese Verbundstrukturen als "Bühne für höchst unterschiedliche und farbenprächtige Darbietungen der Kommunikation, Kooperation und Gemeinschaftsaktionen der Länder... Hier wird Länderpolitik abgesprochen, abgestimmt, formuliert, präjudiziert und auch realisiert" (Ossenbühl 1989: 1234). In diesem interföderalen Verbundsystem werden die Länder folglich an nahezu allen Regierungsvorhaben beteiligt, während der Bund im Gegenzug einen beachtlichen Einfluß auf die Landespolitiken erhält (Klatt 1987: 191).

In der Umweltpolitik als sehr technischem und vollzugsabhängigem Politikfeld ist das interföderale Kooperationsnetz äußerst eng geflochten. Zweimal jährlich tagt die Umweltministerkonferenz, die sich in ihren Voten weitestgehend an die Vorgaben hält, die die vorgeschalteten Konferenzen der Amtschefs, d.h. der Verwaltungschefs der Länderumweltministerien, erarbeitet haben[3]. Diese wiederum stützen sich z. Teil auf die Arbeiten der umweltpolitischen Länder- und Bund-Länderarbeitskreise[4], die mit Fachleuten aus den verschiedenen Bundes- und Landesbehörden besetzt sind. Eigene Recherchen im Bayerischen Umweltministerium[5] haben ergeben, daß die Umweltministerkonferenz (UMK) von eher geringer Bedeutung für die deutsche Umweltpolitik ist. Denn zum einen hat sich die UMK dazu verpflichtet, Vorhaben, die bereits im Bundesrat behandelt werden, nicht zu bearbeiten; zum anderen befaßt sich die UMK als Generalistengremium kaum mit den genuin länderspezifischen, d.h. verwaltungsseitigen Umweltschutzaufgaben; diese werden von den Konferenzen der Amtschefs ausgefiltert und/oder von den in Vollzugsfragen selbständig handlungsbefugten Länderarbeitsgemeinschaften entschieden.

Die föderalen Mitspracherechte im deutschen Umweltpolitikprozeß sind Mitspracherechte der Länderexekutiven. Die interföderale Zusammenarbeit ist nämlich ausschließlich den Landesregierungen vorbehalten; das ist aus Ländersicht ja exakt der Reiz der Kooperation: Während man die vormaligen ländereigenen Selbstbestimmungsrechte mit den Landtagen teilen mußte, können diese an der föderalen Politikverflechtung nicht teilhaben; die Länderparlamente sehen sich deshalb als die großen Verlierer des kooperativen Föderalismus (Schneider 1989). Aber auch die Mitbestimmungsrechte des Bundesrates sind der parlamentarischen Einflußnahme und der Kontrolle weitestgehend entzogen; die Landtage tun sich aus kompetenziellen, aber auch aus personellen und organisatorischen Gründen äußerst schwer, das Abstimmungsverhalten ihrer Landesregierungen im Bundesrat inhaltlich zu begleiten (E. Haas 1988: 620-622; Klein 1989: 106f.). Rechnet

---

3 Die Konferenzen der Amtschefs sind an die Stelle der STALA (Ständiger Abteilungsleiterausschuß) Bund-Länder getreten.

4 Die wichtigsten sind: LAWA = Länderarbeitsgemeinschaft Wasser; LAI = Länderarbeitsgemeinschaft Immissionsschutz; LANA = Länderarbeitsgemeinschaft Naturschutz, Landschaftspflege, Erholung; LAGA = Länderarbeitsgemeinschaft Abfall; BLAU = Bund-Länder-Arbeitskreis-Umweltchemikalien.

5 Zum Thema liegt nur eine Studie von Achim Posse (1986) vor.

man zu dieser Entparlamentarisierung auf Landesebene noch die der Bundes-, ja der EG-Ebene hinzu, so erweist sich Umweltpoltik als ein den Volksvertretern weitgehend entzogenes Politikfeld.

Volker von Prittwitz macht - äußerst verkürzt dargestellt - erfolgreiche Umweltpolitik vorrangig von der Entfaltung der Demokratie als politischem Prozeß abhängig; Freiheitsrechte, Repräsentation, Öffentlichkeit und Partizipation gelten ihm als gewichtigste Inputs in die umweltpolitische Entscheidungsfindung. Solch vitale Demokratie gedeihe besonders gut in föderalen Staatsstrukturen (Prittwitz 1990: 170f. u. 175). Unzweifelhaft entspricht der deutsche Föderalismus in seiner heutigen Ausprägung als sehr verwaltungslastiges, stark entparlamentarisiertes System diesem Ideal nur bedingt. Dennoch scheint Prittwitz' Vertrauensvorschuß insofern gerechtfertigt, als sich in den letzten Jahren eine gewisse Wiederentdeckung föderaler Handlungsspielräume beobachten läßt.

2. Anzeichen einer föderalen Renaissance auch in der Umweltpolitik

Die seit Mitte der 70er Jahre immer wieder aufkeimende Debatte zu einer den Föderalismus stärkenden Verfassungsreform ist derzeit erneut hochaktuell. Nachdem die deutsche Vereinigung eine - in ihrem konkreten Ausmaß allerdings umstrittene - Verfassungsreform notwendig gemacht hat, wurde noch 1991 eine gemeinsame Verfassungskommission von Bundestag und Bundesrat eingesetzt, die u.a. Lösungen für eine Wiederbelebung des Föderalismus erarbeiten soll. Die bislang verlautbarten Vorschläge kreisen um die Schwerpunkte: Neuverteilung der Gesetzgebungskompetenzen zugunsten der Länder, Neugliederung des Bundesgebietes sowie um die Stärkung der Mitbestimmungsrechte der Länder im europäischen Einigungsprozeß[6]. Im

---

6 Die Vorschläge greifen großteils auf die Empfehlungen der Enquete-Kommission Verfassungsreform aus dem Jahre 1976 zurück; vgl. auch den Bericht der Kommission "Erhaltung und Fortentwicklung der bundesstaatlichen Ordnung innerhalb der Bundesrepublik Deutschland - auch in einem Vereinten Europa" des nordrhein-westfälischen Landtags aus dem Jahr 1990; die Kommission verstand sich explizit als Fortsetzung der

ersten Halbjahr 1992 standen die Beratungen der Verfassungskommission vollkommen unter dem Zeichen der Maastrichter Verträge, deren Ratifizierung bekanntlich eine Änderung des GG in einigen Punkten notwendig macht. Nach zähen Verhandlungen beschloß die Kommission am 26.6.1992 die Neufassung des Art. 23 GG, der künftig alle weiteren Hoheitstransfers nach Brüssel von der Zustimmung des Bundesrates abhängig macht und auch anderweitig die Mitwirkungsrechte der Länder im europäischen Integrationsprozeß wesentlich stärkt. Inzwischen hat die Bundesregierung die Kommissionsfassung des Art. 23 wörtlich in ihre Gesetzesvorlage zur Ratifizierung übernommen (Süddeutsche Zeitung vom 4.8.1992). Schließlich planen alle SPD-Landtagsfraktionen, noch im Herbst 1992 einen Antrag "Stärkung des Föderalismus bei der Verfassungsreform" in die Parlamente einzubringen, wie bereits in Bayern geschehen. Der Antrag fordert vorrangig die Rückübertragung von Gesetzgebungszuständigkeiten auf die Länder (Süddeutsche Zeitung vom 4.9.1992).

All diese Vorstöße sind Ausdruck des massiven, seit einigen Jahren spürbaren Unbehagens am Zustand des deutschen Föderalismus, dessen weitere Infragestellung durch die fortschreitende europäische Integration auf immer größeren Widerstand stößt[7]. Von diesen "atmosphärischen" Veränderungen ermutigt und durch den allenthalben spürbaren ökologischen Problemdruck herausgefordert, versuchen die Bundesländer zunehmend, auch umweltpolitisch den - zugegebenermaßen geringen - verbliebenen eigenen Handlungsspielraum besser auszuschöpfen (Hesse/Renzsch 1991: 36f.).

2.1 Vollzugsdefizite und informales Verwaltungshandeln

Nicht zuletzt die bittere Erkenntnis, daß die rege Umweltgesetzgebungstätigkeit der 70er Jahre wenig an konkreten Umweltentlastungseffekten erbracht hatte, daß also der verwaltungsseitige Vollzug mit der Normsetzung nicht Schritt halten konnte und sich mithin Ende der

Enquete-Kommission, ging jedoch in wichtigen Bereichen über deren Vorschläge hinaus.

7 Dieser Problemkreis kann hier nicht behandelt werden; vgl. Müller-Brandeck-Bocquet 1992.

70er Jahre das vieldebattierte "Vollzugsdefizit in der Umweltpolitik" aufgestaut hatte (Mayntz u.a. 1978) beförderte die Suche der zuständigen Landesbehörden nach alternativen Handlungsmöglichkeiten. Hier sind sowohl die organsiatorischen Reformen zu nennen, die zur Schaffung der Landes-Umweltministerien führten und in einigen Bundesländern, so z.B. Bayern, die umweltrechtlichen Vollzugsaufgaben neu eingerichteten Sonderbehörden übertrugen (Dittmann 1988: 124), als auch die unter dem Begriff informales Verwaltungshandeln verfolgte Flexibilisierung der Vollzugsarbeit. Besonders bei der Durchsetzung nachträglicher Umweltschutzanforderungen an bereits bestehende Anlagen, die ja mit Eingriffen in vormals konzedierte Verschmutzer-, also in Eigentumrechte verbunden ist (Thaden 1987: 36), stößt die hoheitlich agierende Verwaltung oft nur allzu schnell auf die Grenzen ihrer Konflikt- und Durchsetzungsfähigkeit. Vorverhandlungen, Arrangements, Agreements und Verträge mit den Anlagenbetreibern führen hier oft zu größeren Erfolgen als die zwangsweise Durchsetzung einheitlicher Standards (Bulling 1989; kritisch-ablehnend Lübbe-Wolff 1987).

Da in der Bundesrepublik die Verwaltungskompetenzen als Länderdomaine par excellence gelten und somit gleichsam ein Gegengewicht zur eindeutigen Dominanz des Bundes bei der Gesetzgebung darstellen, verfügen die Länder hier über beachtliche Handlungsspielräume zur umweltpolitischen Akzentsetzung. Bei entsprechender politischer Prioritätensetzung können die Länder durch die Bereitstellung ausreichender finanzieller und personneller Mittel Tempo und Ausmaß der Vollzugsarbeit beeinflußen und mithin konkrete Umweltentlastungseffekte realisieren. So erzielten die Länder Nordrhein-Westfalen und Baden-Württemberg durch besonders raschen und innovativen Vollzug der Großfeuerungsanlagenverordnung und der TA-Luft beachtliche Erfolge in der Luftreinhaltung (Miller 1988: 305).

Darüber hinaus können die Länder durch entsprechende Ermutigung und Unterstützung der inzwischen sehr zahlreichen umweltpolitischen Initiativen ihrer Städte und Landkreise innovativ tätig werden (Zapf-Schramm 1989).

2.2 Umweltpolitische Normsetzung auf Landesebene

Der ökologische Problemdruck und die umweltpolitische Passivität des Bundes in den letzten Jahren haben die Länder veranlaßt, auch im stark bundesdominierten Normsetzungsbereich aktiv zu werden. So verabschiedeten im Zeitraum 1990-1992 beispielsweise Baden-Württemberg, Hessen und Niedersachsen Landesabfallgesetze, die Abgaben auf Sondermüll einführen; Berlin, Baden-Württemberg und Hessen beschlossen die Einführung einer Grundwasserabgabe und auch Schleswig-Holstein tat sich mit einem innovativen Landeswassergesetz hervor. Bremen plant derzeit sowohl die Einführung einer Sonderabfall- als auch einer Grundwasserentnahme-Gebühr[8]. In Bayern verhalf das Bayerische Verfassungsgericht in seinem spektakulären Urteil zu einem von verschiedenen Bürgerinitiativen unter dem Namen "Das bessere Müllkonzept" getragenen Volksbegehren im März 1990 der Landesregierung zu der Erkenntnis, daß weder die grundgesetzliche Kompetenzordnung noch das Bundesabfallwirtschaftsgesetz es dem Landesgesetzgeber verbieten, landeseigene Regelungen zur Abfallvermeidung und -verwertung zu beschließen.

Diese Beispiele belegen zunächst, daß sich die Länder in der Vergangenheit nur allzu oft, allzu schnell und allzu gern hinter der vorgeblichen umweltpolitischen Allzuständigkeit des Bundes versteckt und auf durchaus gegebene Handlungsmöglichkeiten verzichtet hatten. Das Beispiel aus Bayern belegt darüber hinaus die Bedeutung partizipatorischer Strukturen bei der (Neu-)Eröffnung umweltpolitischer Handlungsspielräume. Denn nur das in Art. 74 der Bayerischen Verfassung verankerten Instrument Volksbegehren/Volksentscheid ermöglichte die breite öffentliche Mobilisierung zum Thema Müll und die Verabschiedung eines im bundesdeutschen Vergleich durchaus progressiven neuen Abfallgesetzes[9]. Deshalb sind auch die 1990 verabschiedete neue Kieler Verfassung, die die Instrumente Volksbegeh-

---

[8] Bei der Erfassung der Umwelt-Innovationen der Länder ist der Anhang "Berichte des Bundes und der Länder zur Situation von Umwelt und Natur" hilfreich, der den unregelmäßig erscheinenden "Daten zur Umwelt" des Umweltbundesamtes beigefügt ist. Jüngste Ausgabe 1990/1991.

[9] Im Volksentscheid vom Februar 1991 unterlag "Das bessere Müllkonzept" dem vom Landtag vorgelegten Gesetzesentwurf.

ren/Volksentscheid einführt, sowie das neue Brandenburger Naturschutzgesetz zu begrüßen, das anerkannten Naturschutzverbänden erweiterte Mitspracherechte einräumt.

All diese in ihrer Vielzahl und Vielfalt schwer erfaß- und bewertbaren Ansätze zu einem umweltpolitischen "Konkurrenz-Föderalismus" (H. Klatt) können als erste Anzeichen einer Modernisierung unserer Demokratie im Zeichen der Umweltproblematik gewertet werden. In der Tat löst ein umweltpolitischer Alleingang eines Bundeslandes einen gewissen Nachahmungsdruck aus, unter den auch der Bund geraten kann (so derzeit hinsichtlich der bundesweiten Einführung einer Sondermüllabgabe). Und eben dieser Effekt dürfte mittelfristig besonders bedeutsam sein; es ist nämlich nicht anzunehmen, daß das massive wirtschaftliche Interesse an der Garantie einheitlicher Wettbewerbsbedingungen im gesamten Bundesgebiet auf Dauer unterschiedliche Umweltstandards zulassen wird. Die intensiven Bemühungen auf EG-Ebene, produkt- und in zunehmenden Maße auch anlagenbezogene Umweltstandards gemeinschaftsweit zu harmonisieren, lassen eine solche Entwicklung auf Dauer vollkommen unrealistsich erscheinen. Es ist also damit zu rechnen, daß die derzeit beobachtbare Entwicklung zu föderaler umweltpolitischer Vielfalt und innovationsfreundiger Disparität im Prozeß der anstehenden Novellierung der Bundesstandards wieder abgebrochen werden wird. Folglich ist darauf hinzuwirken, daß der neuentdeckte umweltpolitische Konkurrenz-Föderalismus dann jeweils den strengsten Standard in die neue Bundesvorschrift einzubringen vermag. Dies ist umso wichtiger, als anspruchsvolle Umweltstandards in den EG-Mitgliedstaaten einerseits das Niveau der gemeinschaftlichen Umweltnormen stark beeinflußen, zum anderen aber auch über die Berechtigung des einzelnen EG-Mitglieds entscheiden, ggf. spezielle nationale, d.h. strengere Schutzmaßnahmen zu ergreifen.

Teil 3
Internationaler Vergleich und Internationale Beziehungen

Umweltpolitik im Internationalen Vergleich*

Heinrich Pehle

1. Probleme und Erkenntnisziele vergleichender Umweltpolitikanalysen

Die politikwissenschaftlichen Komparatisten berufen sich häufig auf eine ehrwürdige, bis auf Aristoteles zurückreichende Tradition. Der Vergleich als Methode ist in der Tat ein wissenschaftsgeschichtlich altes, die Vergleichende Politikwissenschaft als spezielles Teilgebiet jedoch ist ein relativ neues Phänomen (Berg-Schlosser/Müller-Rommel 1991: 13). Diese Teildisziplin wiederum fußt auf der Tradition des "comparative government", der "Vergleichenden Regierungs(formen)lehre", die auf die Beschreibung und Analyse institutioneller Phänomene in mehreren Ländern abzielt (Hartmann 1980: 9). Der internationale Policy-Vergleich ist der jüngste Sproß der Vergleichenden Politikwissenschaft - entwickelt zuerst in der amerikanischen Politikwissenschaft während der 60er und 70er Jahre. Entsprechend dürftig bearbeitet ist das wissenschaftliche Umfeld internationaler Politikfeld-Vergleiche. Ihre Theorie ist noch weit weniger entwickelt als die der jeweils nationalen Policy-Forschung (Sturm 1989: 18). Erst recht gilt dies für ein so junges Politikfeld wie die Umweltpolitik, die in den westlichen Industrienationen als eigenständiger Politikbereich erst seit Ende der 60er Jahre existiert.

---

* Für ihre auf verschiedene Weise geleistete Unterstützung danke ich Thomas Barbian (Oldenburg), Eckart Hildebrandt (Berlin), Christine Sommer (Erlangen), Helmut Weidner (Berlin) und Horst Zilleßen (Oldenburg).

Knoepfel und Weidner (1985: 11) merkten völlig zu Recht an, daß über die theoretischen und methodischen Voraussetzungen des internationalen Vergleichs zwar mittlerweile eine durchaus beachtliche Literatur verfügbar sei, die allerdings forschungspraktische Probleme und deren konzeptionelle Einbindung weitgehend unberücksichtigt lasse. Eben diese Probleme aber seien für den - nach wie vor existierenden - Mangel an "echten", international vergleichenden Umweltpolitikanalysen zum großen Teil verantwortlich. Nicht nur die kurze Geschichte der Umweltpolitik selbst, sondern auch ihre Konfliktträchtigkeit, die beispielsweise den Zugang zu aussagekräftigen Informationen häufig erschwert, sind also Gründe für die Tatsache, daß international vergleichende Analysen der Umweltpolitik in eher bescheidener Anzahl vorgelegt werden.

Gleichwohl sind auch und gerade in der Bundesrepublik seit Mitte der 80er Jahre verstärkt Bemühungen um den internationalen Vergleich von Umweltpolitik zu verzeichnen. Es sind gerade die erfahrensten "Umweltkomparatisten", die die Gefahr betonen, die methodischen und forschungspraktischen Probleme des internationalen Vergleichs zu unterschätzen (Knoepfel/Weidner 1985: 11f.). Doch es sind dieselben Autoren, die auf den Erkenntnisgewinn des vergleichenden Ansatzes nicht verzichten wollen. Dabei verschafft sich ein eher pragmatischer Denkansatz Geltung, der für die deutsche "Tradition" vergleichender Umweltanalyse typisch zu sein scheint.

Es geht der Umweltkomparatistik um die "Sichtung fremder Erfahrungen. Es empfiehlt sich, solche Erfahrungen zu prüfen, bevor man weitergehende Ziele entwickelt. Nur dann werden diese sich nicht im luftleeren Raum bewegen" (Jänicke 1986: 14). Die große Mehrzahl der international vergleichenden Studien über Umweltpolitik, die von deutschen Politikwissenschaftlern angestellt wurden bzw. werden, ist in diesem Sinne praxisorientiert. Man bemüht sich um empirisch fundierte Vorschläge zur Optimierung der umweltpolitischen Handlungsstruktur, der eingesetzten Instrumente usw. Dabei werden die Umweltpolitiken anderer Länder als "reales Testlabor" (Weidner 1985: 181) genutzt. "Damit wird die Diskussion um einen möglichen Transfer relativ gut funktionierender Elemente aus anderen Ländern auf stabilerem Boden geführt. Besonders bei der Einführung neuer Politik- und Verwaltungsinstrumente wäre ein vorausgehender experimenteller Praxistest oft ein optimaler Weg, ihre Praktikabilität zu prüfen. Aus verschiedenen Gründen ist dies in komplexen, rechtsstaatlich organisierten Industriesystemen kaum möglich. Hier kann der internationale Vergleich quasi experimentell, sozusagen als 'Praxissimulation' fungieren. Im übrigen ist für eine engagierte Sozialwissenschaft auch die potentielle Politisierungswirkung des internationalen Vergleichs nicht zu unterschätzen, da er das 'empirisch Mögliche' aufzeigen kann" (Knoepfel/Weidner 1983: 227).

Der Anspruch vergleichender Umweltpolitikanalysen besteht also darin, ein "Mehr" an praxisrelevanten Erkenntnissen zu liefern als entsprechende Forschungen im rein nationalen Kontext. "Dieses 'Mehr' besteht ... in der Fähigkeit, die erforderlichen Kontextbedingungen genauer zu bestimmen, unter denen Politikprozesse zu realen Veränderungswirkungen führen" (ebd.: 221).

In der Sprache der traditionellen 'Vergleichenden Regierungslehre' ausgedrückt, geht es also um die Untersuchung der Bedingungen der Reformfähigkeit verschiedener politischer Systeme. Die Policy-Forschung umfaßt jedoch mehr als den in der Regierungslehre dominierenden institutionellen Aspekt. Sie beschäftigt sich zusätzlich mit der Formulierung und Umsetzung politischer Programme und stellt auch die Frage nach deren Wirksamkeit. Letzlich handelt die vergleichende Umweltpolitikforschung also nicht nur von politischem und administrativem, sondern auch technischem Fortschritt, von dem also, was zusammenfassend als umweltpolitische Modernisierungskapazität bezeichnet werden kann (Jänicke 1990: 221).

Vergleichende Umweltpolitikforschung richtet also den Blick "über die Grenze" nicht nur, um *über* die Umweltpolitiken anderer Länder zu lernen, sondern vielmehr um zu eruieren, was *von* ihnen hinsichtlich der Verbesserung der eigenen Fähigkeiten zur Lösung (besser noch Verhinderung) von Problemen im Umweltbereich gelernt werden kann. Dabei wird nicht der umstandslose Transfer einzelner "Bausteine" relativ erfolgreicher Umweltpolitik von einem Land zum anderen angestrebt (vgl. Jänicke 1990: 214), sondern es geht in erster Linie um die empirische Fundierung der in reformerischer Absicht geführten Diskussion über umweltpolitische Institutionen und ihre

Kompetenzen, über die im Umweltschutz eingesetzten Programme und Instrumente. Die Themen international vergleichender Umweltpolitikanalysen sind - auch wenn für die meisten Autoren eine durchaus pragmatische Intention unterstellt werden kannn - eher der politikwissenschaftlichen Grundlagenforschung denn der Politikberatung zuzuordnen.

2. Deutsche Umweltpolitik im Spiegel ausländischer Erfahrungen: Luftreinhaltung

Eines der aufwendigsten Projekte der international vergleichenden Umweltpolitikforschung in Deutschland wurde von P. Knoepfel und H. Weidner initiiert und in Kooperation mit in- und ausländischen Wissenschaftlern durchgeführt. Es galt der Erfassung der Programmformulierung und Implementation der SO_2-Luftreinhaltepolitik in der Bundesrepublik Deutschland, England, Frankreich, Italien und den Niederlanden. Partiell, nämlich in bezug auf die Programmformulierung, wurden auch die Schweiz und Belgien in den Vergleich einbezogen. Die Untersuchung erfaßte die Jahre 1970 bis 1980, bezog also die deutsche "Wende" in der Luftreinhaltepolitik, die sich in der Verabschiedung der novellierten TA Luft und der Großfeuerungsanlagenverordnung (1983) manifestierte, noch nicht mit ein. Gleichwohl förderte die komparative Analyse grundlegende Einsichten zutage, die - wie zu zeigen sein wird - einer herkömmlichen "country-by-country"-Studie verschlossen blieben und die im Grundsatz auch heute noch Gültigkeit haben.

Die von Wetstone und Rosencranz (1985) verfaßte Synopse der verschiedenen einzelstaatlichen Maßnahmen zur Reduzierung der SO_2-Emissionen stellte der deutschen Umweltpolitik aufgrund der Fülle und Detailliertheit der gesetzlichen Maßnahmen sowie der ab 1982 einsetzenden deutschen Aktivitäten zur Forcierung der internationalen Kooperation im Umweltschutz ein durchaus positives Zeugnis aus. Als Fazit ihrer komparativen Untersuchung zeichneten Knoepfel und Weidner (1985, Bd.1: 213) jedoch ein differenzierteres Bild. Sie kamen nämlich zu dem Ergebnis, "... daß der beträchtlich höhere Aufwand an Vollzugsaktivitäten in der Bundesrepublik

Deutschland nicht zu entsprechend größeren Erfolgen im Vergleich zu den "schlichteren" Politiken der anderen europäischen Staaten geführt hat." Kein anderes Untersuchungsland habe mit Anzahl, Umfang und Detailliertheit der hierzulande vorfindbaren Regelungen mithalten können (ebd.: 215), die Umweltpolitik der Bundesrepublik Deutschland stelle wesentlich stärker auf eine umfassende, detaillistische Regelung von technischen Anforderungen in einer Vielzahl von Einzelbereichen ab, als andere Länder dies täten. Im Vergleich der "Paragraphenberge" nahm Deutschland zwar eine Spitzenposition ein, doch das im internationalen Vergleich ausgebauteste Regelungssystem und der hohe Verwaltungsaufwand habe entsprechende Effekte für Luftqualitätsverbesserungen nicht hervorgebracht (ebd.: 218). Der anspruchsvolle deutsche Weg, explizite Immissionswerte in das luftreinhaltepolitische Programm aufzunehmen, erwies sich im Vergleich mithin als "technizistischer Irrweg", der bescheidenere, auf konkrete Emissionssenkungen zielende Ansatz sei zumindestens ebenso wirkungsvoll, nicht zuletzt, weil er durch ökologie-orientierte Aktorgruppen öffentlich besser kontrollierbar sei.

Die Anspruchshöhe umweltpolitischer Programme sagt noch nichts über ihre praktische Relevanz und ihre konkreten Effekte für die Verbesserung der Umweltsituation. Eines der von Knoepfel und Weidner aus komparatistischer Perspektive formulierten Charakteristika deutscher Umweltpolitik bestand in der "Schere" zwischen programmatischem Anspruch und den vollzugsrelevanten Aktivitäten. Hierin wurden und werden sie durch andere Vergleichsstudien bestätigt.

Ein wichtiges Element der Luftreinhaltepolitik sind die sogenannten Luftreinhaltepläne. Auf der Grundlage des Bundesimmissionsschutzgesetzes sind die Bundesländer angewiesen, für besonders belastete Gebiete solche Pläne zu erarbeiten, "die genauen Aufschluß geben sollen sowohl über das Ausmaß der Luftverschmutzung (dokumentiert in Emissions- und Immissionskatastern), ihre (schädlichen) Wirkungen (dargestellt in Wirkungskatastern) als auch über die Maßnahmen, die zur nachhaltigen Verbesserung der Luftqualität führen sollen" (Schreiber 1988: 187). Auch in den Vereinigten Staaten von Amerika sind die Bundesstaaten verpflichtet, Luftreinhaltepläne ("State Implementation Plans") aufzustellen.

Der detaillierte Vergleich der deutschen und der amerikanischen Variante bestätigt die Thesen von Knoepfel und Weidner. H. Schreiber (1985: 1) kam diesbezüglich zu dem Ergebnis, "daß die deutschen Luftreinhaltekataster sowohl hinsichtlich der methodischen und konzeptionellen Grundlagen als auch hinsichtlich ihres Informationsgehaltes anspruchsvoller sind als die amerikanischen, daß bei der Einbindung der Kataster in die Luftreinhaltepolitik, ihrer Umsetzung und damit ihrer praktischen Relevanz für luftreinhaltepolitische Verbesserungen das amerikanische Modell jedoch wirkungsvoller ist. Die außerordentliche Detailliertheit der deutschen Luftreinhaltekataster steht in einem deutlichen Widerspruch zu ihrer praktisch-politischen Bedeutung." Noch 1987, 13 Jahre nach Inkrafttreten der gesetzlichen Grundlage, waren für viele Belastungsgebiete in der Bundesrepublik noch keine Luftreinhaltepläne erstellt, vielerorts war nicht einmal mit der Planaufstellung begonnen worden. Die zuständigen Landesbehörden begründeten das Ausbleiben der Pläne mit den "außerordentlich hohen Aufwendungen" bei der Aufstellung (Schreiber 1988: 196). Die Anspruchshöhe des Programms verhindert seine Umsetzung; der Vergleich offenbart wiederum den bescheideneren Ansatz als den effizienteren.

Seit 1983/84 ist die deutsche Luftreinhaltepolitik stärker emissionsorientiert und legt stärkeres Augenmaß auf die Großemittenten als vor der durch die Diskussion über das Waldsterben und seine Ursachen ausgelösten "Wende" in der Luftreinhaltepolitik. Die positive Folge dieser Neuorientierung zeigt sich statistisch z. B. in der Reduzierung der Schwefeldioxid-Emissionen um 72 %, bezogen auf den Zeitraum 1970-1989 (Umweltbericht des BMU 1990, in: Umwelt Nr. 5/1990: 225). Aufgrund solcher Zahlen wird die Bundesrepublik gern mit dem Etikett des umweltpolitischen "Vorreiters" geschmückt. Nicht beantwortet ist damit jedoch die Frage, ob der deutsche Weg in der Luftreinhaltepolitik, der sich auszeichnet durch rechtsverbindlich fixierte Grenzwerte und technische Standards sowie durch hochformalisierte und aufwendige Genehmigungsverfahren, die im Zweifel der verwaltungsgerichtlichen Kontrolle standhalten müssen und deshalb seitens der Genehmigungsbehörden "gerichtsfest" gemacht werden, tatsächlich als Musterbeispiel umweltpolitischer Modernisierung gehandelt werden sollte. Der Zwei-Länder-Vergleich zwischen der deutschen und der schwedischen Umweltpolitik (Pehle 1991) weckt diesbezüglich Zweifel. Auch in Schweden ist es nämlich - allerdings mit einer gänzlich anders konzipierten Politik - gelungen, die Schwefeldioxid-Emissionen im genannten Zeitraum 1970-1989 um ebenfalls 72 % zu reduzieren.

Einschlägige Rechtsquelle in Schweden ist das Umweltschutzgesetz von 1969, das von der Industrie als dem eigentlichen Adressaten des Umweltschutzgesetzes verlangt, jede "wirtschaftlich mögliche" und "technisch machbare" Maßnahme zur Vermeidung von Umweltbeeinträchtigungen zu ergreifen. Bis 1981 hatte der Betreiber einer genehmigungsbedürftigen Anlage in Schweden zwei Möglichkeiten: Entweder er beantragte beim Staatlichen Konzessionsamt für Umweltschutz eine förmliche Betriebsgenehmigung, die nach Erteilung 10 Jahre rechtskräftig blieb, d.h. für diesen Zeitraum vor der Auferlegung neuer Betreiberpflichten schützte. Oder er wendete sich an das Staatliche Naturschutzamt bzw. die Provinzialregierung, um eine sogenannte Freistellung vom Genehmigungsverfahren zu erwirken. Diese Genehmigungsbefreiung entband allerdings nicht von der Pflicht, Umweltschäden vorzubeugen. Sie war schlicht und einfach weniger verwaltungsaufwendig, weshalb ihr Nachteil, nämlich die jederzeitige Widerrufbarkeit, offenbar gern in Kauf genommen wurde. Gut zwei Drittel aller Fälle, in denen emissionsmindernde Auflagen erteilt wurden, wurden in Freistellungsverfahren erledigt.

Die Freistellungsverfahren wurden 1981 abgeschafft, aber ob Konzession oder Freistellung, die Anlagenbetreiber waren immer gehalten, den Stand der Technik beim Umweltschutz zu realisieren. Grundlage entsprechender Verwaltungsanordnungen sind die von der staatlichen Umweltschutzbehörde *vorgeschlagenen* und *unverbindlichen* Emissionsgrenzwerte. Die jeweilige Genehmigungsbehörde hat folglich einen vom Gesetzgeber nicht eingeschränkten Ermessens- und Verhandlungsspielraum. Mit anderen Worten: das "bargaining" zwischen Antragsteller und Behörden war politisch gewollt. Während der Debatte um das zu erlassende Naturschutzgesetz hatte der damals zuständige Landwirtschaftsminister die geplanten Befreiungsverfahren denn auch als "freie Verhandlungen zwischen dem Naturschutzamt, dem Antragsteller und anderen interessierten Parteien" charakterisiert (Lundqvist 1978: 172). Hierin drückt sich ein für Schweden typisches Vertrauen in die Praxis der Verwaltungsbehörden aus. Offenbar ist dieser Vertrauensvorschuß gerechtfertigt, denn in der Regel entsprechen die von den Behörden erteilten Auflagen "ziemlich genau" den Richtwerten des Naturschutzamtes (Wetstone/Rosencranz 1985: 24). Im Grunde ist dies wenig überraschend. Die Schweden sind auch in der Umweltpolitik einen aus ihrer Sicht bewährten Weg gegangen: Sie versuchen, die Akzeptanz politischer Regelungen bei den Adressaten zu steigern, indem sie sie bei deren Aushandlung und Durchführung beteiligen.

Schon die Kommission, die das Umweltschutzgesetz vorbereitete, hatte es "für selbstverständlich" gehalten, "daß die Richtlinien zwischen den zuständigen Institutionen, den betroffenen Branchenorganisationen sowie anderen Interessierten ausgehandelt werden sollten...", wodurch die Basis gelegt werde "für eine enge und effiziente Kooperation zwischen den zuständigen Institutionen und der Industrie" (Lundqvist 1978: 169). So geschah es auch. Das Direktorium des Naturschutzamtes wurde besetzt mit einem Generaldirektor, einem Reichstagsabgeordneten (der Zentrumspartei), einem Vertreter der Gemeinden, einem Vertreter der Industrie und zwei Vertretern von Konsumentengruppen. Der "Luftqualitätsrat", dem die konkrete Erarbeitung der Emissionsrichtwerte obliegt, wurde ganz ähnlich zusammengesetzt.

Bei den - seltenen - Streitfällen, z.B. um die Verweigerung einer Lizenz oder die Verhängung von Bußgeldern, entscheiden nicht die ordentlichen Gerichte, sondern quasi-gerichtliche Ausschüsse, von denen es in Schweden vier gibt. Sie sind jeweils besetzt mit einem Rechtsanwalt, der den Vorsitz führt, und je einem Vertreter der Industrie, der Umweltschutzorganisationen und der Staatlichen Naturschutzbehörde.

Die schwedische Variante in der Umweltpolitik setzt auf eine Strategie der administrativen Flexibilität durch unverbindliche Emissionsrichtwerte auf der Grundlage korporatistisch organisierter Programmformulierung und Konfliktregelung. Lundqvist (1980) hat die schwedische Luftreinhaltepolitik mit dem Verhalten einer Schildkröte verglichen, die langsam zwar, jedoch beharrlich den einmal eingeschlagenen Weg verfolgt. Interessanterweise kommt die schwedische Luftreinhaltepolitik in bezug auf Genehmigung und Kontrolle der durch das Umweltgesetz erfaßten Anlagen mit einem vergleichsweise geringen behördlichen Aufwand aus - und dies in einem Land, in dem die Kritik an den bürokratischen Wucherungen des Wohlfahrtsstaates seit Jahrzehnten Tradition hat. Auch in diesem Licht findet die von Knoepfel und Weidner (1983: 248) an der deutschen Umweltpolitik kritisierte Fehlallokation an sich reichlich vorhandener Implementationsressourcen, u.a. infolge einer zu technizistischen Anlage des Regelungssystems und überhöhter Regelungsdichte sowie des Fehlens kollektiver und vertragsähnlicher Vollzugselemente, erneut Bestätigung.

Der umweltpolitische Modernisierungsprozeß nach Art der Schildkröte entfaltet einen weiteren Vorzug: er behindert sich nicht selbst, während in Deutschland umwelttechnische Modernisierung paradoxerweise durch das angeblich moderne Immissionsschutzrecht mitunter auch gebremst wird. Denn auch die ökologische Nachrüstung genehmigungsbedürftiger Anlagen mittels weitgehend standardisierter Techniken bedarf des komplizierten Genehmigungsverfahrens des Bundesimissionsschutzgesetzes, dies mit der Folge, daß auch der umweltbewußte Unternehmer "bürokratisch ausgebremst" und die ökologische Modernisierung häufig genug unnötig verzögert wird (vgl. Süddeutsche Zeitung vom 22.5.1992, S. 16). Der Vorstoß der bayerischen Landesregierung im Bundesrat im Frühjahr 1992 zur "Entrümpelung" der Genehmigungsverfahren zeigt erneut: Die deutsche Umweltpolitik bewegt sich nicht selten in Mustern, die dem Zick-Zack-Lauf des Hasen wesentlich mehr ähneln als dem zwar langsamen, aber geradlinigen Gang der Schildkröte. Der legislative und bürokratische Aufwand ist vergleichsweise immens, der Ertrag wäre prinzipiell auch mit bescheideneren Mitteln zu haben.

3. Rahmenbedingungen des umweltpolitischen Modernisierungsprozesses

Indes sind nationale Policy-Modelle nicht umstandslos von einem Land zum anderen transferierbar, denn sie sind verankert in soziokulturellen und politischen Traditionen und Kulturen. Eines der wichtigsten und kaum mehr umstrittenen Resultate der vergleichenden Umweltpolitikforschung ist denn auch, daß materielle, institutionelle und sozio-kulturelle Kapazitäten in letzter Instanz umweltpolitisch bedeutender sind als z. B. die konkrete Instrumentenwahl (vgl. Jänicke 1990). So ist z. B. der kooperative Politikstil Schwedens, der eine vergleichsweise hohe Innovations- und Konsensfähigkeit der Umweltpolitik sichert, nur möglich durch eine lang erprobte und weitgehend selbstverständliche Tradition des Korporativismus, die auf einer Identifikation der beiden Sphären Staat und Gesellschaft beruht und von daher keine Skepsis gegenüber einer möglichen (Mit-)Herrschaft der Verbände kennt (vgl. Pehle 1985: 45f., 121ff.; Gebhardt 1977).

Die in jüngerer Vergangenheit angestellten Umweltpolitik-Vergleiche machen deutlich, in welchem Ausmaß umweltpolitische Modernisierung von sozio-kulturellen Rahmenbedingungen abhängt. So zeigt beispielsweise der Vergleich der Umweltpolitiken Japans und Deutschlands (Weidner 1991a), daß in beiden Ländern effektive Maßnahmen im Umweltschutz vor allem als Resultat politischen Drucks durch Bürgerinitiativen und Umweltverbände interpretiert werden können. Eine Schlußfolgerung, die unterstützt wird durch die Beobachtung, daß die Dynamik offizieller, staatlicher Umweltaktivitäten in beiden Ländern schlagartig nachließ, wenn der öffentliche Druck erlahmte. Diese These wird durch Jänickes (1990: 215) 32-Länder-Studie gestützt. Auch für ihn zählen Stärke, Kompetenz und institutionelle Chancen der Ökologiebewegungen zu den wichtigen Faktoren der umweltpolitischen Modernisierungskapazität, denn sie sind höchst relevant für die politische Innovationsfähigkeit eines Landes.

Umweltpolitischer Innovationsdruck seitens der von negativen Entwicklungen Betroffenen bzw. ihrer "Advokaten" (in Gestalt von Umweltverbänden) fehlte in den Ländern des real existierenden Sozialismus - abgesehen von vereinzelten, informellen ad-hoc-Gruppen -

mangels gesellschaftlicher Organisationsfreiheit beinahe völlig. Dies erklärt das umweltpolitische Versagen der Regierungen im früheren Ostblock zu einem guten Teil mit (Jänicke 1989: 49; Goldman 1989).

Institutionelle Chancen für Umweltbewegungen liegen indes nicht nur in grundlegenden Freiheitsrechten (Meinungs-, Presse- und Vereinigungsfreiheit) begründet, sondern fußen auch auf der Qualität und Zugänglichkeit von Informationen über den Zustand der Umwelt. Eine vergleichende Analyse der Umweltinformationssysteme in 12 Ländern (Weidner/Knoepfel/Zieschank (Hg.) 1992; vgl. hierzu auch WZB-Mitteilungen 57/1992) zeigt deutlich, daß systematische Datenerhebung in Verbindung mit öffentlicher Transparenz der Daten ein Basiselement erfolgreicher Umweltpolitik ist. Die vergleichende Analyse ergab, daß drei verschiedene Formen der Umwelterfassung und -berichterstattung existieren, die einen unterschiedlichen Modernisierungsgrad der jeweiligen Umweltpolitik widerspiegeln. Als anspruchsvollste Form der Informationserhebung und -veröffentlichung stellt sich die "integrative Umweltberichterstattung" dar. Sie stellt auf intermediale Zusammenhänge ab und berücksichtigt Verursacher und Betroffene sowohl hinsichtlich ihrer Einwirkungen auf die Umwelt als auch bezüglich ihres spezifischen Informationsbedarfs. Es zeigt sich ein interessanter, wechselseitiger Zusammenhang zwischen der Qualität der Umweltberichterstattung und der Aktivität von Umweltbewegungen. Dort, wo von der Umweltbewegung starker Handlungsdruck ausgeht, steigen in der Regel Quantität und Qualität der Umweltinformationen, welche wiederum eine wichtige Handlungsgrundlage für die Umweltverbände darstellen.

Der internationale Vergleich zeigt, daß umweltpolitische Handlungsbereitschaft der nationalen Regierungen jedoch nicht nur durch den politischen Druck seitens der Umweltbewegungen geweckt werden kann. Eine wichtige, wenngleich vielerorts kaum genutzte Ressource, stellt diesbezüglich auch die kommunale Ebene dar. Die Handlungsträger in der kommunalen Politik und Verwaltung sind es, die die Folgen der Umweltbelastung in direkter Konfrontation mit der betroffenen Bevölkerung zu bewältigen haben (Pehle 1990). Eine starke Position der kommunalen Selbstverwaltung ist deshalb in zweierlei Hinsicht bedeutend für die umweltpolitische Modernisierungskapazität eines Landes. Einmal geht es um die Ausstattung der Städte und Gemeinden mit finanziellen, planerischen und rechtlichen Ressourcen, die eine wirksame Umweltpolitik vor Ort ermöglichen. Zum anderen geht es um die Chance für die dezentralen Einheiten, "ihre lokalen Umweltprobleme in den nationalen politischen Entscheidungsprozeß einzubringen" (Weidner 1991b; vgl. zu beiden Aspekten die "Berliner Erklärung" der internationalen Konferenz "Förderung des kommunalen Umweltschutzes - Strategien und Handlungsansätze" vom 6.2.1992, in: Umwelt 4/92: 147ff.). Bei der vergleichenden Untersuchung des Konflikts um die Einführung des Dreiwege-Katalysators für PKW in (und zwischen) Großbritannien und der Bundesrepublik Deutschland zeigte sich, daß die umweltpolitische Aktivität mehrerer deutscher Großstädte zur gezielten Beeinflussung der Regierungspolitik in Richtung Abgas-Katalysator in Großbritannien kein Pendant hatte. Den Konflikt dominierten zwar die ökonomischen Interessenkonstellationen, aber eben auch der unterschiedliche umweltpolitische Problem- und Handlungsdruck, den in Deutschland die Kommunen maßgeblich mit erzeugt hatten (vgl. Boehmer-Christiansen/Weidner 1992).

Eine schwache Position von Kommunen und Regionen erweist sich im internationalen Vergleich regelmäßig als umweltpolitische Innovationsbarriere, die beispielsweise auch für die Länder des früheren Ostblocks charakteristisch war (Jänicke 1989: 49). Dies ist ein Grund, warum viele Umweltkomparatisten das "Lob der kleineren Einheit" singen (Jänicke 1986: 188). Als positives, die Forderung nach umweltpolitischer Dezentralisierung stützendes Beispiel kann wiederum Japan dienen, dessen umweltpolitisches System den kommunalen Behörden weiten Spielraum läßt zu direkten Verhandlungen und Vereinbarungen mit Unternehmen über Umweltschutzmaßnahmen, die oft weit über die gesetzlichen Anforderungen hinausgehen: "Umweltschutzvereinbarungen als Ausdruck einer dezentralen, bürgernahen Umweltpolitik vermögen Mängel, Lücken oder zu generelle Regelungen der zentralstaatlichen Umweltpolitik auszugleichen oder zu ergänzen... Sie bieten... die Möglichkeit, als Hebel für eine präventive Umweltpolitik eingesetzt zu werden - sofern Kommunalpolitiker und Bürgergruppen entsprechend darauf drängen" (Weidner 1989: 154).

Das umweltpolitische Modernisierungspotential eines Landes wird neben den genannten Aspekten auch von seinem Rechtssystem maßgeblich mitbestimmt. Von ihm hängt es ab, ob neue Interessen im Konflikt mit den alten die Chance auf "Waffengleichheit" besitzen (Jänicke 1990: 225). Die vergleichende Umweltpolitikforschung hat dies vor allem am Beispiel Japans gezeigt. In den 70er Jahren galt Japan als der umweltpolitische Vorreiter schlechthin. Mit einer von Weidner (Tsuru/Weidner 1985: 181) als "technokratisch aktiv" bezeichneten Strategie gelang es in Japan, dem "ökologischen Testlabor für Industrieländer" schlechthin (ebd.: 182), innerhalb einer überraschend kurzen Zeitphase, die Luftqualität entscheidend zu verbessern. Mit einem strikt emissionsorientierten Konzept, das individuell flexible Regelungen zuließ, gelang es z. B., die SO_2-Emissionen bis 1980 auf ein Siebtel des Ausgangswertes von 1970 zu senken (ebd.: 197f.). Zwei weitere Beispiele mögen die damalige Vorreiterrolle Japans verdeutlichen: Im Jahre 1983 wurden in der Bundesrepublik Deutschland zehn Rauchgasentschwefelungsanlagen betrieben, in Japan bereits 1360 (ebd.: 194). Und als die Bundesregierung noch ihren Großversuch über die ökologischen Auswirkungen eines Tempolimits startete, hatte die japanische Automobilindustrie schon seit Jahren mit den weltweit schärfsten Abgasbegrenzungen für PKWs zu leben gelernt (ebd.: 196).

Nirgendwo ist Umweltpolitik als schöne Idee in den Köpfen der um die Zukunft sorgenden Politiker entstanden. Am Anfang der Umweltpolitik - auch dies zeigt der internationale Vergleich in (unerwünschter) Deutlichkeit - standen und stehen allerorts bereits eingetretene Umwelt- und Gesundheitsschäden. Überspitzt formuliert: was den Skandinaviern die Versauerung ihrer Böden und Gewässer bedeutete, war den Deutschen das Waldsterben. Japan hatte es mit Gesundheitsschäden der Bevölkerung von "epidemischem Ausmaß" zu tun, die sich als Folge eines rücksichtslosen "ökologischen Raubbau-Kapitalismus" darstellten (Weidner 1988: 144).

Die politische Entscheidung zugunsten rasch wirksamer Maßnahmen zur Senkung der Schadstoffemissionen ist ohne die Protestaktionen der Betroffenen, die dem ökologischen Konflikt sukzessive landesweite Dimensionen verliehen, nicht zu erklären - ein Aspekt, den wir bereits diskutiert haben. Einen, wenn nicht den entscheidenden Anstoß zur Wende in der japanischen Umweltpolitik gaben jedoch vier zivilrechtliche Gerichtsverfahren, in denen Opfer von Umweltbelastungen Schadensersatzzahlungen von den verantwortlichen Unternehmen erstritten. In diesen Gerichtsverfahren entwickelten die Richter - auf schwankendem rechtsdogmatischen Boden stehend - fünf neue Rechtsprinzipien, die einen erheblichen umweltpolitischen Modernisierungsdruck erzeugten und fortan die japanische Umweltpolitik stark prägten (vgl. ausführlich Weidner 1989: 145ff.).

Vor allem die Einführung der Beweislastumkehr zugunsten der Geschädigten, aber auch die in den Urteilen festgeschriebenen weitgehenden Vorsorgeverpflichtungen risikoträchtiger Betriebe entfalteten eine zweifache Wirkung. Zum einen wurden die Unternehmen direkt zu größerer Vorsorge gezwungen, um späteren Schadensersatzzahlungen vorzubeugen. Zum anderen hatten die Urteile eine indirekte, gleichwohl sehr bedeutsame Wirkung auf die Politik, denn sie brandmarkten publikumswirksam die bis dato vorherrschende ökologische Ignoranz als unverantwortlich, wodurch die "Forderungen der Umweltschutzbewegung, der oppositionellen Parteien und einzelner Kommunen nach einer Wende der japanischen Umweltpolitik großes Gewicht" verliehen wurde (Weidner 1988: 150). Über die Erfolge dieser Wende wurde bereits berichtet.

Der Vergleich der deutschen Umweltpolitik mit dem "umweltpolitischen Großversuch" Japan brachte nicht nur das ökologische Modernisierungspotential des Rechtssystems, der Ökologiebewegung und der Kommunalpolitik zutage. Als weiteres wesentliches Ergebnis ist festzuhalten, daß die These von der ökonomischen Unverträglichkeit engagierter Umweltpolitik am Beispiel Japans keine Bestätigung findet. Im Gegenteil demonstrierte Japan, daß eine ökologische Modernisierung durchaus ökonomische Wachstumsimpulse zu geben vermag: "Kein anderes Industrieland hat sich in vergleichbarer Zeitspanne den Umweltschutz so viel kosten lassen - und kein vergleichbares Industrieland hat so hohe Wirtschaftswachstumsraten in diesem Zeitraum aufzuweisen: Das Bruttosozialprodukt wuchs zwischen 1971 und 1981 jährlich um durchschnittlich 4,7 %" (Tsuru/Weidner 1985: 180).

Letztlich ist am Beispiel Japan nicht nur Positives zu lernen. Die Politik des "selektiven und peripheren Eingriffs" (Mayer-Tasch) ermöglicht zwar kurz- bis mittelfristige Entlastungen, tendiert aber zu Problemverschiebung statt Problemverhinderung, so daß langfristig die erreichten Erfolge gefährdet werden. Ein Beispiel: Trotz der vorbildlichen Abgasbegrenzungen für PKWs wirkten sich die drastischen NO_X-Beschränkungen nicht positiv auf die Luftqualität aus, weil sich der japanische PKW-Bestand von 1970 bis 1980 verdoppelte (Tsuru/Weidner 1985: 196). Japan kann mithin als Lehrbeispiel für Chancen und Gefahren technokratischer Umweltpolitik dienen.

Den absoluten umweltpolitischen Erfolgsfall - so lehrt der Vergleich - gibt es also nirgendwo. Gleichwohl ist es möglich, umweltpolitische "Vorreiter", die zumindest den relativen Erfolgsfall repräsentieren, zu identifizieren. Damit erhalten Schwachstellen-Analysen der eigenen Umweltpolitik eine empirische Basis und entziehen sich dem Vorwurf, auf rein akademischer Kritik zu beruhen, deren Maßstab nicht selten beliebige theoretische Optimalfälle sind. Maßstab der von der komparativen Umweltpolitikforschung vorgelegten Verbesserungsvorschläge sind allein die empirischen Befunde der Vergleichsländer (vgl. Knoepfel/Weidner 1983: 249), also Politiken, die den Nachweis ihrer Machbarkeit bereits erbracht haben.

Dem Ziel, umweltpolitische Entscheidungsverfahren unter Bezug auf im Ausland bereits praktizierte Modelle zu optimieren, dient auch ein zum Zeitpunkt der Veröffentlichung des vorliegenden Bandes noch nicht abgeschlossenes Forschungsprojekt, das im folgenden kurz vorgestellt werden soll.

4. Die Modernisierung umweltpolitischer Entscheidungsverfahren

Seit 1990 wird an der Universität Oldenburg von H. Zilleßen und T. Barbian (in Kooperation mit P. Dienel, Universität Wuppertal, und W. Strubelt, Bundesforschungsanstalt für Landeskunde und Raumplanung in Bonn) ein vom Bundesministerium für Forschung und Technologie finanziertes und insgesamt elf Staaten (USA, Kanada, Großbritannien, Frankreich, Spanien, Italien, Schweiz, Österreich, Bundesrepublik

Deutschland, Niederlande und Schweden) umfassendes Forschungsprojekt zu "Umwelt-und technologiepolitischen Entscheidungsverfahren in hochentwickelten Industriestaaten" durchgeführt. Das Vorhaben ging von der Erkenntnis aus, daß umwelt- und technologiepolitische Entscheidungen aufgrund wachsender Komplexität der Entscheidungsinhalte einerseits und steigendem Risikobewußtsein der Bevölkerung andererseits immer schwieriger zu treffen und umzusetzen sind. Mit dem Forschungsvorhaben sollten also in Anbetracht gegenwärtiger Problemlagen Antworten auf die Frage gesucht werden, ob und gegebenenfalls wie umweltpolitische Entscheidungsverfahren in der Bundesrepublik Deutschland (und in anderen EG-Staaten) verbessert werden können. Die Grundlage der Untersuchung bildeten die Erhebung, Auswertung und der Vergleich traditioneller sowie innovativer und unkonventioneller Entscheidungsverfahren bzw. die Identifikation entsprechender Verfahrenselemente in den ausgewählten Staaten. Erkenntnisse über die Problem- und Konfliktlösungskapazität der untersuchten Entscheidungsverfahren waren dabei die Basis für Vorschläge, die geeignet erscheinen, eine effizientere Problemlösung, eine angemessenere Berücksichtigung relevanter Interessen sowie durch sinnvolle Formen der Bürger- und Betroffenenbeteiligung einen höheren Grad an Zustimmungsfähigkeit bei umweltpolitischen Entscheidungsprozessen zu erreichen.

Ziel des Vorhabens war es also, durch Identifikation, Analyse und erste Evaluation von institutionellen und prozeduralen Innovationen eine ausgewogenere Interessenberücksichtigung, die zu kurz- und langfristig tragbaren Politikergebnissen führt, zu erreichen. Eine grundlegende Voraussetzung der Vorschläge ist, daß sie nicht die politische oder administrative Entscheidungskompetenz berühren, sondern im wesentlichen die Ebenen der Entscheidungsvorbereitung und des Entscheidungsvollzugs betreffen. Zentrales methodisches Element war die Beauftragung ausländischer Autoren zur Bearbeitung angemessener Fälle gemäß einem für alle Fälle gleichermaßen gültigen Fragebogen und der Einordnung dienenden Systematisierungskriterien. Dies erleichterte die spätere Vergleichbarkeit der Fälle. Darüber hinaus wurden auch eigene Primäranalysen durchgeführt (Zilleßen/Dienel/Strubelt (Hg.) 1992; Zilleßen/Barbian 1992).

Basierend auf den ersten Teilergebnissen dieses Forschungsprojektes soll im folgenden umrissen werden, in welche Richtung eine Verbesserung umweltpolitischer Entscheidungsprozesse gehen müßte.

In hochentwickelten westlichen Industriestaaten existiert ein erhebliches kreatives Potential zur Bewältigung von umwelt- und technologiepolitischen Konflikten. Die neuartigen Entscheidungsverfahren oder Verfahrensansätze basieren dabei weitgehend auf drei Innovationskriterien: Betroffenenbeteiligung, Öffentlichkeitsbeteiligung und Einsatz von Verhandlungen bzw. Vermittlungen. Neuartig ist dabei die Kombination von Beteiligungsverfahren und Verhandlungen unter Einsatz von neutralen Dritten. Damit wird der Tatsache Rechnung getragen, daß in allen Industriestaaten die Fülle und Vielfalt der politischen Entscheidungen und deren unmittelbare Auswirkungen auf das Leben der Menschen wachsende Komplexitäts- und Akzeptanzprobleme schaffen:

- Das Komplexitätsproblem ist nicht mehr ohne rationale Beteiligungsformen zu lösen, welche gewährleisten, daß der Sachverstand und die Interessen der Entscheidungsbetroffenen angemessen berücksichtigt werden.
- Das Akzeptanzproblem erfordert in dem Maße den Einsatz neutraler Vermittler, in dem die Betroffenen erkennen, daß die Verwaltung, die Entscheidungen vorbereitet oder trifft, nicht in "hoheitlicher Distanz", sondern durchaus in Wahrnehmung konkreter Interessen handelt.

Vor diesem Hintergrund sind die Versuche zu sehen, partizipative Formen der Entscheidungsvorbereitung mit Hilfe von neutralen Mediatoren oder Konfliktmanagern zu entwickeln (in den USA werden die verschiedenen Verfahren unter der Überschrift "Alternative Dispute Resolution" zusammengefaßt) oder - wie in Kanada - Gruppen von nichtpolitisch oder administrativ eingebundenen Experten einzusetzen, um gemeinsam mit den betroffenen Gemeinden z. B. Standortkonflikte zu lösen. Auch dabei sind überaus innovative Wege der Betroffenen- und Öffentlichkeitsbeteiligung beschritten worden.

Aus der Anwendung derartiger Verfahren läßt sich bisher die durchaus optimistische Erkenntnis gewinnen, daß dadurch Fortschritte bei der Überwindung umweltpolitischer Blockadesituationen und Interessenkonflikte erzielt werden können. Die Anwendung aller drei Innovationskriterien muß in jeweils spezifischer Kombination möglichst frühzeitig beginnen und lange andauern: von der Entscheidungsvorbereitung bis zur Entscheidungsdurchführung. Der Umfang der Beteiligung sollte mindestens dem zugrundeliegenden Problem gerecht werden, d. h. alle relevanten und betroffenen Interessen einbinden, darüber hinaus aber auch umfassende ökologische und internationale Bezüge einer zu treffenden Entscheidung mitbedenken. Konkreter Einfluß auf das Verfahren durch die partizipierenden Gruppen ist schließlich ebenso unerläßlich für den Erfolg wie die Transparenz des Verfahrens und die Nachvollziehbarkeit durch die nicht direkt betroffene Öffentlichkeit. Die Beachtung dieser Punkte scheint eine angemessene und effiziente Lösung von Entscheidungsproblemen leichter zu ermöglichen.

Bei der Suche nach institutionellen und prozeduralen Innovationen für umweltpolitische Entscheidungsverfahren gerät nicht nur die schon erwähnte nordamerikanische "Alternative Dispute Resolution" in den Blick, deren vielleicht wichtigste Variante - das Mediationsverfahren - gegenwärtig von der Abteilung Normbildung und Umwelt des Wissenschaftszentrums Berlin intensiv untersucht wird (vgl. WZB-Mitteilungen 53/1991).

Ein neuartiges Verfahren, welches möglicherweise auch für die deutsche Situation Anregungen geben könnte, läßt sich auch am Beispiel der österreichischen Umweltanwälte studieren, die seit Mitte der 80er Jahre von den österreichischen Ländern eingesetzt wurden (Barbian 1992). Die Umweltanwaltschaften sind organisatorisch Teil der Verwaltung mit innerdienstlicher Weisungsgebundenheit, die in fachlicher Hinsicht jedoch weisungsfrei sind. Neben der fachlichen Weisungsfreiheit ist für die Umweltanwälte vor allem bedeutsam, daß ihnen in den Verwaltungsverfahren "Parteistellung" zukommt. D. h. sie haben das Recht auf Akteneinsicht, unbeschränkte Information und Beschwerde, wodurch ihnen eine wirkungsvolle Vertretung der Belange des Umweltschutzes möglich wird.

Mit der Einrichtung der Umweltanwaltschaften war ursprünglich primär eine effiziente, "unparteiische" Kontrolle des administrativen

Verfahrensablaufes intendiert. Die Erfahrungen zeigen indes, daß die Umweltanwaltschaften nicht zuletzt als Informationsdrehscheiben für interessierte Unternehmen und Privatpersonen und als Gutachter für umweltpolitische Rechtsnormen genutzt wurden. Aus dieser Realfunktion wuchs ihnen schnell die Rolle von Vermittlern (Mediatoren) bei Umweltkonflikten zu, was sie für die vergleichende Umweltpolitikforschung besonders interessant macht. Durch die Umweltanwaltschaften scheint die Einbringung nach Koordination von Betroffeneninteressen ebenso erleichtert, wie die vertiefte Berücksichtigung bisher tendenziell vernachlässigter Umweltbelange. Damit stehen sie hinsichtlich der Entwicklung von Gegenstrategien zu Umweltproblemen in einem internationalen Trend zur Modernisierung der Verwaltung.

5. Umweltpolitische Modernisierungskapazitäten im ökonomischen Bereich

Wenn man davon ausgeht, daß Umweltpolitik nicht lediglich das Resultat von Mißständen ist, sondern auch Ausdruck von Möglichkeiten zu deren Bewältigung, und daß erfolgreicher Umweltschutz sich nicht lediglich in zentralisierter Bereichspolitik "von oben" erschöpfen kann, liegt es nahe, umweltpolitische Modernisierungskapazitäten nicht nur im Bereich von Politik und Verwaltung zu suchen, sondern auch und gerade im gesellschaftlichen Bereich, besonders in dem der Ökonomie.

In einem von E. Hildebrandt (Wissenschaftszentrum Berlin) geleiteten Forschungsprojekt wird ausgehend von diesem Gedanken ein vergleichendes Forschungsprojekt durchgeführt, das in zehn der EG angehörenden Ländern untersucht, inwieweit sich die traditionellen Systeme der Arbeitsbeziehungen durch den Bedeutungszuwachs der Umweltpolitik verändert haben und ob sich durch solche Veränderungen neue Potentiale für die Weiterentwicklung des Umweltschutzes ergeben, die nicht zuletzt auch für eine gemeinsamen EG-Umweltpolitik genutzt werden könnten. Basierend auf der vergleichenden Auswertung von fünf Länderberichten (Belgien, Bundesrepublik Deutschland, Frankreich, Großbritannien, Italien) liegt ein erster Zwischenbericht vor (Hildebrandt 1991).

Ein zentrales Ergebnis der ersten Untersuchungsphase besteht darin, daß alle betrachteten Länder sich am Übergang von der Latenzphase zur Regelungsphase befinden. Der Beginn der Regelungsphase ist dadurch gekennzeichnet, daß es vielfältige Interessen und Pläne zur Änderung bestehender Regelungen und zum Aufbau neuer Regelungssysteme gibt, die aber noch kaum abgestimmt, noch nicht erprobt und häufig noch nicht einmal durchgesetzt sind.

Es konnte festgestellt werden,

- daß die Akteure der industriellen Beziehungen übereinstimmend, aber jeder für sich die Notwendigkeit der aktiven Einbeziehung des Umweltthemas in die eigene Politik akzeptieren und in ersten Schritten, d. h. Programmen, Zuständigkeiten und ersten Einzelinitiativen eingeleitet haben;
- daß insbesondere die Unternehmen die Zuständigkeit für ökologische Unternehmenspolitik für sich reklamieren und nur in Ausnahmefällen und informell bereit sind, betriebliche und gewerkschaftliche Interessenvertretungen darin einzubeziehen;
- daß die Umweltpolitik der Verbände und der betrieblichen Akteure in der Regel marginal und additiv ist, d. h. nicht verknüpft mit anderen Politikfeldern, in denen eine Vielzahl von Regelungen und Strategien existieren, die die Umweltrisiken und -schäden erst erzeugt haben.
- Seitens der staatlichen Gesetzgebung ist offen, ob und inwieweit die gewerkschaftliche und betriebliche Interessenvertretung in der Zukunft in die Instanzen, Organisationen und Regelungssysteme einbezogen wird, die für Umweltpolitik auf Unternehmens- bzw. Betriebsebene zuständig sind.
- Die Bedeutung der EG für die Weiterentwicklung von betrieblicher und gesellschaftlicher Umweltpolitik ist bei den Sozialpartnern generell noch nicht ins Blickfeld gekommen.

Aus dieser Situation heraus ist es verständlich, daß insbesondere die Gewerkschaften für eine Aktivierung und Öffnung der industriellen Beziehungen in Sachen Umweltschutz argumentieren und teilweise auch mobilisieren. Im Zentrum der Forderungen stehen auf der einen Seite Informations- und Beteiligungsrechte für die Beschäftigten und die Interessenvertretungen, auf der anderen Seite der Aufbau von Informations- und Berichtssystemen, die die Intervention der Unternehmenstätigkeit in die ökologischen Kreisläufe für alle durchsichtig machen (Environmental Auditing). Die letztgenannte Forderung eines Umwelt-Controlling wird offensichtlich zunehmend von ökologisch aktiven Unternehmensleitungen mitgetragen.

Während die Forderung nach Erweiterung der Kompetenzen der Arbeits- und Gesundheitsschutzinstanzen im Betrieb bei den Gewerkschaften durchgängig ist, gibt es keine Hinweise darauf, daß diese Forderung auch von den Unternehmensleitungen und den Unternehmerverbänden mitgetragen wird. Insofern scheint keineswegs sicher, daß in der nächsten Zeit im wesentlichen Fortschritte auf dieser Linie erzielt werden können.

In den Berichten noch nicht ausreichend berücksichtigt ist die Frage der Verknüpfung der Entwicklung ökologischer Unternehmenspolitik mit den Entwicklungen in anderen unternehmerischen Politikfeldern. So gibt es sowohl aus der Debatte um neue Unternehmenskulturen wie aus der Debatte um neue Formen der Arbeitnehmerbeteiligung z. B. bei der Einführung und Ausgestaltung neuer Technologien wesentliche Impulse, die für die Akzeptanz des Umweltthemas im Betrieb und die Einbeziehung der Beschäftigten in die Regulierung umweltrelevanter Strategien und Verhaltensweisen von Bedeutung sein dürften. Vielleicht bieten diese beiden Politikkonzepte, die eine zunehmende Zahl von Unternehmen im wohlverstandenen Eigeninteresse und in Abrenzung zu autoritären Führungsstilen und tayloristischen Organisationsformen entwickelt haben und die für die Gewerkschaften Möglichkeiten bieten, eigene Konzeptionen einzubringen, ebenfalls gute Anknüpfungspunkte für eine Ökologisierung der Unternehmenspolitik.

6. Perspektiven der vergleichenden Umweltpolitikforschung

Die Umweltpolitik steht seit einigen Jahren im Zeichen ihrer Internationalisierung. Die Intensivierung internationaler und suprastaatlicher Formen der kollektiven Bearbeitung von Umweltproblemen reflektiert die Einsicht, daß letztere durch ein hohes Maß an internationaler Verflechtung gekennzeichnet sind, der auf rein nationalstaatlicher Ebene nur sehr unzureichend begegnet werden kann. Daraus ließe sich eine Relativierung der Bedeutung nationaler Umweltpolitiken folgern. Folgt daraus auch ein Bedeutungsverlust vergleichender Umweltpolitikforschung ? Diese Frage kann schon deshalb getrost verneint werden, weil die internationale Kooperation im Umweltbereich auch von der Problemlösungsfähigkeit und -willigkeit der sie tragenden Nationalstaaten abhängt.

Die Zunahme grenzüberschreitender Zusammenarbeit in der Umweltpolitik macht die vergleichende Forschung also nicht obsolet, sondern stellt sie vielmehr vor neue Herausforderungen. Sie provoziert beispielsweise die Frage, ob und inwieweit die Internationalisierung der Umweltpolitik zu einer Transformation nationaler Politikmuster führt, ob also nationale Modernisierungsprozesse in der Umweltpolitik vielleicht gerade durch die Internationalisierung letzterer befördert werden. Ein von A. Windhoff-Héritier (Bielefeld) geleitetes Forschungsprojekt versucht dieser Frage am Beispiel des Einflusses der Politik der Europäischen Gemeinschaft auf die nationalen Luftreinhaltepolitiken in Großbritannien, Frankreich und der Bundesrepublik Deutschland vergleichend nachzugehen. Die Arbeitsthese, von der das Projekt ausgeht, lautet: "Suprastaatliche Zusammenarbeit führt zu einer verstärkten dezentral-kontextorientierten Problembearbeitung und nicht zwangsläufig zu einer Erhöhung des Gewichts der zentralstaatlichen Akteure und hierarchischer Steuerungsmechanismen im nationalen Rahmen" (Windhoff-Héritier 1991b: 3). Erste Teilergebnisse des Projekts - bezogen auf die Luftreinhaltepolitik in Großbritannien - zeigen, daß der von der EG ausgeübte Modernisierungsdruck zwar eine partielle Hierarchisierung und Zentralisierung mit sich bringt, die sich z. B. in der Fixierung allgemein verbindlicher

Schadstoffgrenzwerte niederschlägt. Gleichzeitig findet sich aber auch die "Stärkung von Dezentralisierungspfaden: mehr Partizipation der Öffentlichkeit, aber auch die Devolution von Kompetenzen an die Local Authorities, sowie eine Ausdehnung der Selbstregulierung und Selbstüberwachung der Betriebe" (ebd.: 15).

Eine ganz ähnliche Tendenz zur Dezentralisierung läßt sich beispielsweise auch für Schweden zeigen. Dort wurden den Kommunen Anfang der 90er Jahre neue, umfassende Kompetenzen übertragen - u.a. hinsichtlich der Kontrolle von Anlagen, die nach dem Umweltschutzgesetz keiner Betriebsgenehmigung bedürfen. Dem entsprach eine Aufwertung der laut Kommunalgesetz obligatorischen Fachausschüsse für Gesundheitsschutz zu Ausschüssen für Umwelt- und Gesundheitsschutz, "thus giving the municipalities a more active role in environmental protection work. The municipalities will now be a valuable resource in environmental protection work" (The Swedish Government Bill 1990/91: 90, S. 70).

Ganz im Sinne der "Empfehlungen" der vergleichenden Umweltpolitikforschung, die ja die Ausstattung dezentraler Gebietskörperschaften mit umweltpolitischenKompetenzen und Ressourcen als wichtigen Beitrag zur Steigerung der umweltpolitischen Modernisierungskapazität ermittelt hat (vgl. oben, Kapitel 3), liegen die "Kommunalisierung" bzw. Dezentralisiserung der Umweltpolitik offenbar im internationalen Trend. Für die vergleichende Umweltpolitikforschung legt dies eine Abkehr von der sie bislang immer noch dominierenden "Staatszentrierung" zugunsten einer "Mikroorientierung" nahe.

Es gilt, den generellen Befund, daß die Dezentralisierung umweltpolitischer Kompetenzen nicht notwendig eine Schwächung staatlicher Handlungsfähigkeit bedeutet, sondern im Gegenteil eine wichtige Voraussetzung für die Leistungsfähigkeit des Staates darstellt, weiter zu konkretisieren. Wie können, so ist zu fragen, die einer Dezentralisierung innewohnenden Modernisierungsressourcen optimal genutzt werden ? Antworten dürften auf zwei Pfaden zu gewinnen sein. Einerseits geht es um die Ermittlungen der Möglichkeiten, dezentral erfahrenen Problemdruck erfolgreich nach "oben", in den nationalen Entscheidungsprozeß, zu vermitteln. Zum anderen wird sich die vergleichende Umweltpolitikforschung mit der Frage auseinanderzusetzen haben, unter welchen Voraussetzungen es auf dezentraler Ebene gelingen kann, das bisherige Defizit nationalstaatlicher Umweltpolitiken, die den Umweltschutz als Querschnitts- bzw. Steuerungspolitik zwar propagieren, selten aber praktizieren, zu kompensieren. Ein entsprechendes Forschungsvorhaben, das auf einem Drei-Länder-Vergleich (Deutschland, Schweden und Österreich) kommunaler Umweltpolitik basiert, wird derzeit in Kooperation der Institute für Politische Wissenschaft in Halle/Wittenberg (E. Holtmann) und Erlangen-Nürnberg (H. Pehle) konzipiert.

Dieses und andere derzeit in Vorbereitung befindliche Forschungsprojekte verlieren den Staat als wesentlichen Akteur der Umweltpolitik nicht aus dem Blick, versuchen jedoch, die vergleichende Erforschung umweltpolitischer Institutionen und Steuerungsinstrumente um die "gesellschaftliche" Komponente zu ergänzen. So will sich z. B. ein derzeit an der Forschungsstelle Umweltpolitik der Freien Universität Berlin entwickeltes Projekt darum bemühen, die Perspektive der Politikadressaten (v.a. Industrieunternehmen) und die nicht-staatlichen Einflüsse (z. B. durch Medien, Verbraucherschutzorganisationen, Wissenschaft) in die vergleichende Erforschung umweltpolitischer Instrumente und ihrer Effizienz einzubeziehen.

Damit ist angedeutet, wohin der Weg vergleichender Umweltpolitikforschung führen dürfte. Es gilt, umweltpolitische Modernisierungspotentiale auch im nicht-staatlichen, d. h. im ökonomischen, politisch-kulturellen, aber auch im kommunalen Bereich noch genauer zu identifizieren und hinsichtlich ihrer Einbettung in jeweils landesspezifische Rahmenbedingungen zu untersuchen, um der Diskussion über den umweltpolitischen Modernisierungsprozeß die empirische Basis zu geben, derer sie bedarf, um vielleicht auch außerwissenschaftlich wirksam zu werden.

Umweltpolitik in der Europäischen Gemeinschaft

Markus Jachtenfuchs/Christian Hey/Michael Strübel

Eine umfassende politikwissenschaftliche Monographie zur EG-Umweltpolitik fehlt bisher. Die parallel zur Durchführung des Binnenmarktprogrammes stark angewachsene Zahl vom Problemlösungsdenken inspirierter, aber weitgehend theorieloser Fallstudien übernimmt vielfach Ergebnisse der Integrationsforschung im weiteren Sinne, ohne sie in einen systematischen Zusammenhang zu stellen. Deshalb können hier lediglich Elemente einer Analyse von EG-Umweltpolitik vorgestellt werden, wobei teilweise auf allgemeinere Themen der Politikwissenschaft zurückgegriffen werden muß. Die Vorstellung von theoretischen Ansätzen leitet über zur Diskussion von Bestimmungsfaktoren. Der Artikel schließt mit einer Erörterung möglicher Herausforderungen und versucht, eine Bilanz von zwanzig Jahren EG-Umweltpolitik zu ziehen.

1. Theoretische Ansätze

Da es *den* universell verwendbaren Ansatz zur Analyse von EG-Umweltpolitik nicht gibt, sollen hier nur einige ausgewählte theoretische Ansätze in ihrer Verwendbarkeit für die Analyse des Untersuchungsgegenstandes besprochen und möglicherweise fruchtbare neue Wege aufgezeigt werden.

1.1 Deutungsmuster als Grundlage politischen Handelns

Der theoretische Blickwinkel auf das EG-System insgesamt bestimmt auch die Auswahl des Instrumentariums für die Analyse der EG-Umweltpolitik. Wenn die EG lediglich als besonders intensive Form der Kooperation zwischen souveränen Staaten im Sinne der Theorie der internationalen Beziehungen aufgefaßt wird, könnte es naheliegen, Ansätze zu verwenden, die, wie etwa die Regimetheorie, darauf abzielen, Bedingungen und Grenzen zwischenstaatlicher Zusammenarbeit im ansonsten anarchisch organisierten internationalen System zu finden. Das gleiche gilt für neuere neorealistisch inspirierte Beiträge zur Integrationstheorie (Keohane/Hoffmann 1991). Die Analyse würde sich entsprechend ihrer Prämissen auf die Verhandlungsprozesse im Rat konzentrieren.

Solche Ansätze greifen jedoch zu kurz, soll der Regime-Begriff nicht zu einer allumfassenden Kategorie überdehnt werden. Regime sind verregelte Politikbereiche mit unterschiedlichen Teilnehmern und unterschiedlicher Normstruktur. Die EG-Umweltpolitik ist jedoch Teil eines umfassenden institutionellen Gesamtsystems und vor allem Teil eines trotz aller Implementationsprobleme hierarchisch strukturierten Rechtssystems. Im Gegensatz zu internationalen Regimen existiert die "exit"-Option praktisch nicht. Die immer wieder totgesagte neofunktionalistische Integrationstheorie (z.B. Lindberg/Scheingold 1970) scheint sich hier als Rettungsanker anzubieten; sie zielt jedoch auf die Entwicklung des *Gesamtsystems* in Abhängigkeit von der Entwicklung einzelner Politikfelder und nicht auf die Entwicklung *eines* Politikfeldes in einem größeren Zusammenhang.

Vielversprechend erscheint hingegen die Sichtweise des EG-Systems und einzelner Politikfelder als Verhandlungssystem auf zwei Ebenen (Scharpf 1985; Putnam 1988). Beide Ebenen sind aufgrund der sich stetig verstärkenden politischen, wirtschaftlichen und rechtlichen Verflechtung in einem unauflösbaren Wechselspiel verbunden. Eine solche Perspektive kann sich zumindest im Prinzip von dem fruchtlosen Glaubensstreit über den supranationalen oder zwischenstaatlichen Charakter der EG lösen und diese Frage wieder zum Gegenstand empirischer Untersuchungen machen. Spieltheoretisch inspirierte Ansätze sind jedoch der Gefahr einer statischen Betrachtungsweise ausgesetzt.

Dies ist jedoch nicht zwangsläufig so, denn rational choice-Ansätze lassen sich entsprechend modifizieren. Das Schwergewicht liegt hierbei auf der Herausbildung der Präferenzstrukturen der Akteure. Interessen oder Macht bestimmen danach nicht direkt das Ergebnis von Entscheidungssituationen, sondern diese Effekte richten sich danach, wie die Akteure Interessen, Machtverteilung, Normen, Wissen etc. *wahrnehmen*. Die Interessen der Akteure in einem Verhandlungssystem sind demnach nicht festgelegt (und lassen sich auch nicht aus "objektiven" Gegebenheiten ableiten), sondern werden auf der Basis von Wahrnehmungen konstruiert. Dabei sind die Akteure nicht frei, sondern bestimmten Zwängen unterworfen, die sich in zwei Gruppen aufteilen lassen.

Einerseits ändert die Existenz von Institutionen und von rechtlichen Normen die Interessenkalkulation der Akteure in gegenwärtigen und vor allem hinsichtlich zukünftiger Entscheidungssituationen. Institutionen erzeugen Erwartungen über das Verhalten anderer Akteure und über zukünftige Möglichkeiten und Grenzen eigener Aktion. Somit werden Entscheidungen vorstrukturiert, indem bestimmte Möglichkeiten anderen im existierenden rechtlich-institutionellen Rahmen vorgezogen werden. Hinzu kommen ökonomische und technische Zwänge, die die Wahlfreiheit der Akteure bestimmen. Die Verfügbarkeit von Ressourcen oder technologischem Potential bestimmt die Problemperzeption und die zur Auswahl stehenden Handlungsoptionen.

Die bisher aufgezählten Faktoren liegen "außerhalb" des Akteurs. Akteure unterliegen jedoch nicht nur externen Zwängen, sondern ihre Interessen richten sich auch nach ihren internen Wahrnehmungsstrukturen. Diese Weltbilder, Deutungsmuster oder "issue frames" dienen dazu, die Flut ansonsten unzusammenhängender Informationen, der die Akteure ausgesetzt sind, zu strukturieren und zu interpretieren (Gamson/Modigliani 1989). Dies läßt sich auch systemtheoretisch formulieren: Ihre wichtigste Funktion ist die der Selektion und Interpretation von Ereignissen in der Umwelt des Systems. Kommunikation über Ereignisse (oder Nicht-Ereignisse) muß zunächst interpretiert werden, wenn darauf reagiert werden soll (Luhmann 1988b: 191ff.); andererseits existiert gewöhnlich mehr als eine Interpretation der gleichen Ereignisse. Allgemein läßt sich sagen, daß unterschiedliche Bedeutungssysteme für die Akteure zu unterschiedlichen Interessen und damit zu unterschiedlichen Strategien führen. Anders ausgedrückt: die Problem*definition* bestimmt die Interessenkalkulation und die auf dieser Basis getroffenen Entscheidungen (Gusfield 1981).

Es läßt sich zwischen kognitiven und normativen Deutungsmustern unterscheiden (Luhmann 1987a: 42). Kognitive Muster betreffen Ursache-Wirkungs-Beziehungen, mit anderen Worten: wie die Dinge *sind*. Sie müssen hingegen nicht strengen wissenschaftlichen Maßstäben genügen, wie dies von der amerikanischen Diskussion um "epistemic communities" gefordert wird (P. Haas 1992a), sondern es genügt für Analysezwecke, wenn sie verhaltensleitend wirken. Normative Deutungsmuster betreffen die Frage, wie die Dinge *sein sollten*. Kognitive Muster können falsifiziert werden und müssen dann geändert werden, normative dagegen können bei anderslautender Realität weiterbestehen ("kontrafaktische Stabilisierung").

Systemtheoretisch gesprochen bilden die Deutungsmuster den Filter, mit dem das System Umweltkomplexität reduziert. Sie sind Teil der inneren Systemstrukturen und bestimmen, wie das System Umwelteinflüsse in politische Entscheidungen transformiert (Hedberg 1981: 10). Die Mechanismen und Regeln für diese Umwandlung müssen nicht für jedes System gleich sein. Deutungsmuster sind damit der Präferenzstruktur der Akteure logisch vorgelagert und bestimmen ihre Herausbildung. Somit lassen sich Kurzschlüsse von Interessen auf Politikergebnisse vermeiden, aber auch der Wandel von Politiken bei an sich unveränderter "objektiver" Interessenkonstellation erklären.

Um in der empirischen Forschung nicht in einer Vielzahl von Deutungsmustern zu versinken, sollten diese auf einer möglichst hohen Abstraktionsebene angesiedelt werden. Im Bereich der Umweltpolitik läßt sich beispielsweise unterscheiden zwischen *adaptiver Umweltpolitik*, *präventiver Umweltpolitik* und *nachhaltiger Entwicklung* ("sustainability"). Ähnliche Muster existieren in benachbarten Politikfeldern, etwa der Energiepolitik (Thompson/Schwarz 1990). Diese Begriffe sollten nicht mit unverbindlichen Programmformulierungen verwechselt werden, sondern sind Abstraktionen verhaltensleitender Muster. Neue Deutungsmuster ermöglichen neue Akteurskoalitionen und damit andere Politiken (Jachtenfuchs/Huber 1992).

"Deutungsmuster" sind kein neues Konzept, erst recht kein neues Paradigma. Sie könnten aber helfen, die Erklärungsfähigkeit von rational choice-Ansätzen zu steigern und die Umweltpolitikanalyse aus ihrer normativ bestimmten Fixierung auf "Interessen" herauszulösen. Der Ansatz läßt sich gut mit einer Sicht der EG als Zwei-Ebenen-System verbinden. Gerade die intensive Interaktion in der EG läßt es als wahrscheinlich erscheinen, daß sich im Zuge der fortschreitenden Integration auch nationale Konzepte der Umweltpolitik auflösen bzw. verändern. Das Konzept der Deutungsmuster erlaubt eine differenzierte Analyse dieses transnationalen Interaktionsprozesses, die sich nicht auf staatliche Akteure beschränken muß. Es stimuliert horizontal vergleichende Untersuchungen zwischen einzelnen Staaten, Umwelt- oder Industrieverbänden genauso wie eine vertikale Blickrichtung auf die Beeinflussung und Veränderung von Wahrnehmungsrastern zwischen nationaler und europäischer Ebene.

Während der vorhergehende Abschnitt eine allgemeine theoretische Perspektive zur Analyse politischen Handelns erörterte, soll nun ein zentrales Problem der EG-Umweltpolitik, nämlich das der optimalen Handlungsebene, auf der Basis ökonomischer Theorie diskutiert werden.

1.2 Ökonomische Theorie der Umwelt und Subsidiarität

Eine möglichst große Zentralisierung von Kompetenzen in der EG-Umweltpolitik kann nicht als ein Ziel an sich gewertet werden. Eine Überzentralisierung von umweltpolitischen Maßnahmen kann der ökologischen, sozialen und politischen Problemvielfalt in Europa nicht gerecht werden (Weinstock 1983). Angepaßte und intelligente Lösungen erfordern zumeist einen hohen Grad an Dezentralität.

Unter dem Stichwort "Dezentralisierung" der Umweltpolitik schlägt Siebert (1989) eine weitgehende Rückverlagerung umweltpolitischer Kompetenzen auf die nationale Ebene vor. Analog zu dem neuen umweltpolitischen Integrationsansatz der EG-Kommission geht er dabei von der Philosophie des internationalen Wettbewerbs von Standards, Umweltpolitiken und wirtschaftspolitischen Rahmenbedingungen aus. Er folgt damit konsequent dem Theorem komparativer Kostenvorteile, das Grundlage der klassischen Außenhandelstheorie ist. Unterschiedliche Umweltstandards in den EG-Ländern spiegeln unterschiedliche Knappheiten für das Gut Umwelt und unterschiedliche Präferenzen bzw. Zahlungsbereitschaften wider. Die Allokation, d.h. die Ansiedlung umweltschädlicher Industrien erfolgt dann nach den relativen Preisen für das Gut Umwelt. Wo saubere Umwelt reichlich vorhanden ist und die Präferenzen der Bevölkerung für den Umweltschutz nicht ausgeprägt sind, sind die Preise für die Umweltnutzung niedriger als in stark verschmutzten Ländern mit hohen Präferenzen für den Umweltschutz. Umweltverschmutzende Industrien finden dort komparative Kostenvorteile und siedeln sich deshalb verstärkt an. Langfristig verknappt sich dann auch dort die Umwelt und es findet ein Angleichungsprozeß statt.

Eine marktorientierte Dezentralisierung - man spricht auch von optionaler (freiwilliger) und partialer Harmonisierung (gegenseitige Anerkennung unterschiedlicher Standards) (Rehbinder/Stewart 1985) - widerspricht allerdings dem Vorsorgeprinzip, da eine Anhebung von Umweltstandards in der Peripherie erst nach der Verknappung, d.h. nach der teilweisen Zerstörung der Umwelt, erfolgt. Theoretisch liegt dem Dezentralisierungsansatz von Siebert die Vorstellung des paretooptimalen Umweltschutzes zugrunde: Das Optimum liegt am Schnittpunkt zwischen den Grenzkosten der Vermeidung und dem ökologischen Grenzschaden.

Ökosysteme richten sich jedoch nicht nach Grenzkosten- und Nutzenkurven, die lediglich Produktionsfunktionen und die Präferenzen einer mehr oder minder desinformierten Öffentlichkeit reflektieren: ihre Schädigung kann irreversible, kumulative Rückkoppelungsprozesse und nicht-lineares Umkippverhalten aufweisen (Maier-Rigaud 1988; Kapp u.a. 1987). Der ökonomisch optimale Umweltschutz kann zu ökologischen Katastrophen führen. Der paretooptimale Umweltschutz ist daher mit dem Vorsorgeprinzip nicht vereinbar.

Die marktorientierte Dezentralisierung führt weiterhin zu "Gefangenendilemma-Situationen", in diesem Fall zur Einbeziehung von Umweltstandards in den Standortewettbewerb (Hey 1990). Obwohl es den Präferenzen der Bevölkerung entspräche, verschärft ein einzelnes Land seine Standards nicht im Alleingang, weil wegen des europäischen Binnenmarktes die Wirksamkeit seiner Maßnahmen aufgrund des Imports umweltschädlicher Produkte aus Ländern mit niedrigen Standards ausgehöhlt würde. Außerdem sind die relativen Kosten des nationalen Alleingangs höher als im Falle der internationalen Kooperation. In diesem Falle kommt eine internationale Kooperation den eigentlichen Präferenzen näher als der unkoordinierte nationale Alleingang. Eine innovatorische Umweltpolitik, die auf eine dynamische Verschärfung von Umweltstandards abzielt, ist daher mit einer marktorientierten Dezentralisierung nicht vereinbar. Statt den Teufel mit dem Beelzebub auszutreiben, und Umweltstandards einem Standortwettberb auszuliefern, wären Mechanismen zu finden, die einen Wettbewerb in Richtung der bestmöglichen Standards auslösten.

Eine Gegenposition wird von großen Teilen der EG-Kommission vertreten. Um Wettbewerbsverzerrungen und Handelshemmnisse zu vermeiden, setzt sie auf die totale Harmonisierung von Umweltstandards (EG 1987). Eine totale Harmonisierung bedeutet, daß gleiche Standards in der EG existieren, ohne Freiräume für Abweichungen zu lassen. Auch dieser Ansatz ist innovationsfeindlich: Eine Harmonisierung der Umweltstandards von zwölf unterschiedlichen politisch-ökonomischen Systemen wird selten auf dem bestmöglichen Stand der Technik erreichbar sein. Innovateure werden daran gehindert, weitergehende Maßnahmen zu ergreifen. Außerdem widerspricht die totale Harmonisierung dem Verursacherprinzip, die Hauptverschmutzer müssen die gleichen Maßnahmen ergreifen wie Länder, die die Umwelt weniger belasten.

Dieser Konflikt zwischen Verursacher- und Vorsorgeprinzip kann nur durch das "Prinzip des bestmöglichen Umweltschutzes" (Zuleeg 1987) gelöst werden. Trotz einer internationalen Harmonisierung werden Freiräume für nationale und regionale Verschärfungen der Umweltstandards offengehalten. Ein solches Vorgehen entspricht dem Prinzip der abgestuften Integration (Grabitz 1984) oder der "Mindestharmonisierung" (Rehbinder/Stewart 1985).

Quer zu dieser Debatte liegt die ökologische Interpretation des Subsidiaritätsprinzips (Loske 1990; Hey 1991b). Dezentralität und Zentralität, lokale Konzepte und internationale Rahmenbedingungen werden nicht mehr als unauflöslicher Widerspruch wahrgenommen, sondern als sich gegenseitig bedingende Elemente einer vorausschauenden ökologischen Strukturpolitik. Insbesondere auf den Gebieten der Energie-, Verkehrs- und Agrarpolitik ist die finanzielle und institutionelle Stärkung der regionalen und kommunalen Ebene Voraussetzung für ökologisch tragfähige Konzepte. Nur auf dieser Ebene sind gleichzeitig bedürfnisgerechte und an die lokalen Bedingungen anpaßte

Konzepte realisierbar. Auf der anderen Seite bedarf es aber immer mehr international harmonisierter Rahmenbedingungen (z.B. ökologische Steuern, Mindestnormen), um eine gegenseitige Standortkonkurrenz durch unterschiedliche Umweltstandards zu verhindern und um grenzüberschreitende Umweltprobleme lösen zu können.

Umweltpolitische Integration in der EG drückt sich dann darin aus, inwieweit eine Kooperation der verschiedenen politischen Ebenen von der Kommune über die Region und den Nationalstaat bis zur europäischen Ebene gelingt. Erfolgsbedingung einer solchen Arbeitsteilung sind weniger klare formale Kompetenzabgrenzungen, sondern vielmehr gemeinsame "Entwicklungsleitbilder", d.h. insbesondere gemeinsame, diskursiv zu findende Vorstellungen über die wünschenswerten technologischen Systeme und Handlungsprioritäten. Solche Leitbilder werden derzeit in der deutschen Umweltdiskussion unter den Schlagworten "Nachhaltigkeit", "Energie-", "Verkehrs-" und "Chemiewende" diskutiert. Gemeinsame umweltorientierte Entwicklungsleitbilder erlauben eine dezentralisierte Koordination der einzelnen Akteure, ohne ihre Aktivitäten ordnungsrechtlich gleichschalten zu müssen, also ohne eine allgemeine Zentralisierung von Kompetenzen. Die Maßnahmen der verschiedenen Ebenen können dann so aufeinander abgestimmt werden, daß sie sich einerseits gegenseitig verstärken und andererseits die umweltpolitischen Handlungsmöglichkeiten der unteren Ebenen erweitern und nicht beeinträchtigen. Anstelle des Nullsummenspiels um Kompetenzen entsteht dann ein Plussummenspiel, durch das die Handlungskapazität einer politischen Ebene durch die Aktivitäten der anderen erweitert wird (Hey 1991a: 39f., 54f.).

Die EG ist von dieser idealtypischen Norm eines ökologischen Leitbildkonsenses weit entfernt. Sie befindet sich derzeit im Konflikt zwischen dem technokratisch-industrialistischen Wachstumspfad und aufgeklärteren Minderheitsvorstellungen einer ökologischen Modernisierung, wie sie im fünften Umweltaktionsprogramm (EG-Kommission 1992) zur Geltung kommen. Solange das alte Paradigma überwiegt, wird sich regionaler ökologischer Protest vermehrt auch als EG-kritischer Protest äußern (Mayer-Tasch 1991).

2. Bestimmungsfaktoren

Im folgenden Abschnitt werden einige wichtige Bestimmungsfaktoren der EG-Umweltpolitik untersucht. Es wird dabei nicht der Anspruch auf Vollständigkeit erhoben - die Rolle der Wirtschaftsverbände in der Formulierung der EG-*Umwelt*politik etwa ist bisher noch kaum erforscht -, sondern es sollen exemplarisch einige Bereiche ausführlicher behandelt werden, als dies bei einem lexikalischen Ansatz möglich wäre.

2.1 EG-Entscheidungssystem

Trotz des wiedererwachten Interesses an Institutionen selbst in der Policy-Forschung wurde die Rolle institutioneller Faktoren in der EG-Umweltpolitik bisher kaum systematisch untersucht. Noch immer maßgebend sind hier die schon etwas ältere Studie von Bungarten (1978) und die grundlegende, aber ebenfalls stark aktualisierungsbedürftige Gemeinschaftsarbeit von Rehbinder und Stewart (1985). Die neuen Entwicklungen im Entscheidungssystem der EG wurden vor allem von Juristen analysiert (Behrens/Koch 1991; Grabitz 1983ff.; Krämer 1991; Scheuing 1989). Wird den klassischen EG-Institutionen (Kommission, Rat und Parlament) in politikwissenschaftlichen Untersuchungen noch eine gewisse, wenn auch eher oberflächliche Aufmerksamkeit geschenkt, so existieren keinerlei Studien über die Rolle der aus Vertretern der Mitgliedstaaten oder aus unabhängigen Experten zusammengesetzten Ausschüsse in der Programmformulierungs- (beratende Ausschüsse) oder Implementierungsphase ("Comitologie").

Eine Analyse der institutionellen Faktoren in der EG-Umweltpolitik erscheint allerdings um so dringender, als die EG im Gegensatz zu nationalen politischen Systemen ihr institutionelles Gleichgewicht noch nicht gefunden hat und davon ausgegangen werden kann, daß deshalb institutionelle Faktoren für die Politikergebnisse wichtiger sind als im nationalen Kontext.

Die EG-Umweltpolitik der nächsten Jahre wird wahrscheinlich durch zwei grundlegende Wandlungen geprägt werden, die sich schon in den letzten Jahren abzeichneten: den *konzeptuellen* Wandel in Richtung auf "Sustainable Development" und den *institutionellen*

Wan-del nach Inkrafttreten des Vertrages von Maastricht. Der konzeptuelle Wandel wirkt sich zunächst auf innerbürokratische Entscheidungspro-zesse aus (d.h. auf das Verhältnis der Generaldirektionen innerhalb der Kommission), der Vertrag von Maastricht dagegen vorwiegend auf das Verhältnis der Institutionen untereinander.

Innerhalb der Kommission zeichnet sich seit einigen Jahren ein konzeptueller Wandel in der Umweltpolitik ab, der mit dem Wechsel von "klassischer Umweltpolitik" zu "Sustainable Development" umschrieben werden könnte. Dieser Wandel bewirkt eine weitreichende Kräfteverschiebung innerhalb der Kommission, bringt neue Akteure ins Spiel und führt zu einer Veränderung des regulativen Instrumentariums. Das auf den Bericht der Brundtland-Kommission zurückgehende Deutungsmuster impliziert letztlich die Möglichkeit einer Synthese zwischen Ökonomie und Ökologie. Auch wenn hier keine kritische Diskussion dieses schillernden Terminus geleistet werden kann, ist es wichtig festzuhalten, daß die zunehmende Akzeptanz dieses Deutungsmusters innerhalb der Kommission zu einer Aufweichung des Gegensatzes zwischen der für den Umweltschutz zuständigen Generaldirektion und den eher wirtschaftsorientierten Generaldirektionen (Wirtschaft und Finanzen, Binnenmarkt, Energie, in Ansätzen Verkehr) geführt hat. Umweltpolitik wird damit zunehmend zur Querschnittsaufgabe, wie dies von der Einheitlichen Europäischen Akte (Art. 130r, Abs. 2) erstmals gefordert und vom Maastrichter Vertrag bekräftigt wurde. In gewissem Maße ging damit eine Verschiebung von einem eher konfrontativen Politikstil zu eher konsensualen Entscheidungsvorbereitungen einher, deren wichtigstes Ergebnis die vorgeschlagene Energiesteuer ist. Programmatisch läßt sich dies am fünften umweltpolitischen Aktionsprogramm ablesen.

"Sustainable Development" führt dazu, daß Umweltschutz innerhalb der Kommission weniger als Hindernis für wirtschaftliche Tätigkeit, sondern auch als Voraussetzung ökonomischen Erfolges gesehen wird. Umweltschutz wird dadurch nicht mehr allein als Kostenfaktor für die Unternehmen betrachtet, sondern als zunehmend wichtiger werdender Faktor der Modernisierung. Diese Tendenz wird gefördert durch das Auslaufen des Binnenmarktprogrammes mit seiner Fixierung auf die Beseitigung von Handelshemmnissen, bei der umweltpolitische Gesichtspunkte nur eine untergeordnete Rolle spielen. Das Ende des Binnenmarktprogrammes ist auch der Grund, warum sogar Kommissionspräsident Delors langsam dazu übergeht, Umweltschutz als positive Identifikationsmöglichkeit mit der EG zu propagieren und damit "Umwelt" und "Integration" zu verbinden. Diese konzeptuelle Verschiebung bezieht bisher der Umweltpolitik eher kritisch oder ablehnend gegenüberstehende Akteure in den Prozeß der Politikformulierung ein und erhöht damit die Durchsetzungsfähigkeit von Umweltpolitik innerhalb der Kommission.

Die institutionellen Veränderungen, die durch die Einheitliche Europäische Akte (EEA) und vor allem durch den Vertrag von Maastricht eingeführt wurden, betreffen dagegen vor allem das Verhältnis der EG-Institutionen untereinander sowie zwischen der Ebene der Gemeinschaft und der der Mitgliedstaaten. Es ist zu erwarten, daß die bisherige umweltpolitische Allianz zwischen Kommission und Parlament aufgrund der erweiterten Befugnisse des Parlaments einer stärkeren Konfrontation weichen wird. Während die EEA zumindest für die binnenmarktrelevante Gesetzgebung im Umweltbereich Mehrheitsabstimmungen vorsah und damit dem Europäischen Parlament Einflußmöglichkeiten eröffnete, die dieses vor allem im Bereich der Autoabgasstandards nutzte, wird dies durch den Maastrichter Vertrag verallgemeinert, allerdings mit wichtigen Ausnahmen (energierelevante Themen und Steuern). Durch Mehrheitsabstimmungen sinkt der Einfluß umweltpolitischer Bremserstaaten. Erkauft wurde diese Regelung mit einem verstärkten Ressourcentransfer in die südlichen Mitgliedstaaten in Form des Kohäsionsfonds, aus dem Umweltschutz-, aber auch Infrastrukturmaßnahmen finanziert werden sollen. Es kann davon ausgegangen werden, daß beide Ziele, wie schon bei den bisherigen EG-Strukturfonds, miteinander in Konflikt geraten. Vor allem Spanien hätte jedoch ohne finanziellen Ausgleich einer Einschränkung seiner umweltpolitischen Vetomacht nicht zugestimmt.

Gleichzeitig hat die Kommission massiv versucht, ihre Aktivitäten im Bereich Umweltaußenpolitik auszubauen (Haigh 1991), vor allem in Bezug auf globale Probleme (Ozonschicht, Klimaveränderungen).

Diese Politik ist eher von integrationspolitischen Interessen als von umweltpolitischen Erwägungen geleitet und verfolgt den Zweck, in einem Politikbereich, in dem die EG intern stark und geschlossen ist, unter Ausnutzung der intern bedingten Schwäche der USA auf globaler umweltpolitischer Ebene, der EG (und der Kommission als ihrer Vertreterin) auf internationalen Konferenzen einen Platz an der Seite der Staaten zu sichern (Jachtenfuchs/Huber 1992).

2.2 Umweltverbände in der EG

2.2.1 Geschichte

Die systematische empirische und theoretische Erforschung von Umweltverbänden ist in Deutschland nicht sehr weit fortgeschritten. Die meisten Forschungsarbeiten konzentrieren sich auf die sogenannten "Neuen Sozialen Bewegungen" (Mayer-Tasch 1977; Guggenberger 1980; Brandt 1982; 1985; Rohlke 1987; Raschke 1985; Rucht 1988; 1990). Umweltverbände werden dabei bestenfalls in sehr oberflächlichen Porträts betrachtet. Der Forschungsstand ist bezüglich anderer Länder, insbesondere Großbritannien (Lowe 1983) und den Niederlanden (Heijden 1992a u. b; Jamison u.a. 1990), stärker auf die Umweltverbände ausgerichtet.

Umweltverbände sind jedoch nicht einfach als Teil der neuen sozialen Bewegungen zu betrachten, insbesondere, da die Gründungszeit vieler Naturschutzverbände in Europa bereits bis in das 19. Jahrhundert zurückzuverfolgen ist. Sie können allerdings auch nicht isoliert von diesen analysiert werden, da der Wertewandel und die Zivilisationskritik der Ökologiebewegung auch in die traditionellen Naturschutzverbände hineindiffundiert ist. Dieses Wechselspiel sowie Entwicklungsprozesse in und zwischen den Verbänden haben bisher relativ wenig wissenschaftliche Aufmerksamkeit gefunden.

Hinsichtlich der Entwicklung von Umweltverbänden lassen sich in fast allen europäischen Ländern mehrere Institutionalisierungswellen beobachten (Varillas 1991):

- Die Naturschutzbewegung des ausgehenden 19. und beginnenden 20. Jahrhunderts hat ihre Wurzeln in der großbürgerlichen Zivilisations- und Modernisierungskritik: Natur wurde zum symbolischen Gegenmodell zu der und zum Rückzugsraum aus der entfremdenden und als zerstörerisch wahrgenommenen ersten Industrialisierungsphase. Träger dieser Bewegung waren bürgerliche Honoratioren und Adelige.
- Ende der 60er bzw. Anfang der 70er Jahre dieses Jahrhunderts läßt sich der zweite große Gründungsboom beobachten, der jedoch nicht die heile Natur als Gegenmodel aufstellt, sondern die Grundlagen des industrialistischen Wachstums- und Konsummodells kritisiert. Der Kampf gegen die Atomenergie wird zum Symbol gegen die Risiken und die Entmündigung durch überkomplexe Systeme. Weltweite Katalysatoren dieses Gründungsbooms sind insbesondere die erste Weltumweltkonferenz in Stockholm und die Club-of-Rome-Berichte zu den Grenzen des Wachstums.
- Seit Mitte der 80er Jahre stellen sich für die Umweltverbände zwei neue Herausforderungen: Umweltpolitik ist ein offiziell anerkanntes Politikfeld, das man nicht mehr auf die Tagesordnung demonstrieren muß, sondern in dem die Auseinandersetzung um verschiedene technische Optionen, ordnungspolitische Alternativen und Eingriffstiefen geführt wird. Zweitens hat sich Umweltpolitik internationalisiert - die relevante Politikebene ist in vielen Fragen nicht mehr nur der Nationalstaat, sondern die EG oder globale Konferenzen. Ein Professionalisierungs- und Institutionalisierungsschub ist für diese von der Lebenswelt der Betroffenen weiter entfernte Politikebene notwendig. Umweltverbände müssen sich damit in einer neuen Arena politischen Handelns zurechtfinden (Brendle u.a. 1992).

2.2.2 Umweltverbände im internationalen Vergleich

Umweltverbände unterscheiden sich im internationalen Vergleich insbesondere hinsichtlich ihres Politikstils, ihrer wesentlichen Handlungs- und Aktionsformen, ihrer Strategien in bezug auf die EG, der wesentlichen Handlungsebene und ihrer wichtigsten Themen. Diese Unterschiede sind Formen der Anpassung an die nationale "politische Chancenstruktur" (Grove-White 1991), die ihnen gewisse "Nischen" politischen Erfolgs ermöglicht. Hinsichtlich des Politikstils erwies sich die Unterscheidung zwischen "wert-" und "erfolgsorientiert" (Jamison u.a. 1990, ähnlich: Rucht 1990) als besonders nützlich. *Wertorientierte* Gruppen formulieren Grundsatzpositionen, achten auf ihre Identität und zeigen öffentlichkeitswirksam auf, was ihrer Ansicht nach richtig und notwendig ist. *Erfolgsorientierte* Gruppen passen ihre Forderungen an das im gegebenen Rahmen Erreichbare an. In eher geschlossenen politischen Systemen, die wenig informelle Zugangsmöglichkeiten zur Verwaltung bieten, überwiegen wertorientierte Grundhaltungen (Spanien, Deutschland). In Ländern mit - zumindest auf einer informellen Ebene - offenen Verwaltungen überwiegen erfolgsorientierte Grundhaltungen. Die EG wird in umweltpolitisch rückständigen Ländern (insbesondere Großbritannien und Spanien) positiver eingeschätzt als in Vorreiterländern. Die Handlungsebene verlagert sich insbesondere in föderalen Ländern (Deutschland) sehr stark nach unten.

Im Gegensatz zur deutschen Verwaltung ist die Generaldirektion Umwelt der EG-Kommission auf einer informellen Ebene offen und kontaktfreudig. Sie erwartet jedoch eher Vertraulichkeit, technische Expertise und die Akzeptanz ihrer Handlungsbeschränkungen. Umweltverbände sind jedoch formal weitgehend rechtlos - es gibt (noch) kaum rechtlich fixierte Kanäle der Einflußnahme (beratende Ausschüsse, Anhörungen, Verbandsklagerechte, Akteneinsichtsrechte etc.) mit Ausnahme des sehr weichen Beschwerderechts (Krohberger/Hey 1991). Eine europäische Öffentlichkeit, an die man sich mit Aktionen, Grundsatzpositionen und Gegenmodellen wenden könnte, existiert nicht. Der Entscheidungsprozess ist extrem komplex und erfordert professionelles Fachwissen, wenn er erfolgreich beeinflußt werden soll. Dazu wäre insbesondere eine institutionalisierte Verzahnung zwischen der nationalen und der europäischen Verbands-ebene notwendig.

Dieser Analyseansatz erklärt sehr gut die Schwierigkeiten, die deutsche Umweltverbände lange mit der EG hatten: Deutsche Umweltverbände haben einen eher wertorientierten Politikstil, und das politische Gewicht der ehrenamtlichen Mitarbeiter ist groß. Die Verbände sind analog zum politischen System föderal strukturiert. Damit erzeugt die europäische Integration Herausforderungen, denen die historisch gewachsenen Verbandsstrukturen nicht entsprechen.

2.2.3 EG-Integration und Integration der Umweltverbände

Seit Mitte der 80er Jahre, also als Reaktion auf die verstärkte politische Bedeutung der EG, läßt sich von einer Umbruchphase in der Europa-Arbeit vieler Umweltverbände sprechen. Die Umweltverbändelandschaft auf europäischer Ebene wird damit komplexer und sicher politisch gewichtiger. Dieser Institutionalisierungsschub löst interkulturelle Lernprozesse aus, die mittelfristig auch zu einer europäischeren Identität führen könnten.

Die Präsenz von Umweltverbänden auf EG-Ebene geht auf die 1974 erfolgte Gründung des Europäischen Umweltbüros (EEB) zurück. Bis 1986 war das EEB der einzige größere Zusammenschluß, der auf EG-Ebene präsent war. Ein regelrechter Gründungsboom setzte in der zweiten Hälfte der 80er Jahre ein, als CEAT (Coordination Européenne des Amis de la Terre), Greenpeace, der WWF und andere ihre Büros in Brüssel eröffneten. Man kann inzwischen vier typische Strukturen mit eigenen Profilen auf europäischer Ebene erkennen:

- das EEB als der größte und umfassendste Dachverband mit einer bisher profilierten, außenorientierten politischen Rolle,
- CEAT als Koordination der europäischen Friends-of-the-Earth-Gruppen, die vor allem Vernetzungsfunktionen für die auf ihre Autonomie und Eigenständigkeit bedachten Einzelverbände hat,
- die beiden EG-Büros der internationalen Umweltorganisationen Greenpeace und WWF mit hierarchischen Entscheidungstrukturen und hoher internationaler Handlungsfähigkeit,
- die zahlreichen fachlichen Netzwerke und Arbeitsgruppen (*Climate Network Europe* und die *Stiftung Europäisches Naturschutzerbe* sowie *European Habitatforum*, *European Union for Coastal Conservation*, *Transport and Environment* und das *Environmental Law Network International*).

Umweltverbände haben in den nächsten Jahren eine schwierige Gratwanderung zwischen Kooperation und Konflikt, zwischen Anpassung und Radikalität, zwischen expertenbezogener Professionalisierung und basisbezogenen, ehrenamtlichen Strukturen, zwischen internationalem Lobbyismus und lokaler Mitwirkung zu finden. Die europäische Integration wirkt dabei als Katalysator einer notwendigen politischen Standortbestimmung und Strategiedebatte.

2.3 Umweltbewußtsein in der Europäischen Gemeinschaft

So unterschiedlich die objektive Umweltqualität in den Staaten der Europäischen Gemeinschaft auch erscheint, so verschiedenartig gestalten sich auch die Einstellungen der Bürger zur Umwelt. Dabei hat das Konstrukt der Trennung von umweltbezogenen Einstellungen und umweltorientierter Bereitschaft zum Handeln weitgehend Eingang in die Umfragen zum Umweltbewußtsein gefunden. Umstritten ist nach wie vor der Stellenwert umweltbezogener Wertorientierungen (Urban 1986: 365), ihre Genese und Ausprägung und die Rolle von Werten im Prozeß der Meinungsbildung und Partizipation. Es war vor allem Ronald Inglehart, der seit den siebziger Jahren in verschiedenen Veröffentlichungen den Versuch unternahm, seine Überlegungen vom Wertewandel in den hochentwickelten Industriegesellschaften theoretisch und empirisch zu belegen (Inglehart 1983). Seine These ist, daß sich jenseits der traditionellen Spaltung in "links" und "rechts" und "religiös" und "antiklerikal/laizistisch" eine neue Dimensionierung in Materialisten und Postmaterialisten ergäbe. Während, verkürzt gesagt, die ersteren für Ruhe und Ordnung sowie wirtschaftlichen Wohlstand eintreten, sind die letzteren eher für mehr Partizipation und politisches Engagement in neuen sozialen Bewegungen zu motivieren. Hieraus folge eine neue Trennungslinie im Parteiensystem: nicht mehr zwischen Klassen und Religion und den sie repräsentierenden Parteien, sondern zwischen den Protagonisten der gegensätzlichen Wertorientierungen und unterschiedlichen Generationen.

Im hier behandelten Zusammenhang ist die Postmaterialisten-Hypothese insofern interessant, als gerade die Untersuchung des Umweltbewußtseins in der EG von Inglehart selbst als Beleg für die Plausibilität seiner Arbeiten angesehen wird und er die Fragestellungen mitbeeinflußt hat. Seit 1973 hat die EG-Kommission kontinuierlich Meinungsumfragen durchführen lassen, in denen auch das Thema "Umwelt" angesprochen wurde. Während anfangs, vermutlich unter dem Einfluß des Ölpreisschocks und der spektakulären Studie "Grenzen des Wachstums", der Schutz der Umwelt noch vor der Bekämpfung der Arbeitslosigkeit als Topos rangierte, kam dieses Thema in den darauffolgenden Jahren auf den zweiten Platz. Seither wird es kontinuierlich nach der Präferenzliste von "Eurobarometer" von der überwiegenden Mehrheit der Europäer als "wichtiges" bzw. "sehr wichtiges" Thema angesehen. Um speziellere Daten über die Einstellungen in den EG-Staaten zur Umwelt zu bekommen, hat die EG-Kommission in den achtziger Jahren mehrere repräsentative Bevölkerungsumfragen mit vergleichbaren Fragebögen von Fachinstituten in den einzelnen Ländern der Gemeinschaft durchführen lassen (EG-Kommission 1983, 1986, 1988).

Dabei zeigen sich sehr unterschiedliche nationale Betroffenheiten. Wie läßt sich dieser Befund interpretieren ? Ein Ansatz wäre die vergleichende Erforschung politischer Kulturen (Reichel 1984), wobei etwa die Religionszugehörigkeit in Bezug zum Umweltbewußtsein gesetzt werden könnte. Doch Hypothesen, die sich hieraus ergeben, etwa über ein stärker bzw. schwächer ausgeprägtes Umweltbewußtsein in protestantisch bzw. katholisch geprägten Ländern, lassen sich nicht verifizieren. Neben der Erforschung verschiedenartiger Regulationsstile des politisch-administrativen Systems liegt es nahe, die Situation der Umwelt in den jeweiligen Ländern im Auge zu behalten. Damit wäre ersichtlich, weshalb auf den britischen Inseln und in Dänemark aufgrund der meteorologischen und topographischen Gegebenheiten eine verhältnismäßig geringe Betroffenheit artikuliert wird. Anders ist die Lage in eng besiedelten Ballungsregionen in Mitteleuropa, den Benelux-Staaten, Frankreich und Deutschland. Insbesondere für Deutschland ergibt sich durch die Bevölkerungsdichte, den hohen Schadstoffausstoß von Kraftwerken, Industrie und Verkehr sowie durch grenzüberschreitende Belastungen der Luft, der Gewässer und der Böden eine exponierte Situation.

Wieder anders ist der Fall bei den mediterranen Ländern mit einem hohen Entwicklungsgefälle aufgrund unterschiedlicher interner Modernisierungsprozesse. Hier finden sich hohe Umfragewerte beim Betroffenheitsindex für Italien, Griechenland, Spanien und Portugal. Wiederum könnte ein Blick auf die Umweltsituation einige Anhaltspunkte geben: Landflucht und Migrationsprozesse, verbunden mit einer rapiden Urbanisierung und den daraus resultierenden Wasser- und Abfallproblemen, unzureichende oder gar nicht vorhandene Kläranlagen, rascher Ausbau der Tourismusindustrie mit saisonal stark belasteter Infrastruktur sowie unzureichende öffentliche Nah- und Fernverkehrssysteme könnten diesen Befund erklären. Man sieht also, daß der unterschiedliche subjektive Betroffenheitsindex der Eurobarometer-Umfragen durchaus in einem engen Zusammenhang steht mit den jeweiligen Gegebenheiten. Doch intervenierende Variablen, wie der Einfluß der Medien bei der Umweltberichterstattung, die Umwelterziehung in den diversen Bildungseinrichtungen sowie die staatlichen Politikstile und die eingangs erwähnten kognitiven Deutungsmuster relativieren einen Kausalzusammenhang von umweltpolitischem Sein und ökologischem Bewußtsein.

Dies zeigt sich deutlich, wenn man die individuelle Bereitschaft zum Handeln betrachtet. Hier teilen sich die Ansichten. So gaben fünfzig bis achtzig Prozent der Befragten an, bei "weichen" Maßnahmen selbst schon aktiv geworden zu sein. Gefragt wurde nach Maßnahmen wie: keine Abfälle auf den Boden zu werfen, das Leitungswasser nicht zu vergeuden und beim Recycling von Haushaltsabfällen (Glas, Papier, Öl) mitzumachen. Nur eine von zehn Personen ist dagegen bereit, "harte" Maßnahmen zu unterstützen. Dies würde etwa bedeuten, daß freiwillig ein Abgaskatalysator am Auto eingebaut, Geld für den Naturschutz gespendet oder an örtlichen Aktionen oder Kundgebungen von Bürgerinitiativen teilgenommen wird. Hier zeigen die jeweils ermittelten Werte eine auffällige Differenzierung nach nationaler Zugehörigkeit. Während bei den "weichen" Maßnahmen die Befragten aus südeuropäischen Ländern Werte über dem EG-Durchschnitt verzeichnen, sind bei "harten" Maßnahmen, wie "Auspuff ändern" oder "Geld spenden", Dänen und Deutsche sowie Bewohner der Benelux-Staaten eher zu motivieren. Es gibt also offensichtlich eine nach Nationalitäten unterschiedlich ausgeprägte Diskrepanz zwischen örtlicher Betroffenheit einerseits und der Bereitschaft zum Handeln andererseits, was sich übrigens auch niederschlägt im Organisationsgrad von Umwelt- und Naturschutzverbänden sowie in der Präferenz für Grüne oder ökologisch orientierte Parteien, z.B. bei den Euopawahlen (Niedermayer 1991: 13).

Allerdings bliebe an dieser Stelle anzumerken, daß ein gestiegenes Umweltbewußtsein und ein generationsspezifischer Wertewandel in den achtziger Jahren im Europäischen Parlament nicht zu einer Neuordnung der transnationalen Parteienkonstellation geführt haben, was nicht ausschließt, daß in einzelnen Staaten, Ländern und Regionen die Grünen an Einfluß gewannen und für andere Parteien sogar koalitionsfähig wurden. Plausibler ist es auf der EG-Ebene, einen programmatischen Wandel bei den großen Parteien, insbesondere in der Christdemokratischen und Sozialistischen Fraktion, zu unterstellen, wobei ökologische Themen eine größere Bedeutung bekamen als in den Jahren und Jahrzehnten zuvor. Diese Entwicklung führt nun zu neuen Konflikten innerhalb der Fraktionen, die gezwungen sind, zwischen der ökonomischen Modernisierungslogik und der ökologischen Logik einen Ausgleich zu finden - insgesamt ein nicht unwichtiges Resultat des gestiegenen Umweltbewußtsein in den Ländern der Gemeinschaft.

3. Neue Herausforderungen

Am Anfang der neunziger Jahre ist die EG-Umweltpolitik ein etabliertes Politikfeld. Sie sieht sich jedoch mit zwei Herausforderungen konfrontiert, die hier kurz behandelt werden sollen: mit der Integration umweltpolitischer Belange in alle anderen Politikbereiche der Gemeinschaft und mit dem ökonomischen und ökologischen Wandel in Osteuropa. Abschließend soll versucht werden, eine Gesamteinschätzung der EG-Umweltpolitik zu geben.

3.1 Integration von Politikfeldern

Eine isolierte Betrachtung des Politikfelds Umwelt geht an der Konzeption der EG-Verträge vorbei, denn nach den Vorgaben der Einheitlichen Europäischen Akte ist Umweltpolitik ganzheitlich angelegt. So wird von einem "hohen Schutzniveau" für die EG-Bürger ausgegangen, und nach Artikel 130r des EWG-Vertrages sind die Erfordernisse des Umweltschutzes Bestandteil der anderen Politiken der Gemeinschaft. Der Vertrag von Maastricht hat diese Formulierung sogar noch verschärft. Von daher läge es nahe, das Untersuchungsspektrum nicht zu eng zu fassen, sondern auch andere Sektoren in die Analyse einzubeziehen. Hierfür bieten sich jene Politikfelder an, in denen Umweltbelange noch am ehesten tangiert sind, etwa die Bereiche Regional-, Verkehrs-, Energie-, Technologie- und Landwirtschaftspolitik.

Die vorliegenden Ergebnisse dieser Analysen (Busch 1991; Sprenger 1990; Strübel 1992; Task Force 1989) bieten wenig Anhaltpunkte dafür, daß konkret-regulatorisch Belangen des Umwelt- und Naturschutzes eine besondere Bedeutung zugemessen wird. Es liegen zwar programmatische Dokumente der Kommission zu den Themenbereichen "Landwirtschaft und Umwelt", "Energie und Umwelt" sowie "Verkehr und Umwelt" vor, ihre Umsetzung in konkrete Politik stieß jedoch auf erhebliche Hindernisse.

Die einzigen Ausnahmen, in denen Erfordernisse des Umweltschutzes einen integralen Bestandteil anderer Gemeinschaftspolitiken bilden, sind der Verbraucherschutz und zumindest in Teilen die Forschungs- und Technologiepolitik. Allerdings ist der Verbraucherschutz ein markanter Fall für das Spannungsverhältnis, das sich aus dem freien Verkehr von Waren einerseits, nationalen Vorschriften über Lebensmittelkontrolle und Konservierungsverfahren andererseits ergibt: Erwähnt sei hier nur der Konflikt über den Import von in Deutschland verbotenen radioaktiv bestrahlten Nahrungsmitteln oder die EG-Richtlinie aus dem Jahr 1992 zu gentechnisch manipulierten Produkten, die wiederum konträr steht zu verbraucherfreundlicheren nationalen Gesetzen, etwa in Deutschland. Auf diesen Gebieten zeichnet sich schon jetzt eine Fülle von Konflikten ab, die zwischen Bundesländern, Bundesregierung und der EG-Kommission vermittelt werden müssen. Sie können durchaus bis zu Verfassungskonflikten zwischen nationalem und supranationalem Recht eskalieren, wobei unklar und umstritten ist, bei welcher Instanz die Kompetenzkompetenz letztendlich liegen wird.

Innerhalb der Generaldirektion XII (Wissenschaft, Forschung und Entwicklung) nimmt das Thema "Umwelt und Lebensqualität" einen wichtigen Platz ein. Vor allem in Verbindung mit der Erforschung der Kernspaltung und der Kernfusion wurden Ende der achtziger und Anfang der neunziger Jahre mehrjährige Forschungsprogramme aufgelegt, in neuerer Zeit auch mit sozialwissenschaftlichen Schwerpunktsetzungen. Sie wurden ergänzt durch Projekte, die die Klimatologie im Zusammenhang mit dem Treibhauseffekt betreffen, und Risikoanalysen, die sich mit den Folgen von Umweltbelastungen befassen. Hinzu kam, daß die zuständige Generaldirektion den Ausbau von Datenbanken über gefährliche chemische Stoffe unterstützte und zusammen mit der NASA die Fernerkundungsmöglichkeiten angesichts weltweiter Klimaveränderungen ausbauen will. Die Abteilung Forschungs- und Technologiepolitik kann somit im Gegensatz zu den übrigen Abteilungen der Kommission - natürlich mit Ausnahme der Generaldirektion XI (Umwelt) - für sich beanspruchen, zunehmend nicht nur deklamatorisch auf Umweltschutzbelange zu verweisen, sondern aktiv zu versuchen, den integrativen Ansatz der EEA auch einzulösen. Allerdings wird der größte Teil des Forschungsbudgets nach wie vor für die Atomforschung verwendet, was umweltpolitisch zumindest als bedenklich angesehen werden kann.

3.2 EG-Umweltpolitik gegenüber Mittel- und Osteuropa

Neben der internen Herausforderung, die sich aus der Integration der Umweltpolitik in die verschiedenen Politikfelder der EG ergibt, ist nach dem Ende des Ost-West-Konflikts eine neue Herausforderung für die EG erwachsen, nämlich die Umweltkooperation mit den mittel- und osteuropäischen Staaten (Jachtenfuchs 1992a).

Es ist zu erwarten, daß in den nächsten Jahren eine Schwerpunktverlagerung von klassischer Umweltpolitik auf die Restrukturierung des Produktionsapparates eintreten wird. Im Sinne des Umweltschutzes ist dies zunächst wünschenswert, denn ökonomische Modernisierung geht in der Regel auch mit ökologischer Modernisierung einher (Jänicke 1992a). Diese Entwicklung ist jedoch nicht unproblematisch, denn in dieser Phase haben die osteuropäischen Staaten auch eine einmalige Chance, die Grundlage einer ressourcen- und umweltschonenden Industrie zu legen. Die bisherigen Erfahrungen, z.B. in den neuen Bundesländern (Strübel 1991), zeigen, daß in dieser Phase kurzfristige Rentabilitäts- und arbeitmarktpolitische Überlegungen sowie finanzielle Engpässe zum Aufbau einer industriellen Infrastruktur führen, die unter Umweltgesichtspunkten hinter denen des Westens zurückbleibt. Diese Industrien sind die Problemindustrien von morgen. Ökologische Rückständigkeit könnte so auch zu ökonomischer Rückständigkeit führen, indem veraltete Produktionsstrukturen, die in den USA, der EG und Japan langsam ersetzt werden, im Sinne einer nachholenden Entwicklung festgeschrieben werden. Ein neuer ökologisch verbrämter Protektionismus könnte den Produkten dieser Industrien dann den Zugang zu wichtigen Märkten verwehren.

Damit wird die Errichtung eines umweltverträglichen Wirtschaftssystems auch zu einer Frage der *politischen* Beziehungen zwischen Ost- und Westeuropa. Der Aufbau neuer gesamteuropäischer Strukturen und die Verringerung des Entwicklungsgefälles zwischen beiden Teilen Europas erscheint undenkbar ohne die Bekämpfung der Umweltkatastrophen im Osten und ihrer ökonomischen Gründe, meist in Form massiv verzerrter Preise (etwa im Energiesektor). Aufgrund interner politischer Widerstände werden sich diese wirtschaftlichen Ursachen ökologischer Zerstörung jedoch nur langsam beseitigen lassen.

Hier stellt sich die Frage, ob die EG die rechtlichen Kompetenzen zur Hilfe bei der Bekämpfung der o.a. Probleme hat und ob sie die angemessene Problemlösungsebene ist. Der Vertrag von Maastricht hat das bisher nur für den Umweltbereich geltende Subsidiaritätsprinzip für alle Bereiche der Gemeinschaftspolitik festgeschrieben. Auch wenn die Annahme dieses Prinzips eher widersprüchliche Tendenzen in einer Kompromißformel vereinigt, als diese Tendenzen tatsächlich aufzuheben (Jachtenfuchs 1992b), so ist es zumindest für einige Mitgliedstaaten (etwa Großbritannien) ein Instrument zur Rückverlagerung von Handlungsmöglichkeiten auf die nationalstaatliche Ebene. Dies mag sich im Bereich der klassischen Umweltpolitik auswirken. Ein Tätigwerden der EG in der Umweltaußenpolitik gegenüber Osteuropa läßt sich außer mit den Standardargumenten der Einheitlichkeit des Gemeinschaftsrechts und eventuellen Wettbewerbsverzerrungen nur schwer begründen. Allerdings gibt es außer der engen Interpretation des Subsidiaritätsprinzips auch keine Gründe, die gegen ein gemeinsames Vorgehen von Gemeinschaft und Mitgliedstaaten sprechen.

Anders ist dies im Handelsbereich, denn hier verfügt die EG über weitreichende exklusive Kompetenzen. Die Handelspolitik hat potentiell große Steuerungswirkungen auf die Wirtschaftsentwicklung in Osteuropa. Handelspolitik dient zunächst dem Schutz einheimischer Wirtschaftszweige. Es fehlt jedoch bisher in der zuständigen Generaldirektion und im Rat weitgehend das Bewußtsein dafür, daß dies anders sein könnte und im wohlverstandenen Eigeninteresse auch sollte. Die bisher mit den Staaten Osteuropas abgeschlossenen Assoziationsabkommen spiegeln eher eine Fortführung bekannter Schemata wider: Umwelt- und Handelspolitik bleiben säuberlich getrennt. Für die Umwelt(außen)politik der Gemeinschaft gegenüber Osteuropa wäre es daher eine Herausforderung, ihre konzeptuelle Isolierung zu verlassen und, wie auch vom EWG-Vertrag verlangt, integraler Bestandteil aller anderen Politiken der Gemeinschaft, und somit auch der Handelspolitik, zu werden. Diese Modernisierung der EG-Außenhandelspolitik ist jedoch noch nicht abzusehen.

4. Bilanz

Will man eine Art Zwischenbilanz von zwei Jahrzehnten Umweltpolitik in der Europäischen Gemeinschaft ziehen, so läßt sich vorläufig resümieren, daß die EG auf der Ebene der Programmformulierung mit ihren Aktionsprogrammen ein authentisches supranationales und an ökologischen Kriterien orientiertes Konzept entwickelt hat (Liberatore 1991). Dazu gehören das Vorsorgeprinzip, der medienübergreifende Ansatz und die Integration des Umweltschutzes in andere Politikbereiche.

Unübersehbar ist im Fall der EG der Impuls, der durch die Politik internationaler Organisationen, wie dem Umweltprogramm der Vereinten Nationen (UNEP), dem Europarat, der OECD und der ECE erfolgte. Beeindruckend, für manche Kritiker fast schon übertrieben erscheint in der Folge die große Regelungsdichte und die Fülle der erlassenen Verordnungen, Empfehlungen und Richtlinien der EG, wenngleich bei der nationalen Umsetzung noch gravierende Vollzugsdefizite bestehen. Dies resultiert, wie Studien zur Entstehung und Umsetzung der Richtlinie zur Umweltverträglichkeitsprüfung zeigen (Strübel 1990: 110-112), aus dem Spannungszustand, der sich aus dem Gegensatz zwischen nationalen Positionen ergibt. Es besteht eine regelrecht kompetitive Situation in der Umweltpolitik zwischen einzelnen Ministerien und Körperschaften auf nationaler Ebene einerseits und der EG andererseits. Implementationsprobleme hängen aber auch mit den unterschiedlichen Rechtssystemen und administrativen Kulturen sowie der wirtschaftlichen Situation einzelner Staaten zusammen und mit dem Dissens zwischen einzelnen Mitgliedstaaten über unterschiedliche Konzeptionen im Umweltschutz (z.B. zwischen Qualitätszielen und Emissionsnormen).

Die Tatsache, daß sich nach der Einheitlichen Europäischen Akte im Entscheidungsprozeß nicht mehr notwendigerweise die eher restriktiven Positionen im Rat durchsetzen, sondern auch andere Konstellationen möglich werden, beispielsweise eine Kooperation von Kommission und Europäischem Parlament, ist eine bedeutsame Veränderung. Im Fall der raschen Einführung des Katalysators kam es hierbei zu einer Machtprobe zwischen Parlament und Rat, bei der sich die modifizierte Entscheidungsprozedur, bei entsprechender Vermittlung durch die Kommission, schließlich zugunsten einer umweltfreundlicheren Regelung auswirkte. Es darf jedoch nicht übersehen werden, daß eine handlungsfähige absolute Mehrheit im Europäischen Parlament nicht einfach zu erlangen ist. Letzlich gelingt dies nur bei einem Zusammengehen von Christdemokratischer und Sozialistischer Fraktion. Positiv zu bewerten ist, daß sich, wie bei der Katalysatorabstimmung sichtbar wurde, von Fall zu Fall eine Koalition der umweltpolitisch aufgeschlossenen Europaparlamentarier quer durch mehrere Parteibünde und nationale Delegationen entwickeln kann. Als Resultat des Vertrages von Maastricht dürfte das Verhältnis von Kommission und Parlament allerdings zunehmend gespannter werden, wobei dem neugeschaffenen Vermittlungsausschuß eine herausragende Funktion zukommen könnte.

So sehr die Deklarationen von Rat und Kommission auf ein verstärktes Interesse an Umweltpolitik hinweisen, werden sie dadurch relativiert, daß die finanzielle Ausstattung des Sachgebiets im EG-Haushalt nach wie vor dürftig ausfällt, selbst wenn die Bedeutung von Umweltpolitik als regulativer Politik nicht nur anhand dieses Kriteriums gemessen werden kann. Nach den Haushaltsentwürfen der letzten Jahre werden für den Bereich Umwelt kaum mehr als 0,1 Prozent des Gesamthaushalts veranschlagt, wohingegen der Anteil der Agrarpolitik immer noch fast zwei Drittel beträgt. Während sich über 2000 Mitarbeiter in der Kommission mit Agrarpolitik und 600 mit Informationstechnologien beschäftigen, behandeln nur etwa 150 Kommissionsbeamte und etwa die gleiche Anzahl externer Sachverständiger Fragen der Ökologie. Dabei erstrecken sich die umweltpolitischen Arbeitsfelder von der Ausarbeitung internationaler Verträge, der Abfassung von Richtlinienentwürfen bis hin zur Überwachung ihrer nationalen Umsetzung, der Kontrolle der Anwendung der Richtlinien in den jeweiligen Ländern, der Prüfung von Beschwerden aus den Mitgliedsstaaten, im Extremfall sogar der Einleitung von Verfahren gegen einzelne Mitgliedstaaten wegen Vertragsverletzung.

Insgesamt betrachtet kann bilanziert werden, daß die EG-Umweltpolitik sich gegenwärtig sowohl etabliert als auch im Umbruch befindet. Etabliert hat sich die EG-Umweltpolitik hinsichtlich ihrer regulativen Dichte und ihrer Stellung innerhalb der Kommission einerseits sowie der Akzeptanz durch die Nationalstaaten und den Europäischen Gerichtshof andererseits. Diese Normalisierung wird begleitet von einer zum Teil stark ausgeprägten Erwartungshaltung der Bürger an die Umweltpolitik der EG und der Entwicklung eines dichten Netzes von Umweltverbänden auf EG-Ebene. Gleichzeitig befindet sich die EG-Umweltpolitik in einer konzeptuellen Umbruchphase, die am besten durch das Stichwort "sustainability" umschrieben werden kann. Dieser konzeptuelle Wandel beschränkt sich bisher auf die Kommission. Angesichts deren Initiativmonopol im institutionellen System der Gemeinschaft werden die Auswirkungen auf den Rat und damit auf die einzelstaatliche Umweltpolitik nicht auf sich warten lassen. Diese

Umorientierung geht einher mit einer Verschiebung von Einflußmöglichkeiten innerhalb der Kommission. Inwieweit sie auch zu einer Entlastung der Umwelt führen wird, läßt sich noch nicht beurteilen.

Internationale Umweltregime

Helmut Breitmeier/Thomas Gehring/Martin List/Michael Zürn

In diesem Beitrag geht es um zweierlei. Zum einen wird ein Überblick zum Stand der Forschung über internationale Umweltregime gegeben. Zum anderen wird der Brückenschlag zum Thema der ökologischen und politischen Modernisierung versucht, der so bisher in der Regimeforschung nicht explizit erfolgt ist.

Teil 1 führt in die Grundbegriffe und -annahmen der Regimeanalyse ein. Teil 2 konkretisiert diese durch Beispiele aus der internationalen Politik zum Schutz der Umweltmedien Wasser und Luft/Atmosphäre. Teil 3 wendet sich speziell der Frage der flexiblen Steuerung durch internationale Umweltregime zu. Im abschließenden Teil 4 werden einige mögliche Schlußfolgerungen zur Modernisierungswirkung internationaler Umweltregime formuliert.

1. Die Aufgaben und Leistungen von internationalen Umweltregimen

Umweltschutz als Problem der internationalen Politik

Schon in der Frühphase der Entstehung von Umweltpolitik zeigte sich, daß es sich bei ihr nicht nur um ein neues Feld nationaler Politik handelte. Vielmehr ist Umweltschutz eine Aufgabe, die nur international koordiniert bewältigt werden kann. Die erste Umweltkonferenz der Vereinten Nationen 1972 in Stockholm war hierfür ein deutliches Zeichen.

Für die Notwendigkeit international koordinierten Vorgehens gibt es eine Reihe von Gründen. Einige Ökosysteme oder Artenbestände lassen sich als internationale Gemeinschaftsgüter auf regionaler oder globaler Ebene betrachten, etwa die Fischbestände im Nordatlantik oder die Antarktis als Lebensraum. Die von Garret Hardin (1968) beschriebene "Tragödie der Gemeinschaftsgüter", die zur Überausbeutung gemeinsamer Ressourcen bei unkoordinierter Nutzung führt, kann sich daher auch auf internationaler Ebene einstellen.

Ein zweiter Grund für die Notwendigkeit internationaler Kooperation ergibt sich aus der grenzüberschreitenden Wirkung von Umweltverschmutzung. So können Emissionen eines Landes zum Beispiel als saurer Regen in anderen Ländern niedergehen. Hier ist also, wirtschaftswissenschaftlich gesprochen, ein Problem negativer Externalitäten zu lösen.

Schließlich stellt der Weltmarkt einen Internationalisierungsmechanismus für Umweltprobleme dar. In seinem Rahmen erfolgt nicht nur der Handel mit umweltgefährdenden Techniken, Produkten und Abfällen. Mögliche (oder auch nur befürchtete) Nachteile in der internationalen Wirtschaftskonkurrenz waren und sind auch ein Hemmnis für nationale Umweltschutzmaßnahmen.

Es ist angesichts dessen nicht verwunderlich, daß die internationale umweltpolitische Situation insgesamt häufig dem sog. Gefangenendilemma gleicht. Wenn eigeninteressierte soziale Akteure in Abwesenheit einer sanktionierenden Zentralinstanz miteinander interagieren wie im internationalen System, dann stellen sich kollektiv betrachtet suboptimale Interaktionsergebnisse, also in unserem Fall die Zerstörung der Umwelt, als "natürliche" Ergebnisse ein. Zwar haben die bahnbrechenden Arbeiten von Axelrod (1987) und Taylor (1987) nachgewiesen, daß rationale Akteure im Laufe der Zeit zur Kooperation in einem Gefangenendilemma gelangen können, wenn nur der "Schatten der Zukunft", also die Zahl der erwarteten Wiederholungen der entsprechenden Interaktion und die Bedeutung, die die Akteure der Zukunft zumessen, groß genug ist. Sobald aber die Akteure nicht völlig verzerrungsfreie Wahrnehmungen und keine perfekten Informationen haben, ist die von Axelrod und Taylor aufgezeigte Möglichkeit der "freiwilligen" Kooperation höchst unwahrscheinlich. Genau deshalb wird Umweltschutz zu einem *Problem* internationaler Politik. Kooperation ist allerdings auch in Abwesenheit einer sanktionierenden Zentralinstanz möglich, wenn sich die beteiligten Akteure auf eine normative Institution verständigen, die einen gemeinsamen Orientierungsrahmen zur Verfügung stellt und bestimmte Verhaltensweisen vorschreibt, während sie andere verbietet. Hier deutet sich eine Lösung für den Umweltschutz als Problem internationaler Politik an.

Internationale Institutionen als Lösung

In der Disziplin der Internationalen Beziehungen werden normative Institutionen, die ein bestimmtes Problemfeld wie etwa die grenzüberschreitende Luftverschmutzung in Europa verregeln, internationale Regime genannt. Ein internationales Regime beruht auf einer Reihe von Prinzipen, Normen und Regeln sowie dazugehörigen Entscheidungsprozeduren, die das Verhalten internationaler Akteure in einem Problemfeld dauerhaft steuern und zu einer Angleichung der wechselseitigen Verhaltenserwartungen führen (vgl. Krasner 1983: 2 und Wolf/Zürn 1986: 204-205). Die Definition läßt sich durch das Vorhandensein von expliziten Regeln und durch ein Verhalten der beteiligten Akteure, das im großen und ganzen regelkonsistent ist, operationalisieren (vgl. Zürn 1992 und Keohane 1993). Solche Regime erbringen eine Reihe von Leistungen, die es möglich machen, daß die kooperative Verhaltensweise in einer Gefangenendilemmasituation institutionalisiert wird, gerade auch wenn internationale oder globale Ressourcen auf dem Spiel stehen (Young 1989 und Wolf 1991).

Internationale Regime sind somit internationale Institutionen, die in Abwesenheit einer Zentralinstanz Kooperation und Erwartungsverläßlichkeit auf der Grundlage gemeinsamer Normen und Regeln ermöglichen. Der Begriff "Institution" bezeichnet sowohl formale Organisationen (bzw. Körperschaften) als auch regelkonsistente Verhaltensmuster (vgl. Keohane 1989). Damit geraten über das formale Völkerrecht hinaus alle Möglichkeiten und Bedingungen tatsächlicher Einwirkung internationaler Institutionen auf die internationale Politik ins Blickfeld. Während formale Organisationen zumindest potentiell korporative Akteure sein können, also zielgerichtet zu handeln in der Lage sind, besitzen die regelkonsistenten Verhaltensmuster keine Akteursqualität. Freilich stehen internationale Regime und internationale Organisationen in einem engen Zusammenhang (für Umweltregime vgl. List/Rittberger i.E.). Zum einen sind es häufig die im Rahmen von internationalen Organisationen organisierten Konferenzen, auf denen sich die Staaten auf die Errichtung eines internationalen Regimes verständigen. So kann beispielsweise die Rolle von UNEP (United Nations Environment Programme) beim Zustandekommen von Umweltregimen kaum überschätzt werden (siehe unten bzw. P. Haas 1990). Wenn internationale Regime einmal errichtet sind, so beinhalten sie auf der Ebene der Entscheidungsprozeduren meist Aktivitäten, die wiederum von spezialisierteren Organisationen übernommen werden. Wie etwa die Rolle der Helsinki-Kommission beim Regime zur Reinhaltung der Ostsee zeigt, stellen solche Organisationen allen Teilnehmern wichtige Informationen zur Verfügung, sie kontrollieren die Regeleinhaltung und schlagen schließlich auch Regelmodifikationen vor, die der Erreichung des Regimeziels besser dienen könnten (siehe unten bzw. List 1991). In diesem Sinne können internationale Organisationen Informations-, Überwachungs- und Regelsetzungsfunktionen für internationale Regime übernehmen.

Problematische soziale Situationen als Entstehungsvoraussetzung von Regimen

Auf der Grundlage des bisher Gesagten kann verallgemeinernd festgestellt werden, daß ein Bedarf für ein internationales Regime besteht, wenn eine problematische soziale Situation vorliegt. Diese ist dadurch gekennzeichnet, daß in ihr das unkoordinierte, nur auf dem kurzfristigen Eigeninteresse beruhende Handeln der Akteure dazu führen kann, daß am Ende Ergebnisse stehen, die von keinem der beteiligten Akteure gewünscht werden.

Es können nun im Rahmen des situationsstrukturellen Ansatzes unterschiedliche Typen von problematischen Situationen unterschieden werden (vgl. hierzu Zürn 1992: Kap. 2): solche, die eher Koordinationsspielen gleichen, solche, die eher Dilemmaspielen gleichen und solche, die als Rambospiele bezeichnet werden können. In Koordinationsspielen besteht zwar die Gefahr, daß unkoordiniertes Handeln zu schlechten Ergebnissen führt. Nachdem aber eine Einigung erreicht ist, besteht kein Anreiz mehr, von dieser Einigung abzuweichen. Das klassische Beispiel ist die Wahl zwischen Links- oder Rechtsverkehr. Regeln der Kooperation sind in solchen Situationen relativ leicht zu erreichen, doch entsprechen nur wenige Situationen der internationalen Umweltpolitik diesem Typ.

Häufiger sind demgegenüber Situationen mit Dilemma-Charakter, in denen einzelne Akteure auch nach einer Einigung auf ein Regime noch einen Anreiz besitzen, dieses Regelwerk zu mißachten, obwohl sie doch von ihm profitieren. So hat zwar jede Regierung in Mitteleuropa ein Interesse daran, daß sich die Luftqualität verbessert. Gleichwohl bleibt für jeden einzelnen Staat ein Anreiz, für sich selbst Ausnahmeregelungen zu beanspruchen, um die eigene Industrie billiger produzieren lassen zu können. In der Regel gilt, daß die Errichtung einer normativen Institution und somit auch eines internationalen Regimes in Dilemmasituationen schwieriger ist als in Situationen, die einem Koordinationsspiel entsprechen.

Noch schwieriger ist die Schaffung und Aufrechterhaltung von internationalen Regimen in Situationen, die denen von Rambospielen gleichen. Hier erreichen eine oder mehrere der beteiligten Parteien ihr bestes Ergebnis, indem sie nicht kooperieren. Die Rolle Großbritanniens im Fall der grenzüberschreitenden Luftverschmutzung (der Schmutz Großbritanniens dreht nach Nordosten ab, während es selbst vom Schmutz des Kontinents kaum betroffen ist) oder noch idealtypischer, die Rolle eines Oberliegers eines Flusses, der seinen Schmutz ohne eigenen Schaden kurz oberhalb der Grenze einleitet, sind Beispiele hierfür. In diesen Situationen gelingt es einem Akteur, Kosten zu externalisieren, ohne daß er Entsprechendes von der anderen Seite befürchten muß.

In all den genannten Situationen besteht ein Bedarf für ein internationales Regime. Dieser Bedarf wird allerdings nicht automatisch gedeckt. Es müssen eine Reihe von Zusatzbedingungen erfüllt sein. Insbesondere wenn die problematische soziale Situation die Form eines Dilemmaspiels oder eines Rambospiels annimmt, ist das Vorliegen solcher Zusatzbedingungen notwendig, damit es zu einem Regime kommen kann. Die Enstehung von Regimen auch in schwierigen problematischen Situationen wird unter folgenden Bedingungen wahrscheinlicher: (1) die Existenz ähnlicher Regime stellt eine förderliche normativ-institutionelle Bedingung dar, da sie Modellwirkung haben können; (2) die politische Großwetterlage kann regimeförderlich sein (das Ostseeschutzregime etwa verdankt seine frühe Entstehung seiner Rolle als Schritt in der Entspannungspolitik); (3) eine bestehende

"Wissensgemeinschaft" ("epistemic community", wie der angelsächsische terminus technicus lautet), die einen wissenschaftlichen Konsens hinsichtlich der Notwendigkeit des Handelns zum Ausdruck bringt, ist regimeförderlich; (4) ebenso wirken andere transnationale Gruppierungen (etwa Greenpeace), die Druck auszuüben in der Lage sind; (5) schließlich ist das binnengesellschaftliche Umfeld für den jeweils eingeschlagenen umweltaußenpolitischen Kurs von Belang: Umweltbewegungen oder Interessen der Umweltindustrie können sich im Sinne einer regimeförderlichen Umweltaußenpolitik des jeweiligen Staates auswirken.

Mögliche Auswirkungen internationaler Regime

Die Wirkung internationaler Regime beruht auf der Etablierung gemeinsam vereinbarter Normen und Regeln, also von Verhaltenserwartungen, deren Einhaltung wiederum die Normen und Regeln stabilisiert. Im Rahmen solcher Regime werden Informationen erhoben (etwa durch gemeinsame Meßprogramme), die zur Grundlage der Weiterentwicklung internationaler Umweltpolitik werden können. Indem sie einen institutionellen Rahmen und bestimmte Verfahren zur Verfügung stellen, reduzieren sie die Transaktionskosten, d.h. die Kosten für die Aufrechterhaltung von internationaler Kommunikation und von Verhandlungsprozessen (Keohane 1984: 82ff.; Zürn 1987: Kap. 2). Darüber hinaus haben alle Staaten ein Interesse daran, sich einerseits den Ruf zu erwerben, einmal eingegangene Verpflichtungen einzuhalten und andererseits Sanktionen anderer Staaten zu vermeiden. Das führt dazu, daß Regierungen, die sich nicht in der Lage sehen, eingegangene Verpflichtungen zu erfüllen, auf eine koordinierte Ausnahmeregelung oder Regeländerung innerhalb des Regimes drängen werden, anstatt die Normen und Regeln einfach zu mißachten. Aus solchen Konsultationen können gemeinsame Anstrengungen entstehen, die eine Regeleinhaltung zur Folge haben. Diese Leistungen von internationalen Regimen sorgen dafür, daß einmal gebildete Normen und Regeln auch eingehalten werden.

Gleichzeitig können sie aber auch Ausgangspunkt eines "Engelskreises" sein, der aufgrund der gemeinsamen Zielorientierung der Akteure, der im Rahmen des Regimes zusätzlich gewonnenen Informationen und der intensivierten Kommunikation und Transaktion zu einer Veränderung und häufig sogar Verschärfung der Regeln führt. Für eine solche Evolution oder Dynamik innerhalb eines Regimes lassen sich folgende Mechanismen ausmachen (siehe auch unten Abschnitt 3):

(1) die innenpolitische/binnengesellschaftliche Verstärkerwirkung: Werden aufgrund eines internationalen Umweltregimes neue nationalstaatliche Umweltgesetze erlassen, so kann das Regime im Laufe der Zeit eine verstärkte innenpolitische Unterstützung gewinnen: es entsteht eine Bürokratie, die sich für die Gesetze und deren Zielerreichung verantwortlich fühlt, Umweltgruppen, die international vereinbarte Ziele einklagen, und es gibt "Gewinner" eines Gesetzes wie etwa eine Industrie, die nun verstärkt Filteranlagen verkaufen kann.
(2) die wissensdynamische Verstärkerwirkung: Umweltregime stellen häufig eine Quelle für neue wissenschaftliche Erkenntnisse über Umweltgefahren dar, die den Ausgangspunkt für eine erweiterte Regelsetzung bilden können.

Hier deuten sich einige ökologische und politische Modernisierungswirkungen an, die von internationalen Umweltregimen ausgehen können. Auf sie wird im abschließenden Teil 4 zurückzukommen sein.

Im folgenden werden wir zunächst anhand einiger internationaler Umweltregime, die das Medium Wasser (Abschnitt 2.1) und das Medium Luft bzw. Atmosphäre (Abschnitt 2.2) betreffen, die Entstehungsbedingungen von internationalen Umweltregimen etwas genauer beleuchten. In Abschnitt 3 wird dann die Dynamik, die internationale Umweltregime annehmen können, näher betrachtet.

2. Umweltregime für die Medien Wasser und Luft

2.1 Umweltmedium Wasser

In diesem Abschnitt soll ein knapper Überblick über die Erforschung internationaler Probleme und Konflikte bezüglich des Umweltmediums Wasser und ihrer Bearbeitung und Regelung im Rahmen internationaler Regime gegeben werden. Der Akzent liegt dabei zum einen auf Umwelt*medium*, so daß (Verteilungs-) Konflikte um Wasser als *Ressource*, insbesondere um Trinkwasser, die in einigen Regionen etwa des Nahen Ostens von zunehmender Bedeutung sind, hier nicht behandelt werden. Der Schutz von Wasser als Medium ist ein ökologisches Anliegen und erstreckt sich auf die Erhaltung von Lebensräumen nicht nur für Menschen. Verteilungskonflikte um Ressourcen sind dagegen wesentlich ökonomischer und/oder machtpolitischer, nicht aber ökologischer Natur, selbst wenn ihnen natürliche Gegebenheiten zugrundeliegen. Zum anderen liegt der Schwerpunkt der Darstellung, dem der bisherigen Forschung entsprechend, bei der Analyse internationaler Regime zum Schutz der *Meeres*umwelt.

Der Schutz der aquatischen Umwelt von *Binnengewässern* bleibt dabei - auch in der bisherigen Forschung - weitgehend unbehandelt, obwohl er etwa im Falle des Bodensees seit dem 1960 zwischen Baden-Württemberg, Bayern, Österreich und der Schweiz geschlossenen Abkommen von Steckborn Gegenstand internationaler Kooperation ist, die durchaus auf ihre Regimequalität hin untersucht werden könnte. Ähnliches gilt, um eine andere Region anzuführen, für die Arbeit der Tschadsee-Kommission (vgl. Caldwell 1990: 132 mit Hinweisen auf existierende Literatur). Ebenfalls nur erwähnt werden soll der Schutz *grenzüberschreitender Fließgewässer*. Auch er ist, etwa im Falle des Rheins aufgrund des Berner Abkommens von 1963, Gegenstand der Kooperation der Anliegerstaaten. Der jüngste Wandel in den Ost-West-Beziehungen hat auch lange aus politischen Gründen (Grenzstreitigkeiten) unbehandelbare Problemfälle wie den Schutz der Elbe internationaler Kooperation zugänglich gemacht.

Der Rheinschutz war auch frühzeitig Gegenstand politikwissenschaftlich-theoretischer Betrachtungen. Karen Mingst (1981) hat an diesem Beispiel den funktionalistischen und den Regimeansatz kontrastierend gegenübergestellt. Sie kommt dabei zu dem Ergebnis, daß internationale Kooperation nicht, wie es der funktionalistischen Annahme entspricht, aus einem apolitischen Sachzwang resultiert. Vielmehr werden wissenschaftlich-technische Fragen politisiert, was darauf hindeutet, daß die Herausbildung internationaler Kooperation in Umweltfragen eine Form der Bearbeitung internationaler Konflikte ist. Der Regimeansatz vermag diesem Sachverhalt Rechnung zu tragen.

Wenden wir uns damit dem Schutz der Meeresumwelt zu. Sie erfolgt global koordiniert vor allem im Rahmen des Regional Seas Programme des Umweltprogramms der Vereinten Nationen (UNEP). Das Programm stellt einen Rahmen für den Schutz der marinen Umwelt in insgesamt acht regionalen Meeresgebieten (Mittelmeer, persisch-arabischer Golf, Rotes Meer, Südostpazifik, Golf von Guinea, Golf von Mexiko und Karibik, Indischer Ozean, Südpazifik) dar (vgl. Gebremedhin 1989 sowie allgemein Hohmann 1989a und b). Zeitlich vorangegangen war der regionale Schutz der europäischen Randmeere, vor allem der Nord- und Ostsee, der zusammen mit dem Schutz des Mittelmeeres im folgenden näher betrachtet werden soll.[1] Hierfür ist zunächst die (natur- und sozialwissenschaftliche) Erfassung der Ausgangslage erforderlich.

Ausgangslage

Alle drei Meere sind durch die relativ hochindustrialisierten und Intensivlandwirtschaft betreibenden Anrainer einer starken Belastung ausgesetzt. Aufgrund ihrer geringen Ausdehnung, ihres halbgeschlossenen Charakters (= hohe Austauschzeiten für die Wassermasse) sowie weiterer hydrographischer Eigenschaften ist die Ostsee gegenüber diesen Schadstoffbelastungen besonders empfindlich. Von der zum Atlantik offenen Nordsee unterscheidet sich die Ostsee auch durch das Fehlen einer eindeutigen Zirkulationsrichtung des Wassers. Diese erfolgt in der Nordsee als Oberflächenströmung im Gegenuhrzeigersinn und begünstigt dabei den Schadstofftransport weg von der britischen Ostküste. Großbritannien ist daher im Nordseegebiet nicht nur geographisch, sondern auch situationsstrukturell ein Außenseiter. Das Mittelmeer schließlich ist zwar auch zum Atlantik nahezu geschlossen (Meerenge von Gibraltar), aufgrund seiner wesentlich größeren Aus-

---

[1] Dem Folgenden liegen v.a. die beiden Studien von List 1991 und Haas 1990 zugrunde. Für Überblicksdarstellungen, die das Nordsee und/oder Ostseeregime untereinander sowie mit anderen Umweltregimen vergleichen vgl. Prittwitz 1989 und Strübel 1989.

maße (mit 2,5 Mio km^2 knapp bzw. mehr als fünfmal so groß wie die Nord- bzw. Ostsee) jedoch weniger empfindlich als die Ostsee.

Neben den hydrographischen Bedingungen und der Wirtschaftsgeographie der Anrainer war schließlich bis vor kurzem beim Vergleich der internationalen Regime zum Schutz der europäischen Randmeere auch der politische Kontext von Interesse. Die gleiche politische Problemstellung galt es hier im politischen Kontext der West-West-Beziehungen (Nordsee), der Ost-West-Beziehungen (Ostsee) und der Nord-Süd-Beziehungen (Mittelmeer) zu bearbeiten. Nach dem Systemwandel in Osteuropa und den nunmehr unabhängigen Republiken der ehemaligen Sowjetunion läßt sich die Auswirkung (vom internationalen System aus betrachtet: sub-) systemischen Wandels auf die Funktionsweise internationaler Regime untersuchen.

Beschreibung der Regime

Eine erste Aufgabe der Forschung über internationale Umweltregime war ihre deskriptive Erfassung. Daher sei auch hier mit einer kurzen Beschreibung der drei Regime begonnen.

Hinsichtlich seines *Entstehungsprozesses* ist das im Ost-West-Kontext entstandene internationale Regime zum Schutz der Meeresumwelt der Ostsee (kurz: Ostsee-Regime) das zeitlich früheste und formal umfassendste. Bereits 1974 wurde das zugrundeliegende Helsinki-Übereinkommen geschlossen, das 1980 in Kraft trat und alle potentiellen Verschmutzungsquellen einer Regelung zugänglich macht. Bis zum letztgenannten Zeitpunkt waren allerdings in Gestalt des Bonner Abkommens über Ölverschmutzung von 1969, der Oslo-Konvention über das Einbringen (Dumping) von Schiffen aus von 1972 sowie das Pariser Abkommen über die Verschmutzung vom Land aus von 1974 auch die völkerrechtlichen Grundbausteine des Nordsee-Regimes gelegt. Der dem Mittelmeer-Regime zugrundeliegende Mittelmeerplan wurde 1975 angenommen, im Jahr darauf die Barcelona-Konvention zum Schutz dieses Meeres abgeschlossen.

Bezüglich der *Verbindlichkeit der Verhaltensvorschriften* und der *organisatorischen Ausgestaltung* der Regime läßt sich folgendes feststellen: Alle drei Regime haben völkerrechtliche Grundlagen. Das Nordsee-Regime erhielt allerdings, nachdem die auf Verwaltungsebene arbeitenden Oslo- und Pariskommissionen in jahrelanger Arbeit nur zögerlich vorankamen,[2] in Gestalt der nur auf der Grundlage politisch verbindlicher Beschlüsse arbeitenden Internationalen Nordseeschutzkonferenz (INK) ein regelmäßig tagendes übergeordnetes politisches Führungsgremium. Ihm wurde durch die 2. INK 1987 als wissenschaftliches Arbeitsgremium die sog. "North Sea Task Force" zugeordnet, der die naturwissenschaftliche Zustandsbeschreibung der Nordsee obliegt. Die analoge Funktion nimmt im Ostsee-Regime die jährlich tagende Helsinki-Kommission ein, deren verabschiedete Empfehlungen als "soft law" allerdings nicht völkerrechtlich verbindlich sind und die durch ständige Arbeitsausschüsse unterstützt wird. Im Rahmen des Mittelmeer-Regimes wurde ein festes Sekretariat in Athen und ebenfalls eine Reihe von Arbeitsgruppen gebildet. Bei Unterschieden im Detail ergibt sich somit für die organisatorischen Elemente der Regime ein Standardmodell bestehend aus periodischen Tagungen der Beschlußgremien, die sich auf die Sacharbeit der ständigen und/oder ad hoc eingerichteten Ausschüsse stützen. In diesen Ausschüssen und Arbeitsgruppen wird (1) die Überwachung des Umweltzustands (Monitoring) koordiniert, (2) die erforderliche Harmonisierung z.B. von Meßverfahren erarbeitet, (3) internationale Kooperation organisiert, z.B. bei Ölverschmutzungsbekämpfungsübungen und schließlich (4) an der Weiterentwicklung des Normenbestandes der Regime gearbeitet. Gerade letzteres ist für die umweltpolitische Modernisierungswirkung internationaler Regime sehr wichtig. Durch die internationale Festlegung von Standards, etwa Grenzwerten für die Einleitung von Schadstoffen oder die konkrete Definition dessen, was jeweils als "best available technology" anzusehen ist, wird ein technisch-administrativer Anpassungsdruck auf die jeweils zögerlichsten beteiligten Länder ausgeübt. Die Fähigkeit, auch strikte Standards einzuhalten, wird damit zu einer Frage des internationalen Prestiges und spiegelt zugleich die ökonomische und technische Leistungsfähigkeit der beteiligten Länder wider.

---

2 Die Arbeit der Kommission im Rahmen des Pariser Abkommens war Gegenstand einer monographischen Untersuchung durch die norwegische Politikwissenschaftlerin Sunneva Saetevik (1988).

Ein Vergleich des *Normen- und Regelbestandes* der drei Regime im einzelnen erweist sich als schwierig, nicht zuletzt wegen der beständigen Änderungen insbesondere im Bereich der Regeln. Verkürzt läßt sich folgendes sagen. Das Ostsee-Regime enthielt, der besonderen Empfindlichkeit dieses Meeres entsprechend, am frühesten besonders weitgehende Verbotsnormen (Verbot von Dumping und Verbrennung auf See seit 1980, Sondergebiet im Sinne des MARPOL-Abkommens über Verschmutzung von Schiffen aus seit 1983). Dagegen konnten das Vorsorgeprinzip sowie die Pflicht zur Verwendung der besten verfügbaren Techniken erst 1992, nach dem Systemwandel der östlichen Partner, formal festgeschrieben werden. In diesen beiden letzten Punkten ging das Nordseeregime voran. Andererseits konnten das für die Ostsee von Beginn an bestehende Verbot von Dumping sowie der MARPOL-Sondergebietsstatus für die Nordsee erst ab 1992 (zum Teil mit Ausnahmefrist für Großbritannien bis 1998) durchgesetzt werden. Im Mittelmeeer schließlich werden noch immer offiziell Gebiete ausgewiesen, in denen Tanks gewaschen und ölhaltiges Abwasser ins Meer abgelassen werden darf.

Was schließlich die *Wirksamkeit* (Effektivität) der Regime *in der Sache* oder, genauer formuliert, die Auswirkungen des im Rahmen der Regime erfolgenden und durch ihre Verhaltensvorschriften geleiteten Staatenverhaltens auf die Umwelt anbelangt, so läßt sich sagen: (1) die für fundierte Trendaussagen notwendigen naturwissenschaftlichen Daten sind erst teilweise (nicht zuletzt als Resultat des Funktionierens der Regime) vorhanden; (2) meist läßt sich nur begründet abschätzen, daß durch die Regime bisher keine deutliche Verbesserung des Zustands der Meere erreicht wurde, sondern überwiegend nur Schlimmeres verhindert wurde; (3) dies liegt auch daran, daß Erfolgen bei einzelnen Verschmutzungsquellen Mißerfolge oder Stillstand bei anderen gegenüberstehen, die für den Zustand der Meere jedoch ebenso wichtig sind. Erfolge sind vor allem beim Eintrag durch regulären Schiffsbetrieb sowie durch das Dumping-Verbot erzielt worden. Weniger erfolgreich ist bisher die Unterbindung der Einträge von Lande aus (Direkteinleitung oder über Flüsse) oder durch die Atmosphäre. Letzteres verweist auf den Zusammenhang mit der im folgenden Abschnitt behandelten weitreichenden grenzüberschreitenden Luftverschmutzung.

Erklärung der Regimeentstehung

Neben der Beschreibung galt die politikwissenschaftliche Forschung über Umweltregime vor allem der Erklärung ihrer Entstehung und ihres Wandels. Die vorliegenden Studien über Meeresumweltschutzregime erbrachten dabei unter anderem folgende Ergebnisse.

Die mittels 'objektiver' Indikatoren (etwa naturwissenschaftlich erhobener Meßwerte bezüglich der Emissionsverteilung der Folgeschäden von Meeresumweltverschmutzung) oder 'subjektiver' Indikatoren (v.a.: die mittels sozialwissenschaftlicher Interviews erhobenen persönlichen Einschätzungen von Befragten über die Umweltsituation) gewonnene Interessenlage einzelner Staaten bzw. die hieraus resultierende *Situationsstruktur* für die jeweils betroffene Gruppe von Staaten erweist sich als durchaus erklärungskräftig für die Umweltaußenpolitik einzelner Staaten und damit für das Zustandekommen und die Ausgestaltung internationaler Regime. Die außergewöhnliche Lage Großbritanniens, das im Verhältnis zu den übrigen Nordseeanrainern nahezu eine Oberliegerposition einnimmt, etwa macht im Falle des Nordsee-Regimes nicht nur die britische umweltaußenpolitische Haltung verständlich. Sie erklärt auch die hieraus resultierende, im Vergleich zum Ostsee-Fall inhomogene Interessenlage der Staaten*gruppe* und das "systemische Ergebnis", d.h. die durch Ausnahmebestimmungen geschwächten Regimenormen.

Diese situationsstrukturellen Unterschiede erwiesen sich auch gegenüber der Variablen *politischer Kontext* (West-West versus Ost-West) als dominant. Gleichwohl spielt der Kontext für die Ausgestaltung der Regime eine Rolle. Der umweltpolitischen Geheimniskrämerei der realsozialistischen Staaten entsprach der Umgang mit diesen Daten auch im Rahmen der Helsinki-Kommission (länderbezogene Verschmutzungsdaten wurden erst jüngst, nach der Wende im Osten, veröffentlicht). Umweltpolitische pressure groups zur Unterstützung der Regimewirkung konnten sich im Realsozialismus kaum herausbilden. Die geringe wirtschaftliche Leistungsfähigkeit der östlichen Systeme vereitelte in noch größerem Ausmaß als im Westen Investitionen in den Umweltschutz, etwa den Bau von Kläranlagen. Mangelnde ökonomische Ressourcen spielen auch in den Staaten des Südens eine entscheidende Rolle. Im Nord-Süd-Kontext des Mittelmeer-Regimes spielte daher die Frage des Technologie- und Ressourcentransfers eine stärkere Rolle. Wie Peter M. Haas zeigen konnte, hat derartige Hilfestellung im Rahmen des Mittelmeer-Regimes (vermittelt zum Teil über UNEP, etwa in Gestalt zur Verfügung gestellter Analysegeräte) stattgefunden. Im Zeichen der neuen Ost-West-Beziehungen sowie angesichts des erheblichen Rückstandes der östlichen Umwelttechnologie ist es auch im Ostsee-Regime bzw. dieses begleitend inzwischen zu finanzieller Unterstützung der osteuropäischen und unabhängigen baltischen Staaten von westlicher (einschließlich schwedischer und finnischer) Seite gekommen.

Schließlich hat Peter M. Haas am Beispiel des Mittelmeer-Regimes betont, was sich ähnlich auch für die beiden übrigen Regime behaupten ließe: Wissensgemeinschaften, also die (transnationalen) Beziehungen zwischen Trägern geteilten Wissens (hier etwa Meereswissenschaftler, Umweltexperten, Mitglieder nationaler oder internationaler (UNEP) Behörden, Umweltaktivisten) spielen für die Entstehung (so Haas' Behauptung bezüglich des Mittelmeer-Regimes) oder zumindest für die (Weiter)Entwicklung (etwa durch die North Sea Task Force) internationaler Umweltregime eine entscheidende Rolle.

Dies ist ein wesentlicher Ansatzpunkt sowohl für die reale Weiterentwicklung internationaler Meeresumweltschutzregime als auch für die Forschung über diese Institutionen. Angesichts der Neigung von Regimeanalysen, sich auf (regelgeleitetes) Handeln von Staaten zu konzentrieren, sollte nicht in Vergessenheit geraten, daß im internationalen (Meeres)Umweltschutz, ähnlich wie im Bereich des internationalen Menschenrechtsschutzes, auf die Staaten allein kein Verlaß ist. Vielmehr gilt es, umweltpolitischen Druck von unten transnational zu organisieren. Wie die international koordinierte Tätigkeit nationaler Umweltschutzverbände im Zusammenhang mit der INK zeigt, können Einrichtungen im Rahmen der Regime dabei zum Ansatzpunkt nichtstaatlicher Akteure sowohl zur Erzeugung von Druck auf die beteiligten Staaten als auch für Kooperation mit ihnen werden. Nur über diese breite Einbeziehung der Öffentlichkeit werden auch die nächsten wichtigen Schritte zum Schutz der Meeresumwelt möglich sein, die die von Land aus bzw. über die Atmosphäre erfolgenden Einträge von Schadstoffen betreffen. Diese Schritte haben mehr mit der Umorientierung von Produktions- und Konsumptionsweisen an Land zu tun als mit unmittelbar maritimen Aktivitäten. Der international abgestimmte Übergang zu einer auf Dauer ökologisch tragfähigen ("sustainable") Produktions- und Lebensweise überschreitet die Kompetenz von Beschlußgremien im Rahmen reiner Meeresumweltschutzregime. Durch ihre indirekte ökologische Modernisierungswirkung können sie jedoch einen Beitrag dazu leisten.

2.2 Umweltmedium Luft/Atmosphäre

Neben der Meeresverschmutzung gehört auch die Verschmutzung der Luft bzw. der Atmosphäre zu den klassischen Problembereichen der internationalen Umweltpolitik. Unter dem Umweltmedium Luft/Atmosphäre sollen in der folgenden Darstellung die beiden Problembereiche "Weiträumige grenzüberschreitende Luftverschmutzung" und "Verschmutzung der Atmosphäre (Gefährdung der Ozonschicht und des Weltklimas)" behandelt werden. Dabei werden, der getrennten politischen Bearbeitung dieser Problembereiche entsprechend, (1) das Regime über weiträumige grenzüberschreitende Luftverschmutzung in Europa, (2) das globale Regime zum Schutz der Ozonschicht und (3) das im Enstehen begriffene globale Klimaregime mit dem normativen Kern der auf der UN-Konferenz über Umwelt und Entwicklung (UNCED) 1992 in Rio de Janeiro zur Zeichnung aufgelegten Klimakonvention untersucht.

Als Folgen der "weiträumigen grenzüberschreitenden Luftverschmutzung" gaben das Waldsterben und die Auswirkungen des sauren Regens seit den frühen siebziger Jahren verstärkt Anlaß zu internationalen Umweltkonflikten über die Praxis der Externalisierung von Luftschadstoffen, z.B. durch die Politik der hohen Schornsteine (Breitmeier/Zürn 1990). In den siebziger Jahren wurde im Rahmen von internationalen Organisationen und Verhandlungsforen damit begonnen, die verschiedenen Konflikte im Problemfeld einer internationalen Regelung zuzuführen. Unter dem Dach der UN-Wirtschaftskommission für Europa (ECE) kam die im Jahre 1979 unterzeichnete "Konvention über weiträumige grenzüberschreitende Luftverschmutzung" zustande, die zunächst keine konkreten Maßnahmen zur Reduzierung einzelner Luftschadstoffe vorsah. Im Jahre 1985 folgte ein Protokoll zur Reduzierung der Schwefel- und im Jahr 1988 ein Protokoll zur Begrenzung der Stickstoffemissionen. 1991 wurde schließlich ein Protokoll zur Begrenzung flüchtiger Kohlenwasserstoffe unterzeichnet.

Die politikwissenschaftliche Erforschung des Problemfelds hat schon frühzeitig eine Reihe wichtiger Arbeiten hervorgebracht (Wetstone/Rosencranz 1983 [deutsch 1985]), die sich auf die deskriptive und analytische Erfassung des Politikprozesses und der Umweltaußenpolitik einzelner wichtiger Akteure im Problemfeld (Prittwitz 1984) konzentrierten. Weitere Arbeiten trugen zum Verständnis der politischen Prozesse in diesem Problemfeld bei (Brunnée 1988; Chossudovsky 1988, Flinterman/Kwiatkowska/Lamers 1986, Gehring 1993).

Die Entstehung des globalen Regimes zum Schutz der Ozonschicht hat sich ebenfalls in mehreren Etappen vollzogen. Nach der Wiener Konvention von 1985, die keine konkreten Reduktionsschritte für Fluorchlorkohlenwasserstoffe (FCKW) vorsah, wurde im Montrealer Ozonprotokoll von 1987 erstmals eine Einigung über die schrittweise Reduzierung einiger wichtiger FCKW erzielt. Mit der Londoner Vereinbarung von 1990 wurden diese Regelungen erheblich erweitert und verschärft. Im Lauf des Jahres 1992 einigten sich schließlich die Vertragsstaaten, insbesondere die Hauptproduzenten von FCKW, den Ausstieg aus Produktion und Gebrauch der bisher verregelten ozonzerstörenden Substanzen zeitlich vorzuziehen.

Arbeiten zu diesem Problembereich hat die Umweltpolitikanalyse vor allem seit Mitte der achtziger Jahre hervorgebracht. Diese bezogen sich auf eine Darstellung nationaler Politiken und die begleitende Analyse der laufenden Verhandlungsprozesse während der Entstehung und Weiterentwicklung des Ozonregimes (Benedick 1991; Breitmeier 1992; Brunée 1988; Lang 1988; Roan 1989; Gehring 1993).

Die Bemühungen zur Errichtung eines globalen Regimes zum Schutz des Klimas richteten sich seit Ende der achtziger Jahre zunächst auf die Entwicklung einer globalen Klimakonvention, die auf der UNCED in Rio de Janeiro im Juni 1992 verabschiedet wurde. Es bleibt dem weiteren Verhandlungsprozess überlassen, inwiefern konkrete Regelungen zur Reduzierung der globalen CO_2-Emissionen erzielt werden und somit ein globales Klimaregime errichtet werden kann.

Erste Studien über die Klimaproblematik waren zunächst mit einer Aufarbeitung früherer und laufender Politikprozesse (Breitmeier 1992; Oberthür 1992a) sowie bestehender Konfliktlinien zwischen einzelnen Nationalstaaten befaßt (Fischer 1992; Simonis 1992).

Entstehungsbedingungen internationaler Umweltregime

Die Entstehung eines internationalen Regimes zur Reduzierung der weiträumigen grenzüberschreitenden Luftverschmutzung kann zunächst mit Hilfe des situationsstrukturellen Ansatzes erklärt werden (Schwarzer 1990). Bis Anfang der achtziger Jahre thematisierten vor allem die skandinavischen Staaten, insbesondere Schweden und Norwegen, als Länder mit hohem Schadstoffimport aber geringem Schadstoffexport den Konflikt mit den Hauptexporteuren der Luftverschmutzung. Verschiedene Hauptexporteure wie Großbritannien, die gleichzeitig nur in geringem Maß von Luftschadstoffen anderer Länder betroffen waren, aber auch die Bundesrepublik und andere EG-Staaten wandten sich zunächst vehement gegen konkrete Reduktionsverpflichtungen. Es bestand eine regimehinderliche Rambosituation zuungunsten der skandinavischen Länder. Eine veränderte umweltpolitische Situation trat allerdings mit der verstärkten Schädigung mitteleuropäischer Wälder ein. Die Bewußtwerdung der offensichtlichen Eigenschädigung hat in verschiedenen Ländern eine größere Bereitschaft zur international vereinbarten Reduzierung der Luftverschmutzung und mithin eine Dilemmasituation erzeugt. Zwar sind nach wie vor nicht alle Mitgliedstaaten der ECE-Konvention dem "Sauren-Regen-Regime" beigetreten. Mit der Bildung des 30 % -Clubs von Ottawa (1984), dem Abschluß des Protokolls zur Reduzierung der Schwefeldioxidemissionen (1985) und des Stickstoffprotokolls (1988), das allerdings nur eine Stabilisierung der Emissionen vorsieht, sowie einer Deklaration zur Reduzierung der Stickstoffemissionen (ebenfalls 1988) ist jedoch ein Kernstaatenregime zur Verminderung des sauren Regens entstanden, das von 10 bis 20 Staaten getragen wird.

Eine Dilemmasituation mußte auch überwunden werden, um die Bildung des internationalen Regimes zum Schutz der Ozonschicht zu ermöglichen. Während Staaten wie die USA, die skandinavischen Staaten, Australien usw. schon frühzeitig für eine globale Reduzierung der FCKW-Produktion eintraten, befürchteten verschiedene EG-Staaten und Japan lange Zeit negative wirtschaftliche Auswirkungen auf ihre nationale Chemieindustrie. Unterschiedliche nationale Präferenzen verzögerten somit einen schnelleren FCKW-Ausstieg (Müller 1990). Hier trug starker politischer Druck der USA, einschließlich der Drohung, notfalls ein Importverbot für FCKW-belastete Produkte zu verhängen, entscheidend zum Einlenken der EG-Staaten bei und ermöglichte so den Abschluß des Montrealer Ozonprotokolls von 1987 (Breitmeier 1992).

Eine noch schwierigere Aufgabe stellt sich indessen bei der Überwindung der Rambosituation im Bereich der Klimaproblematik. Eine wichtige Rolle spielt dabei der Gegensatz zwischen den Hauptverursachern (Industriestaaten) und den ärmsten Ländern der Welt, die gemessen am Bevölkerungsanteil bisher unterproportional an den Emissionen beteiligt sind und zugleich aufgrund ihrer geographischen Lage (tiefliegende Inseln, Küstenstaaten) zum Teil die Hauptlasten der Klimaerwärmung zu tragen haben. Er legt den Schluß nahe, daß das "Klimaspiel" von einer asymmetrischen Interdependenz zwischen Verursachern und Betroffenen gekennzeichnet ist (Efinger/Breitmeier 1992: 64).

Für die Erklärung der Regimeentstehung in den geschilderten Fällen kann indessen eine Reihe von weiteren Faktoren herangezogen werden. Die Bildung des Regimes zum Schutz der Ozonschicht wurde durch normativ-institutionelle Faktoren begünstigt. Das UN-Umweltprogramm diente nicht nur als Verhandlungsforum, sondern auch als Koordinierungsstelle für die Verbreitung von Informationen über die Problematik. Die Bemühungen zur Bildung eines globalen Klimaregimes werden ebenfalls durch verschiedene Organisationen wie UNEP, die Weltmeteorologische Organisation (WMO) und andere Gremien innerhalb des VN-Systems unterstützt (Breitmeier 1992).

Auch die Aktivitäten einer Wissensgemeinschaft trugen zur Bildung des Ozonregimes bei. Während der Verhandlungsphase im Jahr 1987 waren Wissenschaftler innerhalb der US-Verhandlungsdelegation und im Sekretariat von UNEP einflußreich vertreten (Benedick 1991; P. Haas 1992b). Die nationalen Bemühungen zur Erweiterung des Wissens über die bevorstehende Klimaveränderung wurden von dem 'Intergovernmental Panel on Climate Change' (IPCC) unterstützt, das 1988 vom UN-Umweltprogramm und der Weltorganisation für Meteorologie (WMO) ins Leben gerufen wurde. Transnationale Umweltorganisationen und Netzwerke haben ebenfalls zur Bildung des Ozonregimes beigetragen. Auch der anhaltende Versuch der Bildung eines globalen Klimaregimes wird insbesondere von vielen transnationalen Akteuren (z.B. Greenpeace) unterstützt. Einflüsse auf der substaatlichen Ebene gaben überdies oftmals den Ausschlag für eine regimefreundliche Haltung von Nationalstaaten. Die Bildung des "Sauren-Regen-Regimes" wurde u.a. dadurch ermöglicht, daß sich in Staaten wie der Bundesrepublik der innenpolitische Druck von Umweltgruppen und Umweltparteien vergrößerte. Ein ähnlicher Befund ergibt sich auch für die veränderte Haltung wichtiger einstiger "Bremserstaaten" bei der Reduzierung von FCKW. Die USA wiederum plädierten für weitere FCKW-Reduzierungen nicht zuletzt deshalb, weil sie über die notwendigen "Kapazitäten" (Ersatzstoffe) verfügten, die ihrer eigenen Chemieindustrie gegenüber anderen europäischen Firmen einen Wettbewerbsvorteil zu versprechen schienen.

Auswirkungen der Umweltregime

Die Errichtung der beiden Umweltregime zur Reduzierung des sauren Regens und zum Schutz der Ozonschicht hat durch die Einhaltung der Normen und Regeln nicht nur zu einer Angleichung der Verhaltenserwartungen der Nationalstaaten geführt. Vielmehr hat das Ozonregime bewirkt, daß auch nationale Wirtschaftszweige, die FCKW-haltige Produkte herstellen, sich relativ schnell auf einen weiteren Ausstieg aus dieser Produktion einstellten und ihre Suche nach Ersatzstoffen intensivierten, ein Beispiel für die indirekte industriepolitische Modernisierungswirkung von Umweltregimen.

Mit dem Montrealer Ozonprotokoll 1987 wurde eine Dynamik eingeleitet, die zu einer Verschärfung bzw. Ausdehnung der Verbotsnormen auf andere Schadstoffe geführt hat. So wurde mit der Londoner Vereinbarung von 1990 nicht nur die Regelungsdichte durch eine Einbeziehung weiterer Schadstoffe erweitert. Durch die Verkürzung der Reduktionsfristen und eine Verschärfung der Reduktionsschritte konnte zudem ein Fortschritt hinsichtlich der Regelungsschärfe erzielt werden. Einige Länder verfolgen sogar noch weitergehende Reduktionsziele bzw. eine schnellere Gangart zur Erreichung ihrer Reduktionsziele. Schließlich wurde durch die Errichtung eines Fonds ein umweltpolitisch motivierter Ressourcentransfer von Nord nach Süd vereinbart. Die Errichtung dieses Fonds ist ein Beispiel dafür, daß und wie Umweltregime zur institutionellen umweltpolitischen Modernisierung des internationalen Systems beitragen können.

Die Dynamik dieser internationalen Umweltregime mag zur Verbesserung ihrer Umweltschutzwirkung beitragen und damit dazu, daß die Errichtung von Regimen nicht als Handlungsersatz für die einzelnen Nationalstaaten dient. Dabei stellen internationale Umweltregime - zumindest am Beginn ihrer Errichtung - unter ökologischen Kriterien eher "schwache" Regime dar. Dies trifft auch für das "Saurer-Regen-Regime" zu, auch wenn seit 1980 eine Reduzierung der Schwefeldioxidemissionen in Europa um ca. 20 % festgestellt werden kann. Für die neunziger Jahre ist allerdings eine weitere Reduzierung dieser Luftschadstoffe zu erwarten (Wettestad/Andresen 1991:75).

Auf der substaatlichen Ebene kann oftmals eine wachsende Bereitschaft zur Weiterentwicklung eines Umweltregimes ausgemacht werden. Im Gegensatz zu den USA hatten zunächst verschiedene EG-Staaten schnellere und weiterreichende Regelungen zur Reduzierung von FCKW zu verhindern versucht. Mittlerweile hat sich allerdings die Haltung wichtiger EG-Staaten grundsätzlich geändert. Ein wesentlicher Grund hierfür ist die hohe Aufmerksamkeit, die das Thema in den jeweiligen EG-Staaten durch die Aktivitäten von Umweltgruppen und Umweltparteien zunehmend erfahren hat. Ob und inwieweit diese Gruppierungen durch das internationale Regime innenpolitisch gestärkt wurden, ist allerdings noch nicht ausreichend geklärt.

Das mit Hilfe der internationalen Regime erzeugte Wissen über die Ursachen und Auswirkungen der Umweltzerstörung trägt ebenfalls oftmals dazu bei, die Bereitschaft der Staaten zur Weiterentwicklung des Regimes zu vergrößern. Das europäische Überwachungssystem EMEP (European Monitoring and Evaluation Programme) konnte in den achtziger Jahren weitere Erkenntnisse über die Verbreitung der grenzüberschreitenden Luftschadstoffe in Europa zur Verfügung stellen. Die Verhandlungen zur Schadstoffreduzierung wurden somit zunehmend von Konflikten über die Größe der jeweiligen nationalen Emissionen befreit (Gehring 1990: 40). Bereits etablierte internationale Umweltregime können darüber hinaus eine Vorbildfunktion für die Regimebildung in benachbarten Problemfeldern ausüben. Die Staatenwelt kann sich bei der Bildung eines globalen Klimaregimes an dem vorhandenen Regime zum Schutz der Ozonschicht orientieren.

3. Internationale Umweltregime als Mechanismen flexibler Steuerung

Multilaterale völkerrechtliche Verträge, Konventionen und mit ihnen zusammenhängende rechtliche Instrumente bilden vielfach den Kern internationaler Umweltregime. Dies gilt etwa sowohl für die globalen Regime zum Schutz der Ozonschicht und des Weltklimas als auch für das regionale Regime über weiträumige grenzüberschreitende Luftverschmutzung sowie für eine Reihe der erwähnten Regime zum Schutz der Meeresumwelt. Lediglich das Nordseeschutzregime beruht auf einer weniger kohärenten formalen Struktur, doch zählen auch zu seinen normativen Grundlagen mehrere völkerrechtliche Konventionen. Damit bilden multilaterale Verträge ein vielgenutztes Mittel der internationalen Umweltpolitik. Dies wirft die Frage nach den Möglichkeiten der Steuerung geeigneter Problemfelder der internationalen Umweltbeziehungen durch internationales Recht auf. Der Regime-Ansatz erlaubt die Untersuchung der Möglichkeiten und Bedingungen tatsächlicher Einwirkung internationaler Normen und Institutionen auf den politischen Prozeß.

Problemfelder der internationalen Umweltbeziehungen sind raschem wissenschaftlich-technologischen Wandel unterworfen. Technische Entwicklungen lassen neue Umweltgefahren entstehen; durch wissenschaftlichen Fortschritt werden bislang unerkannte Umweltgefahren aufgedeckt oder bereits bekannte neu bewertet; und die technologische Entwicklung eröffnet neue Möglichkeiten zur Verringerung oder Vermeidung von Umweltgefahren. Die im Zuge der Errichtung eines internationalen Regimes ergriffenen Maßnahmen reichen deshalb in der Regel nicht aus, um den Schutz des betroffenen Umweltgutes auf Dauer sicherzustellen. Die ständige Anpassung der Regime-Normen an geänderte Rahmenbedingungen wird damit zu einem selbständigen Regelungsziel.

Wie die vorangegangenen Abschnitte zeigen, sind Problemfelder der internationalen Umweltbeziehungen zunächst vielfach gar nicht durch Dilemma-Situationen, sondern durch Rambo-Situationen gekennzeichnet. Im typischen Fall solcher Interessenkonstellationen ist die eine Gruppe von Akteuren bereit, wirksame (und damit in der Regel kostenträchtige) Maßnahmen zu ergreifen - und ergreift solche Maßnahmen oft bereits einseitig. Die andere Gruppe weigert sich dagegen, aktiv zu werden. Dies gilt nicht nur für die klassische Ober/Unterlieger-Problematik, sondern auch für Fälle des Schutzes vermeintlich gemeinsamer Umweltgüter (z.B. Ozonschicht, Weltklima) oder für komplexe Interdependenzen grenzüberschreitender Umweltverschmutzung (z.B. Saurer Regen). Solche Situationen bergen zunächst wenig Spielraum für Kooperation im gemeinsamen Interesse der Akteure; sie sind blockiert. Zu einer weiteren wichtigen Aufgabe internationaler Umweltregime wird damit die zielgerichtete Einflußnahme auf unkooperative oder noch nicht ausreichend kooperative Akteure.

Die Umweltregime-Forschung hat daher auch die Frage zu untersuchen, ob und auf welche Weise internationale Regime Einfluß auf den Prozeß der Bildung und Veränderung der Interessen der beteiligten Akteure nehmen können. Dabei spielen Normen als zeitlich andauernde (stabilisierte) und über den Einzelfall hinaus verallgemeinerte (generalisierte) Verhaltenserwartungen eine wichtige Rolle. Sie selbst können jedoch jenseits bestehender Dilemma-Situationen nur in sehr begrenztem Maße zur zielgerichteten Einflußnahme auf das Verhalten der Akteure ('social engineering') eingesetzt werden. Wirksame Normen müssen im Regelfall eng an der bestehenden Macht- und Interessenlage orientiert sein, da im internationalen System eine dem Staat vergleichbare Instanz zur Durchsetzung von Normen nicht (oder nur in sehr beschränktem Ausmaß) existiert. Aber der Prozeß der Normbildung beinhaltet stets ein Element des Wandels einer bestehenden Situation durch Bildung neuer Normen. Ein Zweig der Regime-Forschung betont deshalb die - für den Umweltbereich besonders wichtige - *Prozeßdimension* internationaler Regime (Young 1983: 277-281; Gehring 1993).

Normbildung ist der Prozeß der Schaffung eines Konsenses beteiligter Akteure über gemeinsame Verhaltenserwartungen. Sie ist ohne Kommunikation zwischen diesen Akteuren nicht denkbar. Damit wird Kommunikation über Normen als Prozeß der Stabilisierung und Generalisierung normativer Erwartungen zu einem eigenständigen Element internationaler Umweltregime neben den Ergebnissen dieses Prozesses, d.h. den anerkannten und umgesetzten Normen. Moderne Umweltregime zeigen dies deutlich in ihrer Organisationsstruktur. Sie umfassen durchweg regelmäßig tagende Konferenzen der Mitgliedstaaten, in denen - einschließlich einer Vielzahl von Unter- und Arbeitsausschüssen - ein ständiger Prozeß der Konsensbildung über Normen stattfindet. Die Errichtung solcher Kommunikationsprozesse kann, wie etwa in einigen Fällen des Meeresschutzes, mit der Annahme erster substantieller Normen zusammenfallen. In Problemfeldern, die durch eine stark kooperationsunfreundliche Interessenstruktur geprägt sind, ist die Einrichtung von Kommunikationsprozessen jedoch selbst ein wichtiger erster Schritt zur Vorbereitung einer durchgreifenden gemeinsamen Umweltpolitik. Eine Reihe wichtiger Umweltregime, etwa in den Bereichen Schutz der Ozonschicht, Schutz des Weltklimas und Saurer Regen, umfaßten deshalb zunächst lediglich Rahmenkonventionen, deren Hauptaufgabe die Institutionalisierung dauerhafter Prozesse der Kommunikation über Normen war. Ihre Bezeichnung als "Quasiregime" (Prittwitz 1989: 241-242) scheint die hohe Bedeutung des Normbildungsprozesses zu unter- und den Einfluß der (noch fehlenden) Normen selbst zu überschätzen. Später angenommene und in separaten Protokollen kodifizierte Normen, die von den beteiligten Akteuren substantielle Verhaltensänderungen -

etwa Emissionsminderungen - verlangten, waren Ergebnisse des zuvor errichteten ständigen Normbildungsprozesses.

Andauernde Verhandlungen über Normen in einem Problemfeld stellen keine hinreichende Bedingung für erfolgreiche internationale Umweltpolitik dar. Doch können internationale Umweltregime mit dem Ziel angelegt werden, zunächst nicht vorhandene Spielräume für Kooperation zu eröffnen und bestmöglich zu nutzen. Dies kann auf drei Ebenen geschehen (Gehring 1990, 1993).

(1) Umweltpolitische Maßnahmen hängen wesentlich von wissenschaftlichen Erkenntnissen über Umweltgefahren und von der Existenz sozial und ökonomisch verträglicher Alternativstoffe oder -verfahren ab. Umweltpolitische Verhandlungen sind deshalb oft von der Auseinandersetzung über die sachlichen Notwendigkeiten und Möglichkeiten bestimmter Maßnahmen geprägt. Internationale Umweltregime umfassen in der Regel umfangreiche Mechanismen zur Schaffung einer gemeinsamen wissenschaftlich-technologischen Informationsbasis der beteiligten Akteure. So gehen den politischen Verhandlungsrunden über Verhaltensnormen im Rahmen des Regimes zum Schutz der Ozonschicht regelmäßig Expertenrunden voraus, die sowohl die wissenschaftlichen Erkenntnisse hinsichtlich der Zerstörung der Ozonschicht als auch technologische Fortschritte auf dem Feld ozon-freundlicher Ersatzstoffe und -verfahren bewerten. Eine ähnliche Rolle übernahm das Intergovernmental Panel on Climate Change (IPCC) zur Vorbereitung der politischen Verhandlungen über ein Regime zum Schutz des Weltklimas.
Eine veränderte Informationslage kann zur Wandlung einer vorherrschenden Interessenkonstellation beitragen und damit die Erfolgsaussichten politischer Verhandlungen über Normen entscheidend beeinflussen. Dieser Prozeß kann im Rahmen internationaler Umweltregime gesteuert werden, indem die Informationslage durch Normsetzung gezielt beeinflußt wird. So verpflichten die Normen des Regimes zum Schutz der Ozonschicht die Vertragsstaaten, zuvor geheimgehaltene Daten über Produktions- und Emissionsmengen ozongefährdender Stoffe zugänglich zu machen. Im Rahmen des Regimes über weiträumige grenz-

überschreitende Luftverschmutzung ist sogar ein umfangreiches Meß- und Überwachungssystem eingerichtet worden, das Daten über das Ausmaß und die Herkunft grenzüberschreitender Luftverschmutzung liefert.
Über die Schließung bestehender Informationslücken hinaus können internationale Regime erfolgversprechende technologische Entwicklungen fördern und damit die umwelttechnische und -politische Modernisierung vorantreiben. So sollen die langfristig angelegten und stufenweisen Verpflichtungen zur Reduktion von Emissionen ozonzerstörender Stoffe und die Empfehlungen zur Begrenzung der Verwendung ebenfalls problematischer Ersatzstoffe im Rahmen des Ozonschutzregimes betroffenen Industriebranchen Signale über künftig zu erwartende Marktchancen umweltverträglicherer Produkte und Verfahren übermitteln. Sie richten sich nicht nur an die vertragschließenden Staaten, sondern gerade auch an relevante nicht-staatliche Akteure und umfassen damit eine transnationale Einflußrichtung.
Ziel solcher Normen ist stets die Steuerung des Prozesses der Interessenbildung, um die Ausgangslage für folgende Runden der Verhandlungen zu verbessern. Während das Konzept der "epistemic communities" (P. Haas 1990, 1992a) die Möglichkeiten der Beeinflussung politischer Prozesse durch nicht-staatliche Erkenntnisgemeinschaften untersucht, thematisiert die Regime-Forschung damit den umgekehrten Fall: die Beeinflussung dezentraler Erkenntnis- und Wirtschaftsprozesse durch internationale Regime.

(2) Auf der Basis gemeinsam anerkannter Informationen über die Notwendigkeit sowie die Möglichkeiten gezielten Handelns müssen Entscheidungen über Maßnahmen getroffen und Normen gesetzt werden. Die Annahme neuer Entscheidungen ist nur zu erwarten, wenn sich zuvor die vorherrschende Interessenkonstellation geändert hat. Dann aber tragen internationale Umweltregime zur Beschleunigung des Normbildungsprozesses bei und verhindern die Erstarrung einmal angenommener Normen. Bereits die Institutionalisierung dauerhafter Verhandlungsprozesse senkt die Schwelle für die Vorlage neuer Vorschläge und Initiativen durch

einzelne Akteure. Die Normen internationaler Umweltregime sehen aber vielfach selbst eine regelmäßige Überprüfung und mögliche Neuverhandlung getroffener Maßnahmen vor oder legen bereits Verhandlungspflichten für die Zukunft fest. Dies gilt etwa für das Montrealer Protokoll zum Schutz der Ozonschicht. Das NOx-Protokoll im Rahmen des Regimes über weiträumige grenzüberschreitende Luftverschmutzung wird von den vertragschließenden Parteien ausdrücklich nur als erster Schritt der Zusammenarbeit angesehen und enthält die Verpflichtung zu weiteren Verhandlungen in festgesetzten Zeiträumen.
Die Normen internationaler Umweltregime, die umweltpolitische Maßnahmen betreffen, sind also gerade nicht auf lange Dauer angelegt. Sie sind im Gegenteil lediglich das zeitweilig gültige Zwischenergebnis eines fortdauernden Normbildungsprozesses. Ihre Ersetzung ist erwünscht, sobald neuer Spielraum für zusätzliche kooperative Maßnahmen entsteht. An der Organisationsstruktur internationaler Umweltregime ist dies deutlich zu erkennen. Regimen der frühen 1970er Jahre (etwa MARPOL, Ostseeschutz) liegen oft eine stabile Rahmenkonvention einerseits und dazugehörige flexible, leicht änderbare Annexe, die konkrete Maßnahmen enthalten, andererseits zugrunde. Spätere Regime umfassen Rahmenkonventionen und Protokolle. Dieses Modell erlaubt eine noch flexiblere Nutzung aller Spielräume für gemeinsames umweltpolitisches Handeln (zur Flexibilisierung internationaler Umweltabkommen vgl. Sand 1990), weil nicht jedes Regime-Mitglied notwendig jedes Protokoll akzeptieren muß. So unterscheiden sich die Vertragsgemeinschaften der verschiedenen Protokolle des Regimes über weiträumige grenzüberschreitende Luftverschmutzung erheblich voneinander.

(3) Die Steuerung gesellschaftlicher Prozesse durch Normen, seien sie noch so kurzlebig und flexibel, setzt voraus, daß diese Normen weitgehend eingehalten werden. Häufig gebrochene Normen üben nicht nur offensichtlich keinen Einfluß auf Normbrecher aus, sie verlieren auch für andere Akteure ihre Orientierungsfunktion. Wenngleich die Normen internationaler Umweltregime sich eng an die jeweils vorherrschende Macht- und Interessen-

struktur anlehnen, so bedürfen sie doch der Stabilisierung im Falle drohender oder tatsächlicher Übertretung. Dauerhaft institutionalisierte Kommunikationsprozesse können dazu beitragen, indem sie die öffentliche Thematisierung von Normübertretungen sowie gemeinsame und koordinierte Reaktionen der Regimeteilnehmer erlauben. Diese Reaktionen müssen nicht in einer Sanktionierung bestehen, sie können auch etwa zu einer Modifizierung der geltenden Normen oder zu kontrollierten Ausnahmeregelungen führen. Schon die Existenz ständiger organisierter Kommunikationsprozesse erschwert die im internationalen Recht verbreitete Eigeninterpretation von Normen durch interessierte Akteure. Einige internationale Regime, etwa das Regime zum Schutz der Ozonschicht und das kürzlich errichtete Klimaschutzregime, umfassen darüber hinaus detaillierte Verfahren zur Behandlung von Beschwerden über die Nichteinhaltung geltender Normen (Gehring 1990: 50-54).

Internationale Umweltregime können als Institutionen zur Steuerung begrenzter Problemfelder der internationalen Umweltbeziehungen analysiert werden. Aufgabe solcher Institutionen ist nur zu einem Teil die Umsetzung möglicher und die Stabilisierung bereits bestehender internationaler Zusammenarbeit zum Schutz der Umwelt. Sie dienen darüber hinaus der Eröffnung und Erweiterung von Spielräumen für kooperatives Verhalten der Akteure sowie der ständigen Anpassung geltender Normen an sich wandelnde Bedingungen. Internationale Umweltregime dieses Typs werden als "evolutionär" (List 1990:102-104) oder "dynamisch" (Gehring 1990, 1993) bezeichnet, weil sie eine schrittweise Entwicklung der internationalen Kooperation in einem gegebenen Problemfeld erlauben (Lang 1984: 283). Ihre substantiellen Normen unterliegen einer andauernden Überprüfung und sind selbst überaus flexibel. Dagegen sind die Prozesse der Verhandlungen und Entscheidungen über Normen, d.h. die Verfahrenskomponenten der Regime vergleichsweise stabil institutionalisiert. Insoweit diese Entwicklung durch die institutionelle Ausgestaltung internationaler Umweltregime beeinflußt werden kann, rückt die Frage des geeigneten Regimedesigns in das Blickfeld der Regimeanalyse (Young 1989: 216-236).

4. Die Modernisierungswirkung internationaler Umweltregime

Dieser Beitrag über internationale Umweltregime hat gezeigt, daß in den internationalen Beziehungen durchaus auf die verstärkt auftretenden grenzüberschreitenden Umweltprobleme reagiert wird. Wohl noch nie war auf der internationalen Ebene ein solcher Verregelungs- und Institutionalisierungsschub zu beobachten wie in der internationalen Umweltpolitik in den letzten zwanzig Jahren. In doppelter Hinsicht kann hierin ein Beitrag zur ökologischen und politischen Modernisierung gesehen werden.

Zum einen stellt die Etablierung internationaler Umweltregime einen Beitrag zur *umweltpolitischen Modernisierung des internationalen Systems* dar. Die Errichtung internationaler Regime schafft die Voraussetzung für Kooperation und erhöht damit die Reaktionskapazität des Staatensystems angesichts umweltpolitischer Herausforderungen, ohne das internationale System in einen Weltstaat zu transformieren und ohne damit Weltinnenpolitik im anspruchsvollen Sinne schon zu ermöglichen. Wesentliche weitere Schritte der politischen Modernisierung auf internationaler Ebene betreffen die erstmalige Etablierung eines Nord-Süd-Ausgleichsfonds unter dem Druck globaler ökologischer Interdependenz im Bereich des Ozonschutzes sowie die zunehmende Öffnung der Gremien zwischenstaatlicher Umweltregime für Vertreter transnationaler Umweltbewegungen, die zumindest Beobachterstatus erlangen. Die internationale Umweltpolitik tritt damit aus der Phase der "Geheimdiplomatie" in die der interaktiv-demokratischen Umweltaußenpolitik ein. Dies ist besonders wichtig, stellt doch die breite Bereitschaft zu umweltpolitischem Engagement eine der wichtigsten Ressourcen (Kapazitäten) nationaler und internationaler Umweltpolitik dar.

Internationale Umweltregime haben darüber hinaus eine *indirekte Modernisierungswirkung*. Sie umfaßt zum einen den Staatsapparat. Regime können die Etablierung bzw. Stärkung umweltpolitisch orientierter Teile der Verwaltung zur Folge haben. Zum zweiten betrifft die indirekte Modernisierungswirkung die Industrie. Von international gesetzten Standards kann ein Druck auf die bzw. eine Förderung der

Entwicklung von umweltfreundlichen Produktionstechniken und Produkten ausgehen. Schließlich werden Regime wiederum für nationale und transnationale Umweltbewegungen zum Kristallisationspunkt ihrer Aktivität, und die den Regimen zugrundeliegenden Prinzipien (etwa: Vorsorge) und Normen werden zum Bezugspunkt ihres Drucks im Sinne des Einklagens längst vereinbarter Zielvorstellungen.

Dies alles kann jedoch nicht darüber hinwegtäuschen, daß die Wirkung internationaler Umweltregime in der Sache, gemessen am Zustand der Umwelt, bisher vielfach begrenzt war. Der Vorwurf des symbolischen Gebrauchs von Politik, der bei heftiger Scheinaktivität in der Sache nichts oder wenig bewirkt, wird immer wieder erhoben. Tatsächlich zeigen sich hier die Grenzen der ökologischen Modernisierung von transnational verbreiteten umweltschädlichen Produktions- und Konsumptionsmustern durch die internationale Kooperation im Rahmen von Regimen. Die Errichtung von Regimen und die erfolgreiche Umsetzung ihrer Verhaltensvorschriften in die Tat hat einen Wandel der Einstellung zur umweltzerstörenden Lebensweise in weit größerem Maße zur Voraussetzung als er zu ihm beitragen kann.

Die Politik globaler Güter

Volker von Prittwitz/Klaus Dieter Wolf

1. Die Problematik der globalen Güter

Globale Güter wie die Weltmeere oder die Erdatmosphäre galten lange Zeit als im strikten Sinne öffentliche Güter: als für jeden zugänglich, nicht knapp und daher ohne Nutzungsrivalität. Solange dies so war, ergab sich kein Nutzungsproblem; dementsprechend waren diese Güter auch nicht Gegenstand einer problembezogenen öffentlichen Politik. Inzwischen haben sich Nutzungsrivalitäten bezüglich einzelner globaler Güter, beispielsweise des Antarktis-Shelf, der globalen Artenvielfalt, der stratosphärischen Ozonschicht und des Weltklimas gebildet, die zu einer Schädigung der jeweiligen Güter geführt haben oder aller Voraussicht nach führen werden, wenn der Schädigung nicht ausreichend rasch und tiefgehend entgegengesteuert wird. Globale Güter werden damit zumindest potentiell zum Gegenstand einer politischen Erhaltungs-Problematik.[1]

Die praktisch-politische Wahrnehmung dieser Problematik hängt nicht allein vom auftretenden Problemlösungsbedarf ("Problemdruck"), sondern auch von den Lösungsoptionen und den Handlungskapazitäten der Wahrnehmenden ab.[2] Es empfiehlt sich daher, die Problematik globaler Güter in einer Kombination von Problem- und Lösungsaspekten zu diskutieren. Wir tun dies im folgenden anhand der besonderen Barrieren, die die Erfolgsträchtigkeit herkömmlicher Lösungsoptionen der Problematik gemeinsamer Güter in globalem

---

1 Untersuchungen zur Politik globaler Güter richteten sich auch auf Verteilungsfragen per se (siehe hierzu z. B. Wolf 1991). Wir beschränken uns im folgenden auf die Problematik der Erhaltung globaler Güter.

2 Die vollständige Herleitung problemorientierten Handelns aus einem als gegeben angenommenen Problemlösungsbedarf ist ein funktionalistischer Zirkelschluß, dessen Fragwürdigkeit gerade in bezug auf Umweltpolitik zunehmend deutlich wird. Siehe hierzu Prittwitz 1990, 1993 (in diesem Band); Jänicke 1990; Beck 1991.

Rahmen behindern. Dabei handelt es sich um die besonderen Schwierigkeiten zentralstaatlicher Intervention und der Vergabe von Eigentumsrechten, die besonderen Anwendungsprobleme des kommunitarischen und des kapazitätsorientierten Lösungsansatzes. Im Schlußabschnitt dieses Kapitels befassen wir uns mit Elementen der Problematik globaler Güter, die wir noch am ehesten als Grundlage von Lösungsstrategien sehen.

1.1 Fiktion Weltstaat

Die sogenannte Allmende- oder Kollektivgüter-Problematik, die drohende Zerstörung gemeinsamer Güter durch lediglich an individueller Rationalität orientiertes Handeln der Beteiligten (Hardin 1968), scheint zunächst durch den Eingriff einer *außenstehenden Interventionsinstanz*, kurz, des Staates, bewältigt werden zu können: Sind die Beteiligten nicht dazu in der Lage, ein kollektives Gut pfleglich zu nutzen, so werden sie durch Staatseingriff dazu veranlaßt (Pigou 1920/1952; Opschoor und Vos 1989) - eine Lösungsoption, die a) das Vorhandensein bzw. die Etablierbarkeit einer übergeordneten Instanz, b) die praktische Durchsetzungsfähigkeit und Wirksamkeit entsprechenden staatlichen Handelns voraussetzt. Beides sind Voraussetzungen, die auf globaler Ebene in der Regel nicht oder nur bruchstückhaft angenommen werden können: Eine anerkannte globale Interventionseinrichtung zum Schutz globaler Güter bestand in der Vergangenheit nicht. Auch gegenwärtig kann - trotz der insbesondere von deutscher und skandinavischer Seite initiierten Diskussion über eine wachsende umweltpolitische Rolle der Vereinten Nationen (Stichwort "Grünhelme") - nicht die Rede davon sein, daß ein auch nur ähnlicher Regelungszustand wie im intranationalen Rahmen funktionierender Nationalstaaten bestünde. Die beteiligten Akteure globaler Umweltpolitik stehen sich grundsätzlich nach wie vor mit jeweiligem Souveränitätsanspruch gegenüber. Gerade unter Umweltgesichtspunkten ist die Steuerungswirkung globaler Regelungen an die freiwillige Selbstbindung derer angewiesen, die ihr Verhalten bestimmten Regeln unterwerfen sollen.

Selbst im Falle einer wider alles Erwarten entstehenden globalstaatlichen Interventionsinstanz würden entsprechende Handlungsprogramme durch die besonders weite institutionelle Entfernung der globalen Entscheidungs- von der regionalen und lokalen Implementationsebene relativiert. Es ist demnach anzunehmen, daß das praktisch zustandekommende Umwelthandeln und Umweltverhalten selbst im konstruierten Fall einer "Umwelt-Weltregierung" in hohem Maß durch Einflußfaktoren auf regionaler, nationaler und lokaler Ebene geprägt würde.

1.2 Grenzen ökonomischer Internalisierung durch private Eigentumsrechte

Als noch "widerspenstiger" erweist sich die Problematik globaler Güter in bezug auf einen Lösungsansatz, der auf die von R.H. Coase angestoßene "Property-Rights-Debatte" zurückgeht. Coase stellte in seinem Aufsatz "The Problem of Social Cost" (1960) dar, daß die Kollektivgüter-Problematik nicht unbedingt den Eingriff einer außenstehenden Interventionsinstanz voraussetzt. Externe Effekte werden nach Coase vielmehr im Zuge freiwilliger Verhandlungen der Beteiligten effizient internalisiert, wenn ein System vollständig definierter Eigentumsrechte in bezug auf ein kollektives Gut besteht und die Verhandlungen ohne Transaktionskosten geführt werden können. Generell ist dementsprechend anzunehmen, daß sich Kollektive-Güter-Probleme lösen lassen, wenn sich Eigentumsrechte an dem Gut spezifizieren lassen und diese Rechte bei geringen Transaktionskosten (z.B. Informations- bzw. Kommunikationskosten) handelbar sind. Kommt es zu keiner Verhandlungslösung, so weil keine Eigentumsrechte an dem Gut spezifiziert sind und/oder die Transaktionskosten von Verhandlungen darüber höher liegen als die Effizienzgewinne, die durch Verhandlungen realisiert werden können (Weimann 1991: 268).

Diese Lösungsoption einer ökonomischen Internalisierung könnte grundsätzlich auch auf die Problematik globaler Güter angewandt werden. Daß eine solche Option wirklichkeitsfern ist, zeigt sich aber an ihren impliziten Voraussetzungen: Es müßte ein weltweites System von Eigentumsrechten an zur Debatte stehenden globalen Gütern etabliert werden und die Transaktionskosten bei entstehenden Verhandlungen müßten gering sein. Angesichts des Auseinanderfallens der "Weltgesellschaft" in arme und relativ reiche Länder mit diametral unterschiedlichen technischen, ökonomischen und sozialen Kapazitätsbedingungenen, angesichts mangelnder Transparenz und enorm hoher Transaktionskosten beispielsweise für die Etablierung eines globalen Systems globaler Umweltzertifikate muß aber schlicht festgestellt werden: Beide Bedingungen sind nicht gegeben.

1.3 Anwendungsprobleme des kommunitarischen Lösungsansatzes

Während es in der früheren Diskussion von Kollektive-Güter-Problemen um die generelle Möglichkeit einer Lösung ging, ist die von Elinor Ostrom (1990, 1992), Margareth McKean (1992), Michael Taylor, Sara Singleton (1992) und anderen geführte "Common-Pool-Resources"-Diskussion auf die Frage gerichtet, warum bestimmte Gemeinsame-Ressourcen-Probleme relativ gut und andere nur schlecht oder überhaupt nicht bewältigt werden. Als Ergebnis einer interregional vergleichenden Studie von "Common-Pool-Resources"-Dilemmata stellt Elinor Ostrom (1990) acht charakteristische Voraussetzungen erfolgreichen Kollektivgut-Managements fest:

1) klar definierte Grenzen der Nutzergruppe und des gemeinsamen Gutes,
2) an die lokalen Bedingungen angepaßte Benutzerregeln,
3) breite Partizipationsmöglichkeit der Nutzer u.a.,
4) durch die Nutzer oder von ihnen autorisierte Stellen selbst durchgeführte Datenerhebung und Kontrolle,
5) abgestufte Sanktionen,
6) geringe Transaktionskosten,
7) Selbstorganisationsrechte der Nutzer ohne Eingriff externer Behörden,
8) in komplexeren Fällen: Mehrebenig vernetzte Organisationsformen.

Margareth Mc Kean (1992) wie auch Sarah Singleton und Michael Taylor (1992) kommen zu ähnlichen Ergebnissen, heben jedoch die

Bedeutung von *"Communities"*, das heißt sozialer Komplexe mit a) wechselseitiger Verletzbarkeit durch die Schädigung eines Gutes, b) Gemeinschaftsgeist, als Voraussetzung für die Lösung solcher Probleme hervor. Die Autorengruppe um Ostrom grenzte ihren Forschungsbereich der "Common-Pool-Resources" zunächst strikt von anderen Bereichen der Problematik öffentlicher Güter ab. Als "kollektive Güter" bezeichnet etwa Margareth McKean (1992) ausschließlich Güter in einem begrenzten regionalen Raum, in bezug auf die kommunikativ austragbare Nutzungsrivalitäten zwischen den Beteiligten bestehen. Sie schließt explizit "unowned goods" (Güter ohne Besitz, "res nullius") und Güter in allgemein gesellschaftlichem oder staatlichem Besitz aus ihrer Betrachtung aus. Globale Güter haben nun aber häufig den Charakter einer "res nullius" (ohne jeden Besitztitel) oder eines Gutes, das in öffentlichem Besitz und nicht in der Verfügungsgewalt einer relativ kleinen "community" ist. Bestimmte von den Autoren der "Common-Pool-Resources"-Diskussion angegebene Grundvoraussetzungen einer Kommunalisierung sind damit im Fall globaler Güter nicht gegeben, sodaß eine einfache Übertragung etwa der Ostromschen Lösungskriterien auf diese Problematik nicht sinnvoll erscheint.

Dennoch stellt sich die Frage, inwieweit in bezug auf globale Güter ähnliche Strukturbedingungen wie in Fällen erfolgreichen "Common-Pool-Resources"-Managements vorliegen.[3] Während sich die Problematik globaler Güter bezüglich der räumlichen Größe der zu managenden Ressource offensichtlich stark von "Common-Pool-Resources"-Problemen unterscheidet, sind hinsichtlich der Zahl der im Entscheidungsprozeß beteiligten Akteure ähnliche Bedingungen möglich - siehe etwa die Regulierung von Fluorchlorkohlenwasserstoffen (FCKW), die nur in einer beschränkten Zahl von Industrieländern produziert werden.

Die Symmetrie der Verletzbarkeit der Beteiligten - eine wichtige Voraussetzung der Lösung von "Common-Pool-Resources"-Proble-

3 Siehe hierzu auch Martin 1992, die allerdings nicht speziell auf die Problematik globaler Güter abhebt, sondern lediglich die Forschungsansätze der "Common-Pool-Resources" und der neofunktionalistischen Analyse internationaler Kooperation (insbesondere Keohane 1984) gegenüberstellt.

men - erscheint bei Problemen globaler Güter auf den ersten Blick selbstverständlich: Nach der Bezeichnung "Globale Güter" zu schließen, werden Resourcen verbraucht oder geschädigt, die allen Menschen zugute kommen. Auch insoweit wäre davon auszugehen, daß problemorientierte Kooperation relativ leicht zustandekommt. Bei einer genaueren Analyse einzelner Fälle, beispielsweise der Klimaschutz-Problematik (Oberthür 1992a), zeigt sich allerdings, daß aufgrund ungleich großer Vermeidungskapazitäten im Weltmaßstab praktisch doch asymmetrische Betroffenenstrukturen bestehen. Zudem kompliziert sich die Beurteilung der Problematik im Fall der Klimaproblematik dadurch, daß unterschiedliche Maßstäbe der Betroffenheitsbewertung zwischen den Beteiligten eine große Rolle spielen. (Oberthür 1992a; Simonis 1992; Fischer 1992)

Der "Community"-Ansatz der "Common-Pool-Resources"-Diskussion gibt also zwar wichtige Anregungen für mögliche Lösungsperspektiven; seine Überprüfung im Einzelfall verweist aber doch auf spezifische Akteurskonstellationen und sonstige Randbedingungen der Problematik der globalen Güter, die nicht als "Community"-typisch betrachtet werden können, sondern eine eigenständige Betrachtung erfordern.

1.4 Grenzen des kapazitätstheoretischen Ansatzes: Die ökologische Entwicklungsfalle

Eine in der praktischen Politik globaler Güter besonders einflußreiche Lösungsoption ergibt sich aus dem *kapazitätstheoretischen Ansatz* der Umweltpolitikanalyse (Inglehart 1977; Prittwitz 1990; Jänicke 1990). Umweltpolitik entwickelt sich demnach nicht als zwangsläufiger Reflex der sich verschlechternden Umweltsituation, sondern nur bei ausreichender sozioökonomischer, technischer und politisch-institutioneller Handlungskapazität der Beteiligten, durch die bestehende Umweltprobleme wahrgenommen werden können. Umweltpolitisches Handeln ist demnach vor allem dann zu erwarten, wenn die sozioökonomischen Primärbedürfnisse gedeckt sind und politisch-institutionelle Bedingungen vitaler Demokratie bestehen. Dadurch kann es unter Umständen bei niedriger bzw. sinkender Umweltbelastung zu wachsendem Umweltbewußtsein und bei starker Umweltbelastung zu Problemverdrängung kommen, einer Problem-Wahrnehmungs-Relation, die als "Katastrophenparadox" gefaßt worden ist (Prittwitz 1990).

Als Handlungsperspektive ergibt sich aus diesem Erklärungsansatz die globale Verstärkung umweltpolitischer Handlungskapazität - eine Lösungsperspektive, die etwa im Zuge der UNCED-Konferenz in Rio de Janeiro gerade seitens der südlichen Länder vertreten worden ist. Die entscheidenden Schlußfolgerungen aus diesem Ansatz wären der Beginn einer ernsthaften Strategie des ökonomischen und technischen Ressourcenflusses von den entwickelten Industriestaaten in die Länder nachholender Entwicklung sowie die Durchsetzung des institutionellen Musters vitaler Demokratie mit den Elementen Liberalität, Willensrepräsentation, Partizipation, und Öffentlichkeit.

Wird eine solche Strategie ausschließlich nach den Kapazitätsmaßstäben der hochindustrialisiert-modernen Länder verfolgt, so führt sie allerdings in ein schwerwiegendes Folgeproblem: Angesichts der bereits heute bestehenden ökologischen Gesamtbelastung und Überlastung der Erde (Meadows 1972, 1992; Global 2000; Enquete-Kommission 1990) würde die globale Ausbreitung von Produktions- und Konsummustern der hochindustrialisierten Länder voraussichtlich zu einem globalen ökologischen Zusammenbruch führen (Simonis 1990b; Marmora 1992). Die Konzeption einer positiven Verkoppelung von Ökonomie und Ökologie, die innerhalb einer Gesellschaft reflexiver Modernisierung perspektivreich erscheint, führt also in globalem Maßstab in eine Entwicklungsfalle mit möglicherweise verheerenden zivilisatorischen Auswirkungen.

Genau an diesem Punkt beginnt eine - bereits zugespitzte geführte - Verteilungsdiskussion zwischen Nord und Süd um die Frage, wieweit die reichen Gesellschaften, die bisher das ökologische Konto der Erde überbelastet haben, den armen Gesellschaften, die nun ihren berechtigten Teil am globalen Wohlstand erringen möchten, um zivilisatorischer Schutzziele willen ökonomische Entwicklungschancen nehmen wollen.

1.5 Problematik ohne Ausweg?

Die Problematik globaler Güter weist, im Überblick betrachtet, gegenüber allen dargestellten Handlungsoptionen Lösungsbarrieren auf: Die Konzeption einer globalen Interventions- und Steuerungsinstanz in Umweltangelegenheiten ist weit von einer Realisierungsmöglichkeit entfernt. Selbst bei Annahme der Realisierbarkeit einer globalstaatlichen Umweltinstanz wäre nicht die Problematik der besonders großen institutionellen Entfernung zwischen Entscheidungs- und Umsetzungsebene bewältigt. Konzepte einer ökonomischen Internalisierung über die Vergabe von Eigentumstiteln (private enclosure) sind angesichts der tiefen Strukturunterschiede zwischen Nord und Süd besonders weit von einer Anwendbarkeit auf globaler Ebene entfernt. Bestimmte Lösungsvoraussetzungen des Community-Ansatzes, so räumliche Begrenztheit und Wechselseitigkeit von Interessenstrukturen, gelten für viele globale Güter nicht. Die Konzeption der ökonomisch-technischen und politisch-institutionellen Kapazitätssteigerung schließlich führt im globalen Rahmen in unauflösbar erscheinende politische Widersprüche eines Verteilungskonflikts zwischen reichen und armen Ländern.

Ist die Problematik der globalen Güter angesichts dessen grundsätzlich nicht zu bewältigen? Bewahrheitet sich die Hardinsche Formel der "Tragedy of the Commons" auf globaler Ebene? Einer solchen Sicht der unvermeidbaren Katastrophe kann zunächst das Vertrauen auf den Willen zur Selbsterhaltung der Menschheit entgegengesetzt werden. So übt das "Ökologiedilemma" nach Senghaas (1991) einen Kooperationszwang aus, weil eine Nutzung der Umwelt "nach der Logik individueller Nutzensteigerung zu deren Zerstörung führt, während ein langfristig kalkuliertes kollektives Interesse gemeinsame Schutzmaßnahmen für einen nachhaltigen und pfleglichen Umgang mit eben diesen Interessen gebietet" (Senghaas 1991: 5). Hieran knüpfen sich zwei Hoffnungen: "Zum einen die ... auf eine sich verbreitende Einsicht in die abträglichen Langzeitwirkungen kurzsichtigen individuell-nutzenmaximierenden Verhaltens; zum anderen die ..., daß sich solche Einsicht in entsprechende internationale Regelwerke (Regime) übersetzen wird, die individuelles Verhalten an gemeinsam verabredeten Normen ausrichten und für alle einen langfristig kalkulierbaren nachhaltigen Nutzen versprechen. Die Bereitschaft, sich in internationale Regelwerke einzuordnen, sollte bestmöglich in einem solchen nüchternen, sich durch einen weiten Zeithorizont auszeichnenden Interessenkalkül begründet sein" (ebda: 17).

Wir sehen angesichts der dargestellten besonderen Lösungsschwierigkeiten der Problematik globaler Güter keinen praktisch folgenreichen Kooperationszwang, aber auch keine Automatik einer globalen Umweltkatastrophe als gegeben an. Wie sich anhand der inzwischen zustandegekommenen Politik zum Schutz der stratosphärischen Ozonschicht (Benedick 1991; Oberthür 1992b) zeigt, kann unter bestimmten Bedingungen gezielt zum Schutz globaler Güter gehandelt werden. Von besonderer Bedeutung erscheinen uns dabei institutionelle Arrangegements zur Förderung von Verhandlungsprozessen der Beteiligten und kapazitätstheoretisch begründete Handlungsoptionen, letzteres allerdings anhand eines quantitative Kapazitätsvorstellungen transzendierenden Kapazitätsbegriffs. Bevor wir strategische Ansätze einer Politik der globalen Güter darstellen, wollen wir zunächst der Beurteilung globaler Umweltpolitik zugrundegelegte Qualitätskriterien betrachten.

3. Beurteilungskriterien einer Politik der globalen Güter

In dem Maße, in dem praktische Ansätze einer Politik globaler Güter zustandekommen, ergibt sich die Frage nach der deren qualitativer Bewertung. Hierzu betrachten wir drei Kriterien als grundlegend, Effektivität, Effizienz und Praktikabilität.

Effektivität

Der Schutz globaler Güter setzt Maßnahmen voraus, die in globalem Maßstab, also räumlich umfassend, wirken. Wird ein globales Gut, so im Falle des anthropogenen Klimawandels, durch Aktivitäten in vielen oder allen Ländern der Erde geschädigt, so kann es nur durch die Erfassung und Kontrolle aller dieser Aktivitäten mit großer räumlicher *Wirkungsbreite* geschützt werden. Geringere räumliche Wirkungsbreite reicht nur dann aus, wenn, so im Fall der Ausdünnung der stratosphärischen Ozonschicht durch halogenierte Kohlenwasserstoffe, ein globales Gut durch Aktivitäten geschädigt wird, die in wenigen Ländern der Erde konzentriert sind.[4]

Die breite Anlage von Maßnahmen zum Schutz globaler Güter impliziert neben räumlichen Anforderungen üblicherweise auch zeitliche Anforderungen: Maßnahmen zum Schutz globaler Güter können meist nur dann wirkungsvoll sein, wenn sie auf Dauer angelegt, fest institutionalisiert sind. Schließlich implizieren sie häufig auch breite sachliche Handlungsanforderungen. So erscheint etwa wirkungsvoller Klimaschutz nach Auffassung von Fachgremien nur möglich durch die Kombination eines breiten Spektrums von Handlungsoptionen umwelt- und industriepolitischer, land- und forstwirtschaftlicher Art. (Enquete-Kommission 1990)

Ein besonders wichtiges Kriterium globaler Umweltpolitik ist das der *Wirkungstiefe* (siehe Abbildung 1). Nach diesem Kriterium können umweltpolitische Maßnahmen danach unterschieden werden, inwiefern sie in ihrer Wirkung voneinander abhängig sind. Für die bisherigen Ansätze globaler Umweltpolitik sind demnach Maßnahmen mit mittlerer bis großer Wirkungstiefe charakteristisch. So ist das bislang wichtigste Instrument der globalen Ozonschutz-Politik die technische Substitution ozongefährdender Stoffe durch andere Stoffe mit keinem oder geringerem Ozonschädigungs-Potential.

Die Klimaschutzpolitik setzt in erster Linie auf die Verringerung der CO2-Produktion beziehungsweise die Verringerung des Energieverbrauchs, ergänzt durch Recycling-Optionen (Enquete-Kommission 1990). Ergänzend sind allerdings auch Maßnahmen mit geringer Wirkungstiefe von Belang für die Politik globaler Güter. So wird der Schutz akut gefährdeter Regenwälder vor weiterem Einschlag als zentraler Beitrag zum Erhalt des Weltklimas betrachtet. Großflächige

---

4 Fluorchlor-Kohlenwasserstoffe wurden bis zum Ende der 80-er Jahre nur in wenigen Industrieländern produziert, so vor allem den USA, Großbritannien, Deutschland und Spanien (Benedick 1991, Oberthür 1992b). Der Fall geht aber durch neue Produktion ozonschädigender Stoffe außerhalb der früheren Produktionsländer (so Japan) und vor allem den globalen Konsum entsprechender Produkte (zum Beispiel Kühlschränke) in einen Fall des erstgenannten Problem-Typus über, in dem eine große Wirkungsbreite globaler Umweltpolitik erforderlich ist.

Wälder bilden nämlich eine globale CO2-Senke, die dem Anstieg der CO2-Emission entgegenwirken.

Abbildung 1: Das Wirkungstiefenmodell der Umweltpolitik

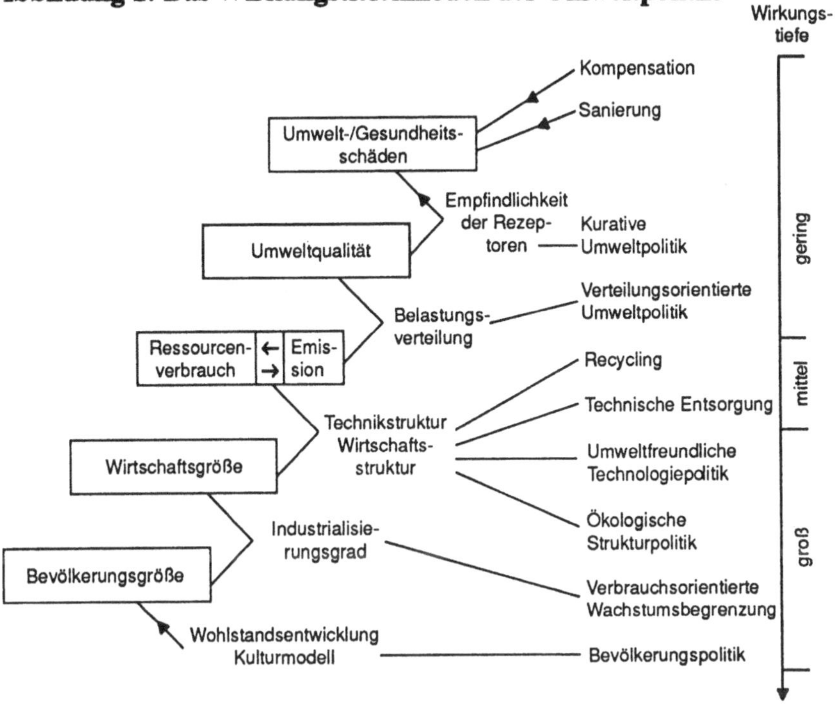

(aus Prittwitz 1990: 57)

In den USA zeitweise thematisierte Ansätze einer Ozonschutz-Politik mit geringer Wirkungstiefe, so die gezielte chemische Beeinflussung atmosphärischer Reaktionsprozesse durch Stoffinjektion in die Atmosphäre oder der Ersatz von Umweltpolitik durch einen Gesundheitsschutz durch Sonnenbrillen haben international bisher keine nennenswerte Bedeutung erlangt. Es ist allerdings zu erwarten, daß Politikansätze des "adjustment" gerade in bezug auf die Klimaproblematik wegen der großen Schwierigkeit, zu tiefgreifenden Lösungen zu kommen, an Bedeutung gewinnen werden.

Angesichts dessen, daß globale Umweltprobleme wegen der komplexen Bedingungen ihrer politischen Artikulation üblicherweise erst thematisiert werden, wenn die jeweilige Umweltproblematik schon zugespitzt auftritt, also eine zugespitzte Risiko- oder akute Gefahrensituation besteht, verlangt wirkungsvolle globale Umweltpolitik in der Regel hohe *Wirkungsgeschwindigkeit.* Die Fähigkeit der Problemverschiebung ist jedoch gerade in bezug auf räumlich und oder zeitlich längerfristig akut werdende Probleme, wie bereits in der Meadows-Studie über die Grenzen des Wachstums ausgewiesen (Meadows 1972), besonders ausgeprägt.

In der Zusammenschau aller Kriterien ergibt sich, daß die Effektivitätsanforderungen an eine Politik globaler Güter im allgemeinen besonders hoch sind: Neben den Anforderungen großer Wirkungsbreite und Wirkungsdauer stellen sich auch die Anforderungen großer bis mittlerer Wirkungstiefe und hoher Wirkungsgeschwindigkeit.

Effizienz

Globale Umweltpolitik unterliegt neben Nutzen- auch Kosten-, daraus folgend Effizienzkriterien. Politikkosten können unter ganz unterschiedlichen Aspekten entstehen, beispielsweise unter ökonomischen, ökologischen, sozialen oder und politisch-institutionellen Aspekten. Das Verhältnis von Nutzen und Kosten, also die Effizienz einer Politik globaler Güter, läßt sich daher auch als mehrdimensionaler Nutzenausdruck interpretieren. So wird nach dem ökonomischen Effizienzkriterium globaler Umweltpolitik neben der Erhaltung eines globalen (Umwelt-)Guts auch die Realisierung kürzerfristiger Wirtschaftsziele, zum Beispiel die Vermeidung von Arbeitslosigkeit, miteinbezogen. Nach dem ökologischen Effizienzkriterium wird globale Umweltpolitik daraufhin geprüft, in welchem Verhältnis die erreichte Schutzwirkung des jeweiligen globalen Gutes zu den in Kauf genommenen Umweltbelastungen, beispielsweise durch Problemverschiebung, steht. Als soziales Effizienzkriterium kann die Verteilungsgerechtigkeit von Nutzen und/oder Kosten einer globalen Umweltschutzmaßnahme betrachtet werden. Ein häufig zugrundegelegtes politisch-institutionelles Effizienzkriterium globaler Umweltpolitik ist schließlich deren Verträglichkeit mit Erfordernissen demokratischer Willensbildung und -umsetzung.

Die *ökonomische und ökologische Effizienz* globaler Umweltpolitik hängt insbesondere von der Berücksichtigung der jeweiligen Kapazitätssituation der Beteiligten ab: Globale Umweltpolitik, die die jeweiligen Kapazitätsbedingungen der Beteiligten übersteigt, also zu hohe oder zu geringe Handlungsanforderungen impliziert, ist ineffizient, eine kapazitätsgerechte Politik dagegen effizient - ein Kriterium, das in der globalen Umweltpolitik wegen der hier gegebenen besonders großen ökonomischen und technischen Kapazitätsunterschiede eine besonders große Rolle spielt. Die *Verteilungsgerechtigkeit*, die auch als Kriterium sozialer Effizienz aufgefaßt werden kann, weil sozial ungerechte Verteilung zumindest mittelbar sozioökonomische Kosten verursacht, ist im Nord-Süd-Kontext zum überragenden Kriterium der Umweltdiskussion avanciert. Globale Umweltpolitik läßt sich zunehmend nur mehr durchsetzen, wenn das Kriterium der Verteilungsgerechtigkeit zwischen reichen und armen Ländern zumindest dem äußeren Erscheinungsbild nach berücksichtigt wird. Die Beurteilung *politisch-institutioneller Effizienz* hängt stark vom Standpunkt des Bewertenden ab, da der Wert bzw. der Verlust bestimmter institutioneller Strukturen etwa zwischen der westlich-europäisch geprägten und der islamischen Welt stark unterschiedlich eingeschätzt wird.

Praktikabilität

Nur eine Politik globaler Güter, die praktisch entwickelt und durchgesetzt werden kann, zumindest aber Anstöße für praktikable Lösungen gibt, zählt. Entscheidendes Kriterium solcher Praktikabilität ist die Vermeidung zu hoher Durchsetzungs- und Transaktions-Kosten beziehungsweise, ein bestimmtes inhaltliches Ergebnis vorausgesetzt, ein Minimum an Effizienz. Erfolgversprechende Ansätze einer Politik der globalen Güter zeichnen sich also vor allem aus durch

- Verträglichkeit mit den jeweiligen ökonomischen und technischen Bedingungen,
- soziale Verträglichkeit (Verteilungsgerechtigkeit)
- politisch-institutionelle Verträglichkeit,

- ökologische Verträglichkeit.

Das Kriterium ökologischer Verträglichkeit globaler Umweltpolitik erhält allerdings erst in dem Maße Bedeutung, in dem das Umweltbewußtsein steigt und das Anspruchsniveau der Beteiligten hinsichtlich der Wirkungstiefe von Umweltpolitik wächst. Praktikable Lösungen globaler Umweltpolitik werden angesichts der dargestellten besonders ausgeprägten Strukturunterschiede und Kommunikationsprobleme auf globaler Ebene häufig durch umweltbezogene Kompromißlösungen erkauft, das heißt, durch Maßnahmen mit geringer oder mittlerer Wirkungstiefe, die räumliche, zeitliche und/oder sachliche Problemverschiebung impliziert. Da der Grad an Umweltbewußtsein in der Regel zwischen den beteiligten Akteuren differiert, ist die Praktikabilität globaler Umweltpolitik nicht mehr normativ (nach Gemeinwohlkriterien), sondern nur noch im Zuge einer Analyse des umweltpolitischen Prozesses zu ermitteln. Praktikabel ist schlicht diejenige Politik, die angesichts der gegebenen Konstellationen von Akteursinteressen (Präferenzen) und Orientierungen, darunter Umweltbewußtsein, ausreichend starke Unterstützung findet. Praktikabilität kann daher nur situativ beurteilt werden.

Angesichts der gegenwärtig bestehenden tiefgehenden Unterschiedlichkeit der sozioökonomischen Situation auf dieser Erde erscheinen uns deshalb unterschiedliche strategische Ansätze globaler Umweltpolitik notwendig zu sein. Wir unterscheiden in diesem Sinne Reichtums- und Knappheitsökologie als Elemente einer Politik des "Sustainable Development".

3. Strategische Ansätze: Reichtumsökologie - Knappheitsökologie - Sustainable Development

Das herrschende umweltpolitische Denken ist durch die situativen Bedingungen reicher Länder geprägt: Umweltbewußtsein und Umweltpolitik beziehen sich im allgemeinen auf zivilisatorische Probleme der modernen Gesellschaft, so die bei der industriellen Produktion von Gütern und Dienstleistungen anfallenden Abfälle und Schadstoffemissionen, die Zerstörung gewachsener Landschaften und

Arten. Moderne Umweltpolitik entwickelt sich zudem nur unter Kapazitätsbedingungen der modernen Gesellschaft, so weitgehend gedeckten materiellen Primärbedürfnissen, technologischer Entwicklung und politisch-institutionellen Grundvoraussetzungen demokratischer Willensbildung. Das öffentliche Umweltbewußtsein hat sich erst im Zuge der Bildung postmaterialistischer Werte, dies wiederum im Zusammenhang mit der Deckung ökonomischer und psychischer Primärbedürfnisse entwickelt (Inglehart 1971, 1977, 1983). Beschlossene umweltpolitische Maßnahmen sind auf die sozioökonomische und institutionelle Struktur moderner reicher Gesellschaft ausgerichtet. Umweltpolitik in den Industrieländern und den internationalen Organisationen kann also hinsichtlich ihres Problemhorizonts wie ihrer Kapazitätsbedingungen als *reichtumsökologisch* charakterisiert werden.

Im allgemeinen hat sich eine Deckung von Primärbedürfnissen zivilisationsgeschichtlich erst nach sozioökologischen Phasen der Anpassung an Natur, des gelungenen Schutzes vor feindlicher Natur und der beginnenden Beherrschung von Natur herausgebildet. Reichtumsökologie kann also verstanden werden als um den Mensch-Umweltbezug erweiterte Reproduktion der modernen Gesellschaft auf der Grundlage einer naturbeherrschenden Technokultur. Im Mittelpunkt solcher erweiterter Reproduktion steht die räumliche, zeitliche und sachliche Erweiterung des Horizonts gesellschaftlicher und politischer Problemwahrnehmung. Unter räumlichem Aspekt impliziert dies die Berücksichtigung grenzüberschreitender und globaler Problem- und Handlungsvernetzungen, unter zeitlichem Aspekt die Berücksichtigung der Lebensinteressen kommender Generationen ("Nachwelt"), unter sachlichem Gesichtspunkt die Einbeziehung der Lebenszusammenhänge des Menschen mit Tieren, Pflanzen und Materialien. Reichtumsökologie bezeichnet in diesem Sinne die Fähigkeit zu räumlich, zeitlich und sachlich erweiterter Problemwahrnehmung und -behandlung auf der Grundlage erweiterter Handlungskapazität.

Zu ökologischen Anpassungsprozessen kann es allerdings nicht nur im Zuge reichtumsökologischen Lernens kommen. So existieren vereinzelt auch heute noch naturnahe traditionale Lebensformen. Solche Lebensformen haben allerdings wegen ihrer geringen Verbreitung und ihrer Selbstbehauptungsschwäche gegenüber modernen Gesellschaftsformen lediglich museal-aufklärerische Funktion für eine Politik der globalen Güter. Unvergleichlich weiter verbreitet sind Gesellschaften, die, durch den Einfluß der Moderne gebrochen, mit Massenarmut und massiver Übernutzung knapper Ressourcen zu kämpfen haben. Hier fehlen grundlegende Voraussetzungen für die Realisierung reichtumsökologischer Umweltpolitik: Die Bedürfnisstruktur der übergroßen Zahl der Bevölkerung ist, völlig anders als in den materiell wohlhabenden und größtenteils befriedeten Industriegesellschaften, durch ungedeckte physische und psychische Primärbedürfnisse charakterisiert. Soziale, technische und politisch-institutionelle Entkoppelungsprozesse von älteren traditionalen Gesellschaftsformen haben häufig nicht zu einem Potential reflexiver Modernisierung geführt. Unter diesen Bedingungen sind reichtumsökologische Konzepte, beispielsweise die Installierung aufwendiger additiver Entsorgungstechniken, weder ökonomisch-technisch noch politisch aussichtsreich. Die für das Verhältnis von Mensch und natürlicher Umwelt praxisrelevante und damit zentrale Frage ist vielmehr, ob knappe Ressourcen schonend genutzt werden.

Knappheitsökologische Handlungsperspektiven bestehen in der bewußten Nutzung, Wiedergewinnung und Wiedernutzung natürlicher Ressourcen im Zeichen existentieller Ressourcenknappheit. Ansätze solcher Ökologie existieren in großer Zahl, sind aber häufig im Zuge blinder Eindimensionalität eines wachstumsorientierten industriellen Modernisierungsdenkens verloren gegangen. Beispiele hierfür sind über Jahrhunderte gepflegte energiesparende Heizformen in den heutigen Industrieländern, beispielsweise im Alpenraum, jahrtausendelange Traditionen des Wassersparens, alte biologische Nutz- und Schädlingsbekämpfungsformen, und nicht zuletzt unter Knappheitsbedingungen vitale Formen intensiver Abfallnutzung.

Knappheitsökologische Konzepte sind ihren Trägern häufig nicht als ökologische Verhaltensmaximen bewußt. Während die volks- und betriebswirtschaftlichen Positiveffekte umweltfreundlicher Verfahren und Strukturen den Beteiligten erst nach und nach deutlich werden, gelten knappheitsökologische Konzepte zunächst lediglich als private oder betriebswirtschaftliche Überlebensperspektiven. So haben etwa die in südamerikanischen Ballungsräumen lebenden "Müllmenschen" schlicht eine Überlebensnische im Rahmen der gegebenen Massenarmut genutzt. Auch historische Formen knappheitsökologischer Vorgehensweisen, beispielsweise die in Kriegswirtschaften intensivierten Anstrengungen zur Sammlung, Wiederverwertung und Wiedernutzung gebrauchter Rohstoffe unter den Nationalsozialisten oder auch in sozialistischen Ländern der fünfziger bis achtziger Jahre, wurden nicht unter ökologischem, sondern unter ökonomischem Gesichtspunkt initiiert.

Knappheitsökologische Praktiken stellen die wichtigste, da den gegebenen Bedingungen entspringende, ökologische Handlungsperspektive armer Länder dar. Sie können aber auch anregend für die Ausbildung neuer beziehungsweise modifizierter reichtumsökologischer Konzepte werden. Denn auch in vergleichsweise reichen Ländern besteht neben Überflußstrukturen häufig Ressourcenknappheit. Die der reflexiven Moderne zugrundliegende Wirtschaftsform ist die Marktwirtschaft, die grundsätzlich auf die optimale Allokation knapper Güter ausgerichtet ist.

Zur Gestaltung globaler Umweltpolitik, die ja große Wirkungsbreite und Wirkungstiefe aufweisen, also tendenziell alle Länder der Erde einschließen und bis zur Produktions- und alltäglichen Gestaltungsebene reichen muß, bietet sich die Verbindung reichtums- und kanppheitsökologischer Konzepte an. Die insbesondere seit der Veröffentlichung des Brundlandt-Berichts (Hauff 1987) als Leitkonzept globaler Umweltpolitik aufgefaßte Formel des "Sustainable Development"/"Zukunftsfähige Entwicklung" (Simonis 1990; Mármora 1992) könnte durch die Ausdifferenzierung und gezielte Kombination reichtums- und knappheitsökologischer Konzepte ein schärferes Profil als in der bisher vorliegenden Form erhalten. Es würde somit deutlich, daß nicht jede Form sozioökonomischer Entwicklung mit Umweltschutzzielen verbunden werden kann, umgekehrt Ressourcenknappheit eigenständige, von reichtumsökologischen Konzepten unterschiedene, ökologische Handlungschancen eröffnet und bereits eröffnet hat. Schließlich kann damit deutlich gemacht werden, daß neben dem ökologischen Wissenstransfer von ärmeren zu reicheren Ländern auch ein umweltpolitisch folgenreicher Wissenstransfer von ärmeren zu reicheren Ländern möglich ist. Den hauptsächlichen Vorteil einer solchen Strategie sehen wir jedoch in der vergleichsweise großen Praktikabilität einer Politik globaler Güter, die auf die spezifischen Handlungskapazitäten der Beteiligten abgestellt ist.

Wir schlagen daher vor, knappheits- und reichtumsökologische Handlungsansätze im Rahmen einer Politik der globalen Güter bewußt miteinander zu kombinieren. Die Politik globaler Güter besteht demnach nicht in einer Addition von Umweltschutz- und Entwicklungspolitik, sondern in einer bewußten Nutzung der spezifischen knappheits- bzw. reichtumsökologischen Entwicklungsmöglichkeiten der einzelnen Länder der Erde. Wechselseitig lernen könnten Länder unterschiedlicher sozioökologischer Bedingungen insbesondere in den Problemfeldern Abfallverwertung, Abfallnutzung, Abfallvermeidung, Energie- und Raumsparen.

Eine Politik des "Sustainable Development" dieser Form kann sich allerdings nicht auf die Förderung langfristiger Strukturveränderungen in dem beschriebenen Sinne beschränken. Globale Güter kommen immer dann in die Schlagzeilen, wenn ihr Bestand wichtigen Akteuren akut gefährdet erscheint. Globales Handeln erhält, wie auch öffentliches Handeln innerhalb von Nationalstaaten, den größten politischen Legitimationsschub aus der politisch wahrgenommenen Gefährdung gemeinsamer Güter. Dementsprechend schließt die Politik der globalen Güter neben strukturpolitischen Perspektiven der Reichtums- und Knappheitsökologie auch die Handlungsperspektiven des Risikomanagements und der unmittelbaren Gefahrenabwehr ein. Die einsetzbaren politischen Instrumente einer Politik der globalen Güter variieren dementsprechend.

4. Strategien zur Durchsetzung einer Politik der globalen Güter

Die im Rahmen der Politikfeldanalyse sowie der Umweltpolitikanalyse (Jann 1981; Windhoff-Heritier 1987; Schubert 1991; Jänicke 1990; Prittwitz 1990) allgemein diskutierten politischen Durchsetzungsinstrumente "Information/Überzeugung", positive Anreize (einseitige Hilfsangebote, Tauschangebote) und negative Anreize (Regulierung, Druck, Sanktion) können grundsätzlich auch auf die Bedingungen globaler Umweltpolitik angewandt werden. Dabei sind allerdings die besonderen institutionellen Bedingungen des internationalen Systems und die besonderen Strukturbedingungen globaler Politik zu berücksichtigen: Internationale Institutionen und Normen mögen als Reflex der internationalen Vergesellschaftung zwar eine immer größere Verbreitung finden; ihre Steuerungsfähigkeit stößt jedoch an die Grenzen des nationalstaatlichen Souveränitätsvorbehalts. Auch die internationale Verrechtlichung als die im Grad ihrer Verbindlichkeit weitestgehende Form, kollektives Umwelthandeln zu organisieren, verbleibt im wesentlichen im Bereich des Koordinationsrechts im Unterschied zum nationalstaatlichen Subordinationsrecht. Die Politik der globalen Güter findet grundsätzlich im Kontext multilateraler Kooperation und Selbstorganisation statt; sie ist also auf einen breit angelegten Konsens angewiesen und findet grundsätzlich ihren Ausdruck in nichthierarchischen Politikformen, vor allem in Gestalt internationaler Regime.[5]

Besonderheiten ergeben sich in diesem Rahmen durch die große Zahl der zumindest potentiell beteiligten staatlichen und außerstaatlichen Akteure, die besonders komplexe Organisations- und Repräsentationsformen erforderlich macht, zum anderen durch die tiefgreifende Unterschiedlichkeit der wirtschaftlichen und kulturellen Ausgangsbedin-gungen der Beteiligten. Während internationale Regime in einzelnen Regionen, so etwa das Regime zur Regelung der grenzüberschreitenden großräumigen Luftverschmutzung durch säurebildende Stoffe, trotz unterschiedlicher Handlungskapazitäten und Interessenlagen zumindest auf bestimmte ähnliche Wertorientierungen aufgebaut sind, können globale Umwelt-Regime nur durch die Überbrückung tiefgreifender wirtschaftlicher und kultureller Disparitäten zustandekommen. Diese Unterschiede reichen häufig, beispielsweise in der globalen Klimaschutz-Diskussion, soweit, daß bereits die Bestimmung des zu behandelnden Ausgangsproblems umstritten ist (Oberthür 1992a; Fischer 1992).

---

5 Siehe hierzu Näheres in dem Text von Martin List, Thomas Gehring, Michael Breitmeier und Michael Zürn in diesem Band.

Politische Instrumente, die in den letzten Jahren bei dem Versuch der Bildung globaler Umweltregime besondere Bedeutung erlangt haben, sind die Bildung von Preis- und Mengenfonds, "Debt-for-Nature-Swaps", eine regionale Differenzierung von Emissions- oder Produktstandards (Umweltpolitik verschiedener Geschwindigkeiten). Wachsende Bedeutung für die Entwicklungsmöglichkeit von Politiken globaler Güter dürften in Zukunft Formen institutioneller Weiterentwicklung erhalten. Dabei spielen Fragen der Ressourcenvergabe für die Bewältigung globaler-Güter-Probleme, Personalfragen und Formen der Verfahrenssteuerung eine besondere Rolle.

Die allgemeine Problematik politischer Druckstrategien im internationalen Rahmen besteht angesichts der starken strukturellen Unterschiede armer und reicher Länder in besonderer Schärfe: Versuchen reiche Länder ihre Vorstellungen eines Schutzes globaler Güter mit Druck oder gar Zwang global durchzusetzen, so stoßen sie auf offenen und verdeckten Widerstand der unter Druck gesetzten Länder. Oktroyierte Lösungen tendieren vor allem aber dazu, sachlichen Problembedingungen nicht gerecht zu werden, was angesichts der dargestellten Unterschiede zwischen Reichtums- und Knappheitsökologie zu schwerwiegenden Verzögerungen, ja Fehlsteuerung führen kann. Angesichts der massiven technisch-ökonomischen Kapazitätsunterschiede zwischen den an globalen Willensbildungsprozessen beteiligten Ländern erscheint daher die Strategie positiver Anreize, insbesondere in Form des Transfers von Know-how und Finanzen, effektiv. Diese politische Strategie beginnt auch bereits an Bedeutung zu gewinnen, so geschehen im Rahmen der UNCED-Verhandlungen zur Klimaproblematik in Rio de Janeiro. Die Koppelung finanzieller Anreize an umweltpolitische Leistungen, so beispielsweise in der Form von "Debt-for-Nature-Swaps" (Schreiber 1989), bringt allerdings die dargestellten negativen Implikationen der politischen Druckstrategie mit sich.

Knappheitsökologische Handlungsansätze dagegen sind nicht mit einem finanziellen Mittelfluß zu fördern. Hierbei stehen vielmehr soziokulturelle und politisch-institutionelle Bedingungen im Vordergrund, die das eigenständige Wieder- oder Neufinden integrierter Umweltlösungen erleichtern. Die inhaltliche Strategie zukunftsfähiger

Entwicklung als Verbindung aus reichtums- und knappheitsökologischen Ansätzen korrespondiert also mit institutionellen Formen internationaler Umweltpolitik, die Kommunikation und Austausch mit einer Politik der Selbständigkeit und Selbstreferentialität der Beteiligten verbindet. Wird die Ausdifferenzierung zwischen reichtums- und knappheitsökologischer Orientierung ernstgenommen und die Unterschiedlichkeit der Bedingungen respektiert, tritt der Prozeßcharakter globaler Umweltpolitik in den Vordergrund gegenüber dem materiellen Regelungsgehalt dieser Politik. Auf globaler Ebene gilt dann im besonderen das Erfordernis, die Bildung internationaler Regime als Willensbildungs-Prozeß, internationale Regime selbst als dynamische Prozesse (Gehring 1990, 1993) zu verstehen und zu behandeln. Ein besonders wichtiges Element der Bildung globaler Umweltregime sind wissenschaftliche Kommunikationsnetze (Haas 1989, 1992a, 1992b). Globale Umweltpolitik sollte dementsprechend auch darin bestehen, solche Wissenschaftler-Netze zu stärken und ihre Kommunikationsmöglichkeiten zu Instanzen praktischer Politik zu verbessern.

Die Implementation globaler Umweltpolitik kann und sollte nicht als "top-down"-Implementationsprozeß interpretiert werden. Gerade hier erweist sich aus den dargestellten Gründen im besonderen das in der Policy-Forschung inzwischen verbreitete (vgl. z.B. Sabatier 1986; Windhoff-Heritier 1987; Schubert 1991) "bottom-up"-Modell einer Implementation am Ort in enger Verbindung von Programmbildung und Implementation als hilfreich. Globale Umweltpolitik bleibt praxisfern ohne eigenständiges regionales und lokales Handeln im Sinne wachsender Umweltverträglichkeit.

5. Auswirkungen globaler Umweltpolitik auf die Struktur der internationalen Beziehungen

Neben ihren unmittelbaren Wirkungen kann globale Umweltpolitik auch mittelbare Konsequenzen haben. Mit Blick auf die Struktur der internationalen Beziehungen ist vor allem die Unterscheidung zwischen hierarchisierenden und enthierarchisierenden Wirkungen von

Interesse sowie die Frage, ob die Herausforderung durch globale Umweltprobleme einen Beitrag zur Zivilisierung des Konfliktaustrages leisten kann.

5.1 Hierarchisierung oder Enthierarchisierung der internationalen Beziehungen?

Zur Frage einer umweltpolitisch induzierten Kräfteverschiebung im internationalen System finden sich weit divergierende Annahmen. Sie reichen von der Zukunftserwartung eines "environmental colonialism" bis hin zu der Vermutung, globale Umweltprobleme könnten sich als "the great equaliser" (Paterson 1991) für die internationalen Beziehungen entpuppen. Zugunsten der Annahme angleichender Effekte der grenzüberschreitenden Umweltproblematik sprechen mehrere Tatsachen:

- Verhandlungen um Fragen globaler Umweltpolitik werden im allgemeinen in multilateralen Handlungssystemen bearbeitet. Machtpositionen einzelner Länder werden damit relativiert. Auch der Prestigegewinn kleinerer Staaten ("environmental forerunners") wirkt in diese Richtung.
- Globale ökologische Belastungspotentiale werden seitens ökonomisch und technisch kapazitätsärmerer Länder zunehmend als Verhandlungsressource genutzt, um den Transfer von Know-how und finanzieller Hilfe zu fördern, respektive dem Mittelabfluß in reichere Länder entgegenzuwirken. Es kommt zu einer Verschiebung von Verwundbarkeitsstrukturen zugunsten der niederrangigen Akteure ("neue ökologische Chaospotentiale"). Dies ist insbesondere deshalb von Bedeutung, weil das ökonomische Interesse der reichen Länder angesichts wirtschaftlicher Schwierigkeiten und der stark gewachsenen Schuldenlast der Dritten Welt zu erlahmen droht(e).
- Die hochindustrialisierten westlichen Länder stehen im Inneren, aber auch in der Weltöffentlichkeit unter wachsendem Legitimationsdruck bezüglich eigener Anstrengungen zum Schutz globaler Güter. Insbesondere die USA, das Land mit dem höchsten Primärenergiebedarf der Erde, gerieten durch ihre restriktive Hal-

tung vor und während der UNCED-Konferenz über Umwelt und Entwicklung in Rio de Janeiro auf die Anklagebank der Ressourcenverschwendung.

Von diesen Entwicklungen wirkt lediglich die erste (Multilateralisierungsimpuls durch die Problematik globaler Güter) klar im Sinne einer Enthierarchisierung der internationalen Beziehungen. Der Transfer umweltfreundlicher Technologie von Nord nach Süd beziehungsweise West nach Ost wird infolge der Globale-Güter-Problematik ohne Zweifel forciert. Die Frage, ob dieser Technologietransfer auch einen "take-off" selbsttragender wirtschaftlicher Entwicklung der geförderten Länder erleichtert, ist jedoch offen. Durch verstärkten Technologietransfer wird der laufende Mittelabfluß aus den ärmeren in die reicheren Länder nämlich noch nicht beendet. Auch ist - gerade angesichts rezessiver Wirtschaftstendenzen - nicht zu erwarten, daß die soziopolitischen Widerstände in den Industrieländern gegen eine Aufgabe protektionistischer Verfahrensweisen geringer werden. Der umweltpolitische Druck auf die reichen Industrieländer - die in der Hauptsache für die Entstehung der globalen Umweltproblematik verantwortlich gemacht werden - wird deren wirtschaftlich-technische Flexibilität und internationale Konkurrenzfähigkeit angesichts ihrer großen Handlungskapazität voraussichtlich weiter verstärken. Dies ergibt sich unmittelbar aus wirtschaftlichen Gratiseffekten umweltpolitischer Maßnahmen, beispielsweise der Kosteneinsparung durch verminderten Energieverbrauch, aber auch durch mittelbare Wirkungen, so verbesserter Arbeitsdisziplin durch verbesserte Umweltbedingungen. Politische Ansätze zu einer "Umweltpolitik der zwei Geschwindigkeiten" zwischen reichen und ärmeren Ländern führen also voraussichtlich nicht zu einer Enthierarchisierung der internationalen Beziehungen, sondern verstärken die bestehende Hierarchie eher noch weiter.

5.2 Zivilisierung der internationalen Beziehungen?

Die wichtigste Grundlage einer Politik der globalen Güter, die Erkenntnis gemeinsamer Interessen der Menschheit, stellt den Sinn militärischer ausgetragener Konflikte grundsätzlich in Frage. Zwischen der Entwicklung globaler Umweltpolitik und dem Streben nach friedlichen Austragungsformen von Konflikten besteht insoweit ein Zusammenhang. In Ländern mit hoch entwickeltem Umweltbewußtsein wird dementsprechend die Neigung zu kriegerischem Vorgehen in aller Regel weniger stark sein als in Ländern mit geringem oder fehlendem Umweltbewußtsein. Die Politik globaler Güter kann damit als umfassendste Form von Umweltaußenpolitik in dem bereits früher festgestellten Sinne einer Politik kooperativer Interdependenz (Keohane/Nye 1977; Prittwitz 1983, 1990: 258-60) aufgefaßt werden.

Zivilisierende Wirkung dürfte auch von der Erkenntnis ausgehen, daß wichtige globale Güter nur geschützt werden können, wenn die jeweiligen umweltpolitischen Handlungskapazitäten beteiligter Länder respektiert und gefördert werden. Zum einen fördert die politische Wahrnehmung besonderer Strukturen auch deren politische Respektierung. Zum anderen ergibt sich - zumindest in reichtumsökologischer Sicht - die ökonomische, technische und informatorische Unterstützung der wirtschaftlichen Entwicklung, nicht aber die militärische Pression kapazitätsschwacher Länder als hauptsächliche politische Perspektive. Da umweltpolitische Handlungskapazitäten nicht nur ökonomisch-technischer, sondern auch politisch-institutioneller Art sind, gehört zur umweltpolitischen Kapazitäts-Steigerung schließlich auch die Förderung aller Formen vitaler Demokratie, die ihrerseits als Voraussetzung dafür gelten können, daß im Innern praktizierte kooperative Spielregeln auch das Konfliktverhalten nach außen beeinflussen. Das Zivilisationspotential globaler Umweltpolitik bemißt sich am Einfluß derartiger Verhaltensdispositionen. Bestehen Rahmenbedingungen, beispielsweise eine kriegerische Situation, die zu einer anderen Gewichtung von Werten führen, so sinkt der Einfluß friedlichen Denkens und damit das praktische Zivilisationspotential einer Politik globaler Güter.

Die Tatsache, daß sich Wertgemeinsamkeiten zur Erhaltung globaler Güter bilden, kann allerdings auch als Legitimation hierarchischer Formen globaler Willensdurchsetzung und - implementation aufgefaßt werden. Angesichts dessen, daß globale Güter durch einzelne Nationalstaaten nicht geschützt werden können, wandelt sich internationale Umweltpolitik in dieser Sicht zu einer - staatsähnlich -

auf hierarchische Prozeßformen gestützten Weltinnenpolitik. Mit der nationalstaatlichen Souveränität wird dabei einer der bisherigen Grundpfeiler des internationalen Systems in Frage gestellt: Das Prinzip der Nichteinmischung in "innere Angelegenheiten" könnte, ähnlich wie bereits im Menschenrechts- oder Minderheitenschutzbereich, eine Relativierung erfahren. Regierungen, deren Politik grenzüberschreitende Umweltschädigungen hervorruft, hätten dann zunehmend mit internationalen Sanktionen zu rechnen und gerieten im Extremfall sogar in Gefahr, ihre Herrschaftslegitimation nach den Kriterien der Völkergemeinschaft zu verlieren - ein Konzept, das verschiedentlich mit dem Stichwort "Ökologische Sicherheit" assoziiert wird.[6]

5.3 Auswirkungen auf das Verhältnis von Staat und Gesellschaft

Eine mittelbare Zivilisierungswirkung globaler Umweltpolitik ist schließlich anhand des veränderten Akteursspektrums dieser Politik zu beobachten: Grenzüberschreitend agierende *nichtstaatliche Organisationen* wie Greenpeace haben die öffentliche Meinung nahezu weltweit beeinflußt und damit zur Entstehung neuer Anforderungen öffentlichen Handelns beigetragen (Thränhard 1992). Transnational zusammengesetzte "epistemic communities" haben sich zu eigenständigen Akteuren emanzipiert und gewinnen einen zunehmenden Einfluß auf Politikprozesse. (Haas 1989, 1992a, 1992b). Im Sinne einer beginnenden Brechung des bisher bestehenden Willensbildungs-Kartells

---

6 Christopher Daase (1991) und andere haben die Nähe des Konzepts "Ökologische Sicherheit" zu derartigen autoritären Ordnungsvorstellungen globaler Umweltpolitik hervorgehoben. Die Antwort auf die Frage, ob die im Umweltbegriff enthaltenen Handlungspotentiale durch das Aufpressen des (alten) Sicherheitsbegriffs reduziert werden oder das Konzept "Ökologische Sicherheit" den herkömmlichen Sicherheitsbegriff inhaltlich weiten kann, kann unseres Erachtens letztlich nur empirisch beantwortet werden. Wird Umweltpolitik als Kombination von Gefahrenabwehr, Risikomanagement und strukturellem Wandel betrachtet (Prittwitz 1988, 1990: 71-93), so sind nämlich beide Wirkungsrichtungen der Verwendung des Konzepts "Ökologische Sicherheit" angelegt: Während Handlungsformen der unmittelbaren Gefahrenabwehr dem Sicherheitskonzept traditionell sehr nahe stehen und auch Formen systematischen Risikomanagements Sicherheitsbezüge aufweisen, tragen Formen struktureller Ökologisierung gerade zur Überwindung eines lediglich auf Sicherheit ausgerichteten Umweltschutzes zugunsten veränderter alltäglicher Denk- und Verhaltensweisen bei.

nationalstaat-licher Repräsentanten, internationaler Organisationen und Unternehmens-Verbände kann auch die Tatsache interpretiert werden, daß sich nicht zuletzt durch den Einfluß internationaler Umweltpolitik Strukturen einer Weltöffentlichkeit verstärken.

Die sich bildenden Ansätze zu einer Politik der globalen Güter wirken damit auch auf die innerstaatlichen bzw. innergesellschaftlichen Verhältnisse zurück. Als überwiegende Wirkungsrichtung sehen wir in diesen sich wechselseitig verstärkenden Einflüssen nichtstaatlicher gesellschaftlicher Akteure einen weiteren Schritt zur Herausbildung einer "Gesellschaftswelt" (Czempiel 1991).

Teil 4
Politikwissenschaftliche Lehre

Zum Stand und zu den Perspektiven der Umweltpolitik-Lehre an den deutschen Universitäten

Eberhard Schmidt

Umweltbezogene Lehre und Ausbildung hat an den deutschen Universitäten ihren Schwerpunkt ganz überwiegend im Bereich der Natur- und Technikwissenschaften. Wie ein Blick in den vom Umweltbundesamt periodisch herausgegebenen "Studienführer Umweltschutz" zeigt, beträgt das Verhältnis bei den umweltspezifischen Schwerpunkten in Studiengängen etwa achtzig zu zwanzig zugunsten der technisch-naturwissenschaftlichen Angebote gegenüber solchen aus den Sozial-, Rechts- und Wirtschaftswissenschaften. Nimmt man die Fachhochschulen hinzu, verstärkt sich das Ungleichgewicht noch beträchtlich (Umweltbundesamt 1988).

Dieses Mißverhältnis spiegelt natürlich zuallererst die Bedeutung wider, die dem technischen Umweltschutz bei der Lösung der drängenden Umweltprobleme von Gesellschaft, Politik und auch den Wissenschaftsförderungsinstitutionen zugemessen wird. Zugleich werden damit die Defizite an sozialen und ökonomischen Innovationen bei der Problembearbeitung sichtbar. Umweltschutz wird auch dort, wo von präventiven Maßnahmen und nicht nur von "end-of-the-pipe"-Lösungen die Rede ist, vornehmlich als Aufgabe begriffen, die adäquate Umweltschutztechnik zu entwickeln. Die Kompetenzzuweisung erfolgt an die Adresse der technischen und naturwissenschaftlichen Institute an und außerhalb der Universitäten und Fachhochschulen.

Vor diesem Hintergrund haben es alle übrigen Fachgebiete schwer, ihre spezifischen Potentiale zur Problembewältigung zu entwickeln, in Forschung *und* Lehre. Am ehesten gelingt dies noch den Planungs- und Rechtswissenschaften, da die flächendeckende staatliche Regulierungsmaschinerie eine systematische umweltrechtliche und planerische Ausbildung auch in diesem Spezialbereich erforderlich macht und Lehrangebote nach sich zieht.

Zunehmend gilt dies aber auch für die Wirtschaftswissenschaften, wo sowohl die Umweltökonomie, als auch die ökologisch orientierte Produktionswirtschaftslehre aufgrund des Bedarfs an volkswirtschaftlichen wie betriebswirtschaftlichen Handlungsstrategien an Boden gewinnen. Interessanterweise sind hier inzwischen auch studentische Initiativgruppen an verschiedenen Universitäten mit der Forderung nach Einrichtung umweltökonomischer Lehrstühle oder entsprechender Studienschwerpunkte in den entsprechenden Curricula aktiv geworden (VÖW 1992).

Einer Untersuchung von Manfred Schreiner (Fachhochschule Fulda) zufolge, der Stellenanzeigen auswertete, um die Qualifikationsanforderungen von Betrieben in Umweltschutzfragen zu ermitteln, wurde in 80% der Fälle, in denen ein Unternehmen eine umweltschutzbezogene Stelle zu vergeben hatte, eine naturwissenschaftliche oder technische Erstqualifikation verlangt. Allerdings wurden bereits bei über 20% der Ausschreibungen die Wirtschaftswissenschaften an zweiter und bei über 30% an dritter Stelle genannt. Vielleicht ist dies ein Hinweis auf einen neuen Trend (VÖW 1991).

Die genannten Disziplinen der Rechts-, Planungs- und Wirtschaftswissenschaften umfassen denn auch den größten Anteil der verbleibenden 20% an Ausbildungsangeboten, wie sie der Studienführer des Umweltbundesamtes verzeichnet. Die Sozialwissenschaften im engeren Sinne, Politikwissenschaft und Soziologe, bilden das Schlußlicht in dieser Aufstellung. Bisher sind nur an wenigen Universitäten (Berlin, Münster, München, Oldenburg) eindeutig umweltbezogene Studienschwerpunkte entwickelt worden, die sich im Rahmen der Politikwissenschaft auf die Vermittlung von Kenntnissen über umweltpolitische Institutionen, Politiken und Entscheidungsprozesse konzentrieren. In der Mehrzahl der Fälle sind nur vereinzelt und unsystematisch Lehrangebote im Rahmen des gängigen Fächerkanons der Politikwissenschaft anzutreffen. Das ist vor allem deshalb unbefriedigend, weil eine systematische Beschäftigung mit Strukturen, Institutionen, Instrumenten und Konfliktlösungsmodellen in der Umweltpolitik vermutlich einiges zu einem rationaleren und effizienteren Umgang mit der Umweltproblematik beizutragen hätte. Wo eine breite Verankerung im Lehr- und Ausbildungsbereich fehlt, hat es aber auch die Forschung schwerer, die auf qualifizierten Nachwuchs angewiesen ist. Hier die kritische Schwelle zu erreichen, ist ein Desiderat, das nicht nur fachegoistisch daherkommt.

Die Soziologie hat sich der Thematik ebenfalls bisher kaum angenommen. Zwar hat nach dem 23. Soziologentag in Hamburg (1986) als Resümee einer ad hoc Veranstaltung ein Papier (ohne Verfasserangabe) mit dem Titel "Sozialwissenschaftliche Umweltforschung" vorgelegen, das einige theoretische, methodische und organisatorische Fragen der sozialwissenschaftlichen Umweltforschung zu präzisieren versuchte, um einen Anstoß zu verstärkten Aktivitäten in dieser Richtung zu geben. Es ist aber bezeichnend, daß auf dem Soziologentag im Herbst 1992 zum Thema: "Lebensverhältnisse und soziale Konflikte im Neuen Europa" von 311 ausgedruckten Vortragstiteln nur drei umweltsoziologische Bezüge vorweisen (angesiedelt in einer ad hoc-Gruppe zur Frage: Konflikt und Konfliktlösung). Im Bereich der Lehre sind aus der Soziologie ebenfalls nur sporadische Angebote auffindbar. Eine Ausnahme macht hier die Universität Halle, die Umweltsoziologie als verpflichtendes Prüfungsfach in ihre Prüfungsordnung Diplom-Soziologie übernehmen will (lt. Entwurf v. 7.7.1992).

Umweltpolitik-Lehre an deutschen Universitäten - Ergebnisse einer Umfrage

Im Rahmen der politikwissenschaftlichen Lehre an den Universitäten läßt sich die Umweltpolitik entweder in den Bereich der Politikfeldanalyse einordnen, wo sie als Policy-Beispiel neben anderen sozioökonomischen Problembereichen untersucht wird, oder sie wird als Querschnittsthematik in den verschiedenen "klassischen Bereichen" behandelt, beispielsweise im Kontext der Politischen Theorie, der Politischen Systeme und ihres Vergleichs (Regierungslehre), der Internationalen Politik oder der Politischen Soziologie. Beide Varianten, die sich auch ergänzen können, sind in der deutschen Universitätslandschaft verbreitet. Aufs Gesamte gesehen, spielt die Umweltpolitik als Lehrgebiet bisher eher eine bescheidene Rolle im Lehrkanon der Politikwissenschaft. Das hat offensichtlich mehrere Gründe.

Zum einen hängt es mit der Dominanz der "klassischen" Bereiche des politikwissenschaftlichen Studiums zusammen, die die Studien- und Prüfungsordnungen weitgehend bestimmen und alle Gebiete, die nicht diesem Kernbestand der Ausbildung zuzurechnen sind, an den Rand drängen.

Zum anderen liegt es sicherlich auch an der noch kurzen Geschichte dieser Disziplin, die sich erst mit dem Beginn einer systematischen staatlichen Umweltpolitik, also seit den Anfängen der siebziger Jahre, entfalten konnte. Vorwiegend in München und Berlin sind in diesen Jahren zwar schon vereinzelte Lehrangebote zu finden, die mit der Gründung entsprechender Forschungsstellen einhergehen, aber erst in den achtziger Jahren ist eine breitere Aufnahme der Thematik zu beobachten.

Schließlich sind die Beharrungstendenzen der etablierten Institutionen und Routinen in Rechnung zu stellen, wenn es darum geht, ein neues Thema, und sei es in der Realität der Politik und in der öffentlichen Debatte noch so virulent, im Lehrkanon zu verankern. Nicht überall findet sich im Lehrkörper ein kompetenter Fachvertreter oder eine Dozentin, die sich auf die neue Thematik einlassen oder gar eigene Forschungsinteressen ausbilden, was in der Regel wieder der Lehre zugute kommt.

Insofern muß eine Bewertung der Rolle der Umweltpolitik im Gesamtzusammenhang politikwissenschaftlicher Lehre in gewissem Sinne ambivalent bleiben. Läßt sich einerseits hervorheben, daß ihre Bedeutung im Vergleich zur Situation noch vor wenigen Jahren stark zugenommen hat, so ergibt sich aus dem Blickwinkel dessen, der um den Zustand der Ökologie besorgt ist und mehr Anstrengungen auch der Sozialwissenschaften in Forschung und Lehre einklagt, ein eher negatives Bild.

Eine von mir im April/Mai 1992 durchgeführte schriftliche Befragung der politikwissenschaftlichen Institute an den deutschen Universitäten (angeschrieben wurden 50 Institute/Seminare in den alten und 6 in den neuen Bundesländern), die ergänzt wurde durch eine Auswertung der entsprechenden Angaben in den Vorlesungsverzeichnissen und durch Ergebnisse einer Umfrage, die bereits Ende 1990 das Institut für Politikwissenschaft an der Universität Münster (G. Wittkämper) durchgeführt hatte, erbrachte Daten zur Verankerung der Umweltpolitik im Lehrangebot auf der Basis von 43 Universitäten in den alten Bundesländern, was einer Informationsquote für diesen Bereich von knapp 90% entspricht (Schmidt 1992).

Aus den neuen Bundesländern waren Informationen lediglich aus Halle zu bekommen. Es ist leider zu befürchten, daß dort mit der Errichtung politikwissenschaftlicher Institute und Lehrstühle, mit Ausnahme von Halle, die Chance nicht genutzt wurde, der Umweltpolitik einen gebührenden Anteil im Lehr- und Forschungsspektrum zu verschaffen. Stattdessen scheinen sich eher konventionelle Konzepte durchzusetzen. Weichenstellungen in Richtung innovativer Lösungen sind bislang jedenfalls kaum zu erkennen.

In der Befragung war nach dem Umfang des Lehrangebots, der Zuordnung zu Studiengängen und Prüfungsgebieten, der Verzahnung von Lehre und Forschung, aber auch nach der Resonanz der Angebote bei den Studierenden und nach Problemen bei der Implementation im Fächerkanon gefragt worden. Die Ergebnisse werden im folgenden erläutert und anschließend in Tabellenform zusammengefaßt.

Umfang des Lehrangebots

Lehrveranstaltungen zu Themenfeldern der Umweltpolitik werden nur etwa an einem Viertel der Universitäten regelmäßig (15 von 56 Universitäten in Deutschland mit politikwissenschaftlicher Lehrkapazität), an weiteren 19 Universitäten sporadisch angeboten. 10 Universitäten meldeten Fehlanzeige, vermutlich trifft das auch auf die 12 zu, die nicht geantwortet haben.

Mit einem breiten Lehrangebot können vor allem die Studierenden in Berlin (FU), München, Münster und Oldenburg rechnen (Halle beginnt erst im Wintersemesester 1992 mit dem neuen Studiengang). Regelmäßige Lehrveranstaltungen melden auch die Universitäten Berlin (TU), Bremen, Erlangen/Nürnberg, Frankfurt/M., Hamburg, Hannover, Heidelberg, Osnabrück, Regensburg, Stuttgart. Die Fernuniversität Hagen bietet einen Fernstudienkurs zur Umweltpolitik an.

Das inhaltliche Schwergewicht der Umweltpolitiklehre liegt bei Veranstaltungen über die Grundlagen der Umweltpolitik (Institutionen, Entscheidungsprozesse, Konflikte etc.) und bei Fragen der europäischen und globalen Umweltpoltik. Außerdem werden als Veranstaltungsthemen genannt: Politische Ökologie, das Verhältnis von Ökonomie und Ökologie, Technik und Ökologie, Ethik und Ökologie, Soziale Bewegungen, Risikoproblematik, Kommunale Umweltpolitik und die Politikanalyse einzelner Umweltmedien (Abfall, Energie, Verkehr).

Zuordnung zu Studiengängen

Umweltpolitische Lehrveranstaltungen, wo sie angeboten werden, sind vor allem in den Studiengängen Diplom-Sozialwissenschaften, Magister Politik, und den diversen Lehramtstudiengängen (Sozial- oder Gemeinschaftskunde) verankert und zwar in der Regel im Grund- und Hauptstudium. Die meisten der befragten Politikinstitute haben die Lehrveranstaltungen mehreren Studiengängen zugeordnet. In einem Fall wird auch Dipl.-Journalistik genannt, in einem anderen dominiert die Servicefunktion für alle Fachrichtungen.

Prüfungsrelevanz

Die Angaben weisen hier eine Zuordnung zu den verschiedenen klassischen Prüfungsgebieten aus. Am häufigsten werden genannt: Politisches System, Regierungslehre, Internationale Politik, Politische Theorie und Politikfeldanalyse. Aber auch Ökonomische Grundlagen der Politik, Sozioökonomie, Politik und Technik, Planung und Verwaltung oder Vergleichende Systemlehre tauchen als Prüfungsmöglichkeiten für den Schwerpunkt Umweltpolitik auf. In München sieht die neueste Studienordnung für das Fach Politikwissenschaft "Politische Ökologie" als eigenständiges Teilgebiet neben den anderen Kerngebieten des Faches vor. In Oldenburg besteht im Diplom-Studiengang Sozialwissenschaften (zusammengesetzt aus Soziologie, Politikwissenschaft und einem Wahlpflichtfach) ein eigenständiges Wahlpflichtfach Umweltpolitik/Umweltplanung.

In Halle ist im stark policy-orientierten Diplomstudiengang Politikwissenschaft ab Wintersemester 1992/93 eine Schwerpunktbildung Umweltschutz möglich (parallel dazu ist für die Diplom-Soziologen die Umweltsoziologie ein Prüfungsfach in der Diplomprüfung).

Verzahnung von Forschung und Lehre

Eine Verbindung von Forschung und Lehre wird naturgemäß besonders von den politikwissenschaftlichen Instituten betont, die Forschungsprojekte in diesem Gebiet durchführen. Hier ergeben sich offenbar auch am ehesten Möglichkeiten des forschenden Lernens für Studierende und die Möglichkeiten zu einschlägigen Magister-, Diplom- und Doktorarbeiten. Besonders günstige Voraussetzungen bieten vor allem die Universitäten mit eigenen Forschungsstellen für diesen Bereich. Das ist in München und Berlin der Fall. In München existiert die 1984 gegründete "Forschungsstelle für Politische Ökologie am Geschwister Scholl Institut", die sich der fachspezifischen und interdisziplinären Erforschung der Problemfelder widmet, die die politische Ökologie ausmachen, und einen entsprechenden Lehrschwerpunkt ausgebildet hat. Sie initiiert und bündelt darüberhinaus politikökologische Aktivitäten universitärer und außeruniversitärer Art.

In Berlin wurde 1986 die Forschungsstelle für Umweltpolitik (FFU) als Zusammenschluß verschiedener Projektgruppen gegründet. Die Arbeitsgebiete erstrecken sich auf die Bereiche Grundlagen und internationaler Vergleich, Energie und Umwelt sowie Umweltschutz und Strukturpolitik. Die Forschungsstelle dient als Kristallisationspunkt sozialwissenschaftlicher Umweltforschung an der FU.

In Münster wurde an der Universität ein Zentrum für Umweltforschung gegründet, das eine naturwissenschaftliche, wirtschafts- und geisteswissenschaftliche Abteilung hat. Diesem Zentrum ist eine GmbH als Consulting angegliedert. Hier werden auch Aufgaben im Bereich der Weiterbildung oberster Führungskräfte wahrgenommen.

In Oldenburg ist zur Zeit eine interdisziplinäre Forschungstelle Umweltpolitik und Umweltrecht geplant.

Insgesamt gaben 12 Politikinstitute an, einschlägige Forschungsprojekte durchzuführen oder vorzubereiten.

Resonanz bei Studierenden

Überwiegend wird bei denen, die Veranstaltungsangebote machen, von einer überdurchschnittlich großen Resonanz der Thematik bei den Studierenden gesprochen (17 Institute äußern sich dementsprechend, während 5 von normaler bis mittlerer Resonanz sprechen und der Rest keine Angaben gemacht hat). Die Fernuniversität Hagen spricht von hohen Belegziffern und einer "außerordentlich großen Resonanz" auf ihren Kurs "Umweltpolitik in der Bundesrepublik Deutschland". Aus Münster kommt zur Frage nach der Resonanz die Präzisierung: "Hier ist zwischen der emotionalen Resonanz und der Dauerresonanz zu unterscheiden.: Emotional engagieren sich Studenten außerordentlich stark, trotz aus unserer Sicht optimaler Bemühungen um eine Verstetigung des Engagements schwächt dieses emotionale Engagement ab, wenn die hohen methodischen und theoretischen Anforderungen sichtbar werden, die nun einmal Umweltpolitik und Umweltverwaltungspolitik stellen. Eine Ausnahme: die Anteile umweltbezogener Themenwahlen bei Magister-, Promotions- und Staatsarbeiten ist überproportional hoch." Dieser Tatbestand wird übrigens so auch von anderen Befragten gesehen.

Probleme

Von mehreren befragten Instituten wird angegeben, daß mangels vorhandenen Engagements oder mangels geeigneten Lehrpersonals das Lehrangebot zu Umweltpolitik am Institut zu gering sei. Es wird aber auch darüber geklagt, daß es an genügend Sachmitteln und Personal fehlt, was die Randlage der Umweltpolitik im Lehrkanon unterstreicht, oder es wird allgemein auf die personelle Notlage der Geisteswissenschaften an den Universitäten verwiesen.

Weiterbildungs- und Aufbaustudiengänge/Graduiertenkollegs

Eine Reihe von Antworten (10) deutet auf Weiterbildungsangebote, Aufbaustudiengänge und einzelne Weiterbildungsangebote hin, bei denen auch die Politikwissenschaft beteiligt ist. Oft handelt es sich hier um interdisziplinär angelegte Angebote in Kombination mit anderen Fächern.

In Kooperation mit der Humboldt-Universität macht die Forschungsstelle für Umweltpolitik an der FU Berlin ein interdisziplinär angelegtes Weiterbildungsangebot zur Umweltpolitik und Umweltberatung. In Münster wurde das Konzept der Europäischen Umweltakademie entwickelt, die seit 1991 in Borken eine Weiterbildung auf allen Gebieten des Umweltschutzes für das mittlere, gehobene und höhere Management in der gewerblichen Wirtschaft und in der Verwaltung anbietet. In Oldenburg läuft seit 1991 das interdisziplinäre Weiterbildungsstudium Ökologie/Umweltwissenschaften, bei dem in fünfsemestrigem Turnus gesellschafts- und naturwissenschaftliche Umweltschutzqualifikationen vermittelt werden. Das Europäische Diplom in Umweltwissenschaften, ein Postgraduierten-Studiengang, an dem von deutscher Seite die Universitäten Trier, Kaiserslautern und Saarbrücken beteiligt sind, enthält nur begrenzt sozialwissenschaftliche Anteile.

Graduiertenkollegs mit umweltpolitischer Schwerpunktsetzung scheint es noch kaum zu geben. In Oldenburg existiert seit 1991 unter Beteiligung der Politikwissenschaft ein von Volkswirten initiiertes Graduiertenkolleg zur "Umwelt- und Ressourcenökonomik und Umweltpolitik".

Kommentar zu den Resultaten der Erhebung

Das vergleichsweise begrenzte Lehrangebot hat sicherlich zum einen seine Ursache darin, daß der traditionelle Fächerkanon der politikwissenschaftlichen Lehre an vielen Universitäten policy-orientierte Lehrgebiete entweder nicht kennt, nicht akzeptiert oder nur sehr allmählich in die Ausbildung integriert (vgl. dazu die Ergebnisse der Lehrenquète von 1986 in Hartwich 1987: 19ff.). Eine dezidierte Äußerung aus Kiel: Werner Kaltefleiter hält es für eine "Fehlentwicklung" des Faches, sich "mit derartigen Inhalten der Politik wie zum Beispiel der Umweltpolitik zu beschäftigen", weil der Gegenstand der Politischen Wissenschaft ausschließlich "die Analyse der Prozesse der politischen Willensbildung, Machtbildung, Machtausübung und Machtkontrolle", nicht aber inhaltliche Fragen seien. Dies ist zwar sicherlich Ausdruck einer Minderheitsmeinung, macht aber auch deutlich, wie wenig selbstverständlich die Beschäftigung mit Umweltpolitik an den Universitäten noch ist. Entsprechend mangelt es auch an kompetentem Lehrpersonal. Forschung wird in diesem Bereich oft ausserhalb der Universitäten betrieben (Wissenschaftszentrum für Sozialforschung, Berlin; Institut für Europäische Umweltpolitik, Bonn; Gesellschaft für Politikanalyse, Berlin; Institut für Ökologische Wirtschaftsforschung, Berlin etc.), ohne daß dies zu innovativen Veränderungen in den Universitäten selbst führen muß. Allerdings ist hier in letzter Zeit eine deutliche Veränderung zu spüren, die sich in einer wachsenden Zahl von umweltpolitischen Forschungsprojekten an Universitätsinstituten niederschlägt. Der neubelebte Arbeitskreis Umweltpolitik in der Deutschen Vereinigung für Politische Wissenschaft ist ein Ausdruck dafür.

Ein anderes Hemmnis für die Akzeptanz der Umweltpolitik als eigenes Lehrgebiet stellt möglicherweise die Tatsache dar, daß Umweltpolitik interdisziplinäre Anforderungen stellt und gewissermaßen zwischen den Fächern agiert, damit schwer in den klassischen Fachkanon einzuordnen ist. In einigen Universitäten (Berlin, München, Münster, Oldenburg) wurde dem mit der Einbeziehung von Lehrveranstaltungen aus den benachbarten Gebieten der Umweltplanung, des Umweltrechts, der Umweltökonomie oder technisch-naturwissenschaftlicher Aspekte Rechnung getragen. In Oldenburg ist das prüfungsrelevante Curriculum im Wahlpflichtfach Umweltpolitik/Umweltplanung entsprechend ausgestattet worden. In München spielen im Studienschwerpunkt Politische Ökologie historische und philosophische Bedingungen des Verhältnisses von Mensch und Mitwelt als Lernziele ebenso eine Rolle wie Fragen des Umweltrechts, der Technikfolgenabschätzung und der Interdependenz von Umwelt- und Wirtschaftspolitik.

Andererseits werden auch in nicht wenigen umweltökonomischen, umweltrechtlichen und umweltplanerischen Studienschwerpunkten anderer Fachbereiche umweltpolitische Komponenten integriert. Das für Studierende der Wirtschaftswissenschaften grundlegende Lehrbuch "Umweltökonomie" von Lutz Wicke (1982, 3. Aufl. 1990) enthält bekanntlich weite Passagen über Ziele, Prinzipien und Instrumente der Umweltpolitik, die sich auch in einem umweltpolitischen Lehrbuch finden könnten. Ähnliches gilt für manches Rechtskompendium. Das Studium der Raumplanung umschließt inzwischen in vielen

Studiengängen (z.B. in Dortmund) ausführliche umweltpolitische Anteile. Eine interdisziplinäre Anlage des Studiums der Umweltpolitik erscheint also unumgänglich. Interdisziplinarität - gerade auch in der Lehre - ist aber entgegen den verbalen Beteuerungen vielerorts an den Universitäten nicht sehr beliebt. Sie macht in der Regel mehr Arbeit, weil sie ein Mehr an Organisation und Kommunikation erfordert. Außerdem überschreitet sie Grenzen, an die man sich gewöhnt hat und die erbittert verteidigt werden, wenn es vermeintlich an Besitzstände geht.

Tabellarische Übersicht über die Ergebnisse der Befragung zur Umweltlehre

Universität	Lehrangebot[1]	Studiengänge[2]	Prüfungsgebiete[3]	Resonanz[4]
1. Augsburg	+	Mag/LA	Pol. Systeme Politikfeldanal.	-
2. Bamberg	+	Dipl	Pol. Systeme	-
3. Bayreuth	-	k.A.	(Regierungslehre)	-
4. Berlin (FU)	++	Dipl/LA	in allen 11 Schwerpunkten	++
5. Berlin (TU)	++	Mag/LA	Politisches System Ökon. Grundlagen Intern. Politik	++
6. Bochum	+	Dipl/Mag	Politikfeldanalyse	+
7. Bonn	+	k.A.	k.A.	-

Universität	Lehrangebot[1]	Studiengänge[2]	Prüfungsgebiete[3]	Resonanz[4]
8. Bremen	++	LA/Dipl	Politische Theorie Pol. u. Ökonomie	++
9. Darmstadt (TU)	+	für alle Fächer (Ing, Nat, Sow)	k.A.	++
10. Dortmund	+	LA/Dipl.Journ Raumplanung	Raumplanung	++
11. D.dorf	+	Mag	Politisches System Intern. Politik	+
12. Duisburg	+	Dipl	Innenpolitik Intern. Politik	-
13. Eichstädt	+	LA/Mag	Systemlehre	+
14. Erlangen/ Nürnberg	++	Mag/LA	Politisches System Politische Theorie Intern. Politik	++
15. Frankf./M.	++	Mag/Dipl	Staat/Planung Int. Beziehungen	++
16. Freiburg	+	k.A.	k.A.	-
17. Gießen	+	LA/Mag/Dipl	Planung/Verwalt.	++
18. Göttingen	-	k.A.	k.A.	-

Universität	Lehrangebot[1]	Studiengänge[2]	Prüfungsgebiete[3]	Resonanz[4]
19. Hagen (Fernuni)	+	Sowi/Pol	Innenpolitik Intern. Politik Politikfeldanalyse	++
20. Halle	++	Dipl	Umweltschutz	(-)
21. Hamburg	++	Mag/Dipl	Regierungslehre u.a. Teilgebiete	++
22. Hannover	++	Dipl/Mag/LA	k.A.	-
23. Heidelbg.	++	Mag/Dipl	Vgl. Reg.lehre Int. Beziehungen	++
24. Hildeshm.	+	LA	k.A.	++
25. Kauserslt.	+	LA	(Pol. System u.a.)	-
26. Kassel	+	Mag/LA	k.A.	++
27. Kiel	-	k.A.	k.A.	-
28. Konstanz	+	Dipl/Mag/LA	Innenpolitik Politik u. Verw.	-
29. Lüneburg	-	k.A.	k.A.	-
30. Mainz	-	k.A.	k.A.	-
31. Mannheim	-	k.A.	k.A.	-
32. Marburg	-	k.A.	k.A.	-

Universität	Lehrangebot[1]	Studiengänge[2]	Prüfungsgebiete[3]	Resonanz[4]
33. München	++	Dipl/Mag	Pol. Ökologie Pol. Syst. u.a.	++
34. Münster	++	Dipl/Mag/LA	Innenpolitik Intern. Politik	++
35. Oldenburg	++	Dipl/Mag/LA	U.Pol/U.Planung Pol. Syst. Intern Pol. u.a.	++
36. Osnabrück	++	Dipl	Soioökonom.	-
37. Passau	-	k.A.	(Pol. System)	-
38. Regensbg.	++	Mag/LA	Intern. Politik	+
39. Siegen	+	Mag/LA	Innenpolitik Intern. Politik	+
40. Stuttgart	++	Mag/LA	Politisches System Vgl. Systemlehre Int. Beziehungen	++
41. Tübingen	-	k.A.	(Pol. System) (Int. Beziehungen)	-
42. Trier	-	k.A.	(Reg.lehre)	-
43. Wuppertal	+	k.A.	k.A.	-
44. Würzburg	+	Mag/LA	Politische Theorie	-

Erläuterungen zur Tabelle

[1]	-	= kein Lehrangebot zur Umweltpolitik
	+	= unregelmäßiges Lehrangebot
	++	= regelmäßiges Lehrangebot
[2]	**Mag**	= Lehrangebote für den Magisterstudiengang
	Dipl	= für den Diplomstudiengang
	LA	= für Lehramtsstudiengänge
	k.A.	= keine Angaben
[3]	Mögliche Prüfungsgebiete für das Fachgebiet Umweltpolitik	
	k.A.	= keine Angaben
	( )	= als möglich erachtete Prüfungsgebiete
[4]	Resonanz auf das Lehrangebot bei den Studierenden	
	(-)	= noch keine Angabe möglich
	-	= nicht feststellbar bzw. keine Angabe
	+	= durchschnittliche bis gute Resonanz
	++	= überdurchschnittlich hohe Resonanz

Umweltpolitik als Lehrgebiet: Integration in den Fachkanon oder eigenständiges Curriculum ?

Umweltpolitik kann, wie auch die Befragungsergebnisse zeigen, grundsätzlich in unterschiedlicher Form in das Lehrangebot für die politikwissenschaftliche Ausbildung aufgenommen werden. Als mögliche Alternativen bieten sich an:

1) Die Integration der Umweltpolitik in eines der "traditionellen" politikwissenschaftlichen Fachgebiete, entsprechend der spezifischen inhaltlichen Ausrichtung des Politikwissenschaftsstudiums am jeweiligen Institut oder Fachbereich, z. B. im Gebiet der System- und Regierungslehre, bei den "Internationalen Beziehungen" oder im Bereich "Politikfeldanalyse". Denkbar ist auch eine

abwechselnde Verantwortlichkeit der einzelnen Fachgebiete für das Lehrangebot Umweltpolitik.

Der integrative Weg empfiehlt sich sicherlich überall dort, wo das Lehrangebot begrenzt ist und wo vor allem den Lehramtskandidatinnen und -kandidaten umweltpolitische Kenntnisse vermittelt werden sollen.

Es kann aber auch begründet argumentiert werden, Umweltpolitik nicht zum exotischen Schwerpunkt am Rande des Faches werden zu lassen und deshalb die Integration in die Fachgebiete des politikwissenschaftlichen Kernbestandes vorzuziehen.

2. Die Bildung eines Schwerpunktes oder eines eigenständigen Teilgebiets, die verschiedene Lehrangebote im Bereich der Umweltpolitik systematisch zusammenfassen, ermöglicht den Studierenden eine vertiefende Qualifikation auf diesem Gebiet. In diesem Falle erscheint es sinnvoll, darauf zu achten, "Umweltpolitik" als eigenständiges Wahlgebiet in die Studien- oder Prüfungsordnung aufnehmen zu lassen.
3. Die dritte Variante stellt die Einrichtung eines interdisziplinär angelegten Wahlpflichtfachs dar, das die Möglichkeit bietet, interdisziplinäre Zusammenhänge zu berücksichtigen und im Zusammenhang mit benachbarten Disziplinen wie Umweltrecht, Umweltökonomie, Umweltplanung oder auch z.B. technischem Umweltschutz, eine systematische Wissensvermittlung auf umweltpolitischem Gebiet zu leisten. Voraussetzung ist hier eine entsprechende Breite in der Fächerauswahl und kompetentes und kooperationsbereites Lehrpersonal auch in den angrenzenden Fachbereichen. In der Regel ist das nur realistisch, wenn auch auf der Forschungsseite ein entsprechendes Potential bereitsteht. Diese Variante läßt sich vor allem in Diplom-Studiengängen verwirklichen.
4. Aufbau- oder Weiterbildungsstudiengänge, die an einigen Universitäten schon angeboten werden, stellen eine weitere interessante Möglichkeit dar, die der Interdisziplinarität des Gegenstandes und den entsprechenden Anforderungen aus der Praxis entgegenkommen. Sie können auch, wie Erfahrungen zeigen, den fachbereichsübergreifenden Dialog zwischen den an Umweltschutz- und Öko-

logieproblemen arbeitenden Wissenschaftlern erheblich befördern.

5. Einen sehr weitgehenden Ansatz hat die Universität Hannover gewählt. Hier wurde 1990 eine Senatskommission "Ökologie und Umwelt" eingerichtet, deren Aufgabe es u.a. ist, interdisziplinäre Studienangebote im Bereich "Ökologie und Umwelt" in *allen* Studiengängen an der Universität Hannover zu verankern. Dazu wird den Fachbereichen empfohlen, "als integrierten Bestandteil eines jeden Studienganges ein eigenes Umweltfach als Pflichtfach zum Thema "Ökologie und Umwelt" mit einem Mindestumfang von 2 SWS anzubieten oder die entsprechenden Anteile zu diesem Themenbereich in Pflichtveranstaltungen auszuweisen." Außerdem sollen die einzelnen Fächer regelmäßig umweltbezogene Serviceangebote für andere Disziplinen anbieten. In den Fachbereichen soll die Liste der Wahlfächer in den Diplomstudiengängen um umweltbezogene Fächer erweitert werden, um Schwerpunktbildungen zu ermöglichen. Wieweit dies bislang tatsächlich in die Praxis umgesetzt wurde, ist noch nicht auszumachen.

Welcher Weg gewählt wird, um das Gewicht der Umweltpolitik an den Universitäten zu verstärken, ob ein Mindestangebot bereit-gestellt wird oder ob ein differenziertes, interdisziplinär orientier-tes Curriculum angestrebt wird, hängt von den unterschiedlichen Voraussetzungen vor Ort, dem Engagement der Lehrenden, der Ausstattung des Instituts oder Fachbereichs, der Kooperationsbereitschaft im Lehrkörper und vielleicht auch dem Druck ab, den die Studierenden dafür entfalten. Ein Patentrezept läßt sich hier nicht entwickeln. Die Erfahrung an den Universitäten mit einer vertieften umweltpolitischen Lehrangebotspalette zeigt jedenfalls, daß mehrere Hochschullehrer oder qualifizierte wissenschaftliche Mitarbeiter und Mitarbeiterinnen vonnöten sind, soll ein erfolgversprechendes und kontinuierliches Studium dieses Faches ermöglicht werden.

Inhaltliche Anforderungen an das Lehrgebiet Umweltpolitik - Das Oldenburger Modell

Inhaltliche Anforderungen an ein umweltpolitisches Curriculum werden seit einiger Zeit diskutiert, u.a. im Arbeitskreis Umweltpolitik der DPVW, der Prozeß ist aber keineswegs abgeschlossen. Die ersten Vorschläge und Kommentare, die bezüglich einer systematischen Lehreinheit gemacht wurden, gehen alle von einem interdisziplinären Ansatz aus. Sie gewichten jedoch unterschiedlich, z. B. was die Integration natur- und technikwissenschaftlicher Komponenten oder die Vertiefungsphasen in Bereichen wie Recht, Ökonomie, Planung und Verwaltung betrifft.

Ich stelle im folgenden einen Ansatz vor, der an der Carl von Ossietzky Universität Oldenburg im Studiengang Diplom-Sozialwissenschaften praktiziert wird. Die Erfahrungen, die damit in den letzten Jahren gemacht wurden, haben zu einigen Korrekturen geführt, die schließlich in der vom Niedersächsischen Wissenschaftsministerium im April 1992 genehmigten Prüfungsordnung für das Wahlpflichtfach "Umweltpolitik/Umweltplanung" ihren Ausdruck fanden.

Das Curriculum des Wahlpflichtfachs Umweltpolitik/Umweltplanung (das neben den Hauptfächern Politikwissenschaft und Soziologie als eine unter mehreren Wahlmöglichkeiten studiert werden kann) umfaßt 24 Semesterwochenstunden (je 12 in Grund- und Hauptstudium). Es gliedert sich in die Bereiche:

1. Umweltpolitik
2. Umweltrecht
3. Umweltplanung/Umweltverwaltung
4. Umweltökonomie
5. Naturwissenschaftliche und technische Aspekte der Ökologie

Im Grundstudiumsbereich ist eine regelmäßige Einführung in die Grundlagen der Umweltpolitik vorgesehen, die Lehreinheiten zur Begriffsbildung, zur Geschichte der Umweltpolitik, den Prinzipien, Institutionen, Akteuren und Instrumenten sowie zur grenzüberschreitenden Bedeutung von Umweltpolitik umfaßt. Auf der Basis einer solchen Einführung sind dann im engeren politikwissenschaftlichen Bereich Angebote zu Problemen der Entscheidungsfindung in der Umweltpolitik oder zu einzelnen medialen Fragestellungen vorgesehen.

Darüberhinaus gehören Grundzüge des Umweltrechts und der Einführung in Umweltplanungsprozesse und die Arbeitsweise der Umweltverwaltungen zum Lehrkanon in der Grundstudiumsphase. Eine Einführung in ökonomische und technische Aspekte des Umweltschutzes ergänzt die Grundlagenveranstaltungen.

In der Hauptstudiumsphase stehen dann Konflikte und Problemlösungsverfahren sowie Themen der europäischen und internationalen Umweltpolitik auf dem Lehrplan. Im Umweltrecht geht es um vertiefte Kenntnisse in einzelnen Gebieten des Umweltverwaltungsrechts, aber auch in der Rechtsprechung und den Vollzugsproblemen. Im Planungswesen werden Organisation, Methoden und Verfahren von Umweltplanungen, z. B. der Umweltverträglichkeitsprüfung vermittelt. Die umweltökonomischen Studien sollten vertieft werden durch eingehendere Kenntnisse in der Umwelt- und Ressourcenökonomik sowie betriebswirtschaftliche Aspekte der umweltorientierten Produktionswirtschaft und Unternehmensführung.

In der Prüfungsordnung werden für die Vordiplomprüfung Grundkenntnisse erwartet in den Bereichen:

- Prinzipien, Instrumente und Strukturen der Umweltpolitik und des Umweltrechts;
- Entscheidungsprozesse und Verfahren in der Umweltpolitik;
- Grundzüge der Umweltplanung.

In der Hauptdiplomprüfung sind Kenntnisse gefordert in den Bereichen:

- Konflikte und Problemlösungen im Umweltschutz;
- Philosophische und ethische Grundlagen der Umweltpolitik;

Vertiefte Kenntnisse in zwei der folgenden Bereiche:

- Organisation, Methoden und Verfahren der Umweltplanung;
- Ökonomische Instrumente und Finanzierungsstrategien im Umweltschutz;
- Internationale Umweltpolitik;
- Vollzugsprobleme des Umweltrechts.

Die Diplomarbeit wird im Fach Politikwissenschaft geschrieben und hat ein Thema aus der Umweltpolitik zum Inhalt.

Insgesamt ergibt sich dadurch ein vielseitiges Kennen- und Handhabenlernen von Methoden, das später in der Berufspraxis die Orientierung beträchtlich erleichtern dürfte. Sicher ist aber auch, daß ein solches vertiefendes Studium von den Studierenden, die sich daran wagen, überdurchschnittliches Engagement erfordert, da das sozial- oder politikwissenschaftliche Studium ja vor allem auch noch generalistische Qualifikationen in den Hauptfächern Politik und/oder Soziologie vermitteln soll.

Berufsaussichten mit einer Schwerpunktsetzung in Umweltpolitik

Über die Berufschancen mit einer vertieften Qualifikation in Umweltpolitik ist bisher wenig Gesichertes zu sagen. Die generalistische Qualifikation von Politikwissenschaftlern, ergänzt um spezifische Schwerpunktkenntnisse, öffnet Wege, die einen anderen Berufsfindungsprozeß vorzeichnen als die formalisierteren Zugänge von Juristen oder etwa Lehramtskandidaten.

Die Konkurrenz zu den planerisch oder rechtlich enger spezialisierten Absolventinnen und Absolventen entsprechender Studiengänge kann vermutlich dort am ehesten bestanden werden, wo ein vielseitiges Einsatzfeld vorliegt und spezifische sozialwissenschaftliche Kenntnisse und Fähigkeiten erwartet werden.

Als interessante Berufsfelder für Absolventinnen und Absolventen der Magister- oder Diplomstudiengänge zeichnen sich für entsprechend ausgebildete Politik- und Sozialwissenschaftler Tätigkeiten bei den Umweltverbänden, bei umweltpolitischen Abteilungen von Parteien und anderen Organisationen, in kommunalen Dezernaten und Ministerien, im Medienbereich als Fachjournalist, oder im wachsenden Feld der wissenschaftlichen Umweltforschung ab. Auf die Defizite in letzterem Gebiet sind inzwischen auch Forschungsförderungsinstitutionen wie die DFG (DFG 1991) aufmerksam geworden. Der Wissenschaftsrat hat mit seiner Arbeitsgruppe Umweltforschung kürzlich bei seiner Vor-Ort-Untersuchung des "Standes und der Perspektiven der deutschen Umweltforschung" einen besonderen Akzent auf die gesellschaftswissenschaftliche Umweltforschung und ihren Bezug zur naturwissenschaftlichen Umweltforschung gelegt (Wissenschaftsrat 1992[1]).

---

[1] In dem Schreiben des Vorsitzenden der Arbeitsgruppe "Umweltforschung, Prof. Hempel, an den Kanzler der Universität Oldenburg heißt es u.a.: "Der Wissenschaftsrat legt großen Wert darauf, daß die kultur- und gesellschaftswissenschaftlichen Forschungsaktivitäten, die das Verhältnis zwischen Mensch und Natur behandeln, von der Arbeitsgruppe beschrieben und bewertet werden mit dem Ziel ihrer Stärkung und ihrer engen Verzahnung mit der naturwissenschaftlichen Forschung".

Literatur

Abromeit, Heidrun (1991): Der verkappte Einheitstaat, Opladen.

Adminstrative Conference of the U.S. Sourcebook (1987): Federal Agency Use of Alternative Means of Dispute Resolution, Washington.

Adminstrative Conference of the U.S. Sourcebook (1990): Negotiated Rulemaking Sourcebook, Washington.

Alber, Jens (1989): Der Sozialstaat in der Bundesrepublik 1950-1983, Frankfurt/M.-New York.

Albers, W. u.a. (1980): Handwörterbuch der Wirtschaftswissenschaften, Stuttgart/Tübingen/Göttingen.

Alemann, Ulrich von/Heinze, R.G. (Hg.) (1979): Verbände und Staat. Vom Pluralismus zum Korporatismus, Opladen.

Amery, Carl (1975): Der Untergang der Stadt Passau, München.

Axelrod, Robert (1987): Die Evolution der Kooperation, München.

Barbian, Thomas (1992): Innovative Umweltpolitik qua Verfahren: Die Institution des österreichischen Umweltanwaltes, in: Zeitschrift für Umweltpolitik und Umweltrecht 15, S. 187-206.

Baumann, Zygmunt (1992): Intimations of Postmodernity, London-New York.

Beck, Ulrich (1986): Risikogesellschaft. Auf dem Weg in eine andere Moderne, Frankfurt/M.

Beck, Ulrich (1988): Gegengifte. Die organisierte Verantwortungslosigkeit, Frankfurt/M.

Beck, Ulrich (1989): Risikogesellschaft. Überlebensfragen, Sozialstruktur und ökologische Aufklärung, in: Aus Politik und Zeitgeschichte, B 36/89, S. 3-13.

Beck, Ulrich (1991): Der Konflikt der zwei Modernen, in: Zapf (Hg.), S. 40-53.

Beck, Ulrich./Bonß, Wolfgang (1984): Soziologie und Modernisierung. Zur Ortsbestimmung der Verwendungsforschung, in: Soziale Welt 35, S. 381-406.

Beck, Ulrich/Bonß, Wolfgang (1989): Verwissenschaftlichung ohne Aufklärung ? Zum Strukturwandel von Sozialwissenschaft und Praxis, in: dies (Hg.), S. 7-45.

Beck, Ulrich/Bonß, Wolfgang (Hg.) (1989): Weder Sozialtechnologie noch Aufklärung ? Analysen zur Verwendung sozialwissenschaftlichen Wissens, Frankfurt/M.

Beckenbach, Frank (Hg.) (1991): Die ökologische Herausforderung für die ökonomische Theorie, Marburg.

Beckerman, Wilfred (1974): In Defence of Economic Growth, New York.

Behrens, Peter/Koch, Hans-Joachim (Hg.) (1991): Umweltschutz in der Europäischen Gemeinschaft. Spannungsfelder zwischen nationalem Recht und europäischem Gemeinschaftsrecht, Baden-Baden.

Benedick, Richard Elliot (1991): Ozone Diplomacy. New Directions in Safeguarding the Planet, Cambridge, Mass.

Bennett, John W. (1976): The Ecological Transition, New York-Frankfurt/M.

Berg-Schlosser, Dirk/Müller-Rommel, Ferdinand (1991): Entwicklung und Stellenwert der Vergleichenden Politikwissenschaft, in: dies. (Hg.), S. 11-25.

Berg-Schlosser, Dirk/Müller-Rommel, Ferdinand (Hg.) (1991): Vergleichende Politikwissenschaft, 2. Aufl., Opladen.

Berger, Johannes (1988): Modernitätsbegriffe und Modernitätskritik in der Soziologie, in: Soziale Welt 39, S. 224-236.

Bermbach, Udo/Blanke, Bernhard/Böhret, Carl (Hg.) (1990): Spaltungen der Gesellschaft und die Zukunft des Sozialstaates, Opladen.

Beyerlin, Ulrich (1987): Umsetzung von EG-Richtlinien durch Verwaltungsvorschriften ?, in: Europarecht 22, S. 126-148.

Beyme, Klaus v. (1990): Die vergleichende Politikwissenschaft und der Paradigmenwechsel in der politischen Theorie, Politische Vierteljahresschrift 31, S. 457-474.

Beyme, Klaus von (1991a): Theorie der Politik im 20. Jahrhundert. Von der Moderne zur Postmoderne, Frankfurt/M.

Beyme, Klaus von (1991b): Informelle Komponenten des Regierens, in: Hartwich/Wewer (Hg.) (1991/1), S. 31-50.

Beyme, Klaus von (1991c): Regierungslehre zwischen Handlungstheorie und Systemansatz, in: Hartwich/Wewer (Hg.) (1991/2), S. 19-34.

Binder, Leonard u.a. (1971): Crises and Sequences in Political Development, Princeton, N. J.

Binswanger, Hans Christoph u.a. (1978): Wege aus der Wohlstandsfalle. Der NAWU-Report, Frankfurt/M.

Binswanger, Hans Christoph u.a. (1983): Arbeit ohne Umweltzerstörung, Frankfurt/M.

Blanke, Bernhard (Hg.) (1991): Staat und Stadt. Systematische, vergleichende und problemorientierte Analysen "dezentraler" Politik, Politische Vierteljahresschrift, Sonderheft 22, Opladen.

Boehmer-Christiansen, Sonja/Weidner, Helmut (1992): Catalyst versus Lean Burn. A Comparative Analysis of Enviromental Policy in the Federal Republic of Germany and Great Britain, Berlin.

Bohne, Eberhard (1984): Informales Verwaltungs- und Regierungshandeln als Instrument des Umweltschutzes, in: Verwaltungsarchiv 75, S. 343-373.

Böhret, Carl (1987): Technikfolgen und die Verantwortung der Politik, in: Aus Politik und Zeitgeschichte, B 19-20/87, S. 3-14.

Böhret, Carl (1990): Folgen. Entwurf für eine aktive Politik gegen schleichende Katastrophen, Opladen.

Bonus, Holger (1984a): Ein ökologischer Rahmen für die soziale Marktwirtschaft, in: Geißler (Hg.), S. 131-146.

Bonus, Holger (1984b): Marktwirtschaftliche Konzepte im Umweltschutz, Reihe Agrar- und Umweltforschung in Baden-Württemberg, Bd.5, Stuttgart.

Bourdieu, Pierre (1989): Social Space and Symbolic Power, in: Sociological Theory 7, S. 14-25.

Brand, Karl-Werner (1982): Neue Soziale Bewegungen. Entstehung, Funktion und Perspektiven neuer Protestpotentiale. Eine Zwischenbilanz, Opladen.

Brand, Karl-Werner (Hg.) (1985): Neue soziale Bewegungen in Westeuropa und den USA. Ein internationaler Vergleich, Frankfurt/M.

Brand, Karl-Werner/Büsser, Detlef/Rucht, Dieter (1986): Aufbruch in eine andere Gesellschaft. Neue soziale Bewegungen in der Bundesrepublik, Frankfurt/M.-New York.

Brandt, Willy (1990): Erinnerungen, 4. Aufl., Frankfurt/M.-Zürich.

Bratzel, Stefan (1992): L.A. leidet an sozio-kulterellen Ursachen des Verkehrs, in: Ökologische Briefe, Nr. 35, S. 14-16.

Breitmeier, Helmut (1992): Ozonschicht und Klima auf der globalen Agenda, Tübinger Arbeitspapiere zur internationalen Politik und Friedensforschung Nr. 17.

Breitmeier, Helmut/Zürn, Michael (1990): Gewalt oder Kooperation ? Zur Austragungsform internationaler Umweltkonflikte, in: ami 20 (1990) 12, S. 14-23.
Brendle, Uwe u.a. (1992): Umweltverbände und EG. Zusammenfassung des Forschungsprojektes (EURES discussion paper 18), Freiburg.
Briefs, Götz (1955): Das Gewerkschaftsproblem gestern und heute, Frankfurt/M.
Brunée, Jutta (1988): Entwicklungen im Umweltvölkerrrecht am Beispiel des Sauren Regens und der Ozonschichtzerstörung, Diss., Mainz.
Bühl, Walter L. (1990): Sozialer Wandel im Ungleichgewicht, Stuttgart.
Bulling, Manfred (1989): Kooperatives Verwaltungshandeln (Vorverhandlungen, Arrangements, Agreements und Verträge) in der Verwaltungspraxis, in: DÖV 42, S. 277-289.
Bundesrat (1987): Entwurf eines 36. Gesetzes zur Änderung des Grundgesetzes (Einfügung eines Artikels 20a), BT-Drucks. 11/885.
Bundesrat (Hg.) (1989): 40 Jahre Bundesrat, Baden-Baden.
Bundesregierung (1971): Umweltprogramm vom Oktober 1971, BT-Drucks. 6/2710.
Bungarten, Harald H. (1978): Umweltpolitik in Westeuropa. EG, internationale Organisationen und nationale Umweltpolitiken, Bonn.
Busch, Klaus (1991): Umbruch in Europa, Köln.
Caldwell, Lynton Keith (1990): International Environmental Policy. Emergence and Dimensions, 2. Aufl., Durham.
Chossudovsky, Evgeny M. (1988): "East-West" Diplomacy for Environment in the United Nations. The High-level Meeting within the Framework of the ECE on the Protection of the Environment, New York.
Coase, Ronald H. (1960): The Problem of Social Cost, in: Journal of Law and Economics 3, S. 1-44.
The Conservation Foundation (Hg.) (1988): The National Groundwater Policy Forum, Washington.
The Conservation Foundation (Hg.) (1985): Protecting America's Wetlands: An Action Agenda. The Final Report of the National Wetlands Policy Forum, Washington.
Czada, Roland M./Windhoff-Héritier, Adrienne (Hg.) (1991): Political Choice. Institutions, Rules and the Limits of Rationality, Frankfurt/M.-Boulder, Colorado.

Czempiel, Ernst-Otto (1991): Weltpolitik im Umbruch: das internationale System nach dem Ende des Ost-West-Konflikts, München.

Daase, Christopher (1991): Der erweiterte Sicherheitsbegriff und die Diversifizierung amerikanischer Sicherheitsinteressen. Anmerkungen zu aktuellen Tendenzen in der sicherheitspolitischen Forschung, in: PVS 32 (1991), Heft 3, S. 425-451.

Dahrendorf, Ralf (1979): Lebenschancen. Anläufe zur sozialen und politischen Theorie, Frankfurt/M.

Dalton, R. J./Kuechler, M. (Hg.) (1990): Challenging the Political Order. New Social and Political Movements in Western Democracies, Cambridge.

Daly, Herman (1977): Steady State Economics, San Francisco.

DFG (1991): Vorlage der DFG-Arbeitsgruppe für ein Schwerpunktprogramm "Der Mensch als Verursacher und Betroffener globaler Umweltveränderungen - sozial- und verhaltenswissenschaftliche Aspekte", o.O.

Dierkes, Meinolf/Zimmermann, Klaus (1988): Umweltpolitik. Zwischen Erstarrung, Innovation und Überforderung, in: Zeitschrift für Umweltpolitik und Umweltrecht 11, S. 197-208.

di Primio, J.C./Stein, G. (Hg.) (1992): A Regime to Control Greenhouse Gases (Forschungszentrum Jülich GmbH), Jülich.

Dittmann, A. (1988): Organisation der Umweltverwaltung in: Kimminich u.a. (Hg.), S. 115-137.

Donner, H. u.a. (Hg.) (1989): Umweltschutz zwischen Staat und Markt. Moderne Konzeptionen im Umweltschutz, Baden-Baden.

Doran, Charles F./Hinz, Manfred O./Mayer-Tasch, Peter Cornelius (1976): Umweltschutz. Politik des peripheren Eingriffs, Neuwied-Darmstadt.

Dubois, Philipp/Christensen, A.C. (1977): Public Advocacy and Environmental Decisionsmaking: The Wisconsin Public Intervenor, Davis.

Duyvendak, J.W. u.a. (Hg.) (1992): Tussen verbleelding en macht: 25 jaar nieuwe sociale bewegingen in Nederland, Amsterdam (i.E.).

Efinger, Manfred/Breitmeier, Helmut (1992): Verifying a Convention on Greenhouse Gases: A Game-Theoretic Approach, in: di Primio/Stein (Hg.), S. 59-68.

EG (1987): 4. Umweltpolitisches Aktionsprogramm, in: Amtsblatt der Europäischen Gemeinschaften C 328.

EG-Kommission (Hg.) (1983, 1986): Die Europäer und ihre Umwelt, Brüssel.
EG-Kommission (Hg.) (1987): The State of the Environment in the European Community 1986, Luxemburg.
EG-Kommission (Hg.) (1988): Les Européens et l'Environnement en 1988, Brüssel.
EG-Kommission (1992): Towards Sustainability. A European Community Programme of Policy and Action in Relation to the Environment and Sustainable Development, Brüssel.
Ellwein, Thomas/Hesse, Joachim J. (1987): Das Regierungssystem der Bundesrepublik Deutschland, 6. Aufl., Opladen.
Ellwein, Thomas u.a. (Hg.) (1987): Jahrbuch zur Staats- und Verwaltungswissenschaft, Bd. 1, Baden-Baden.
Ellwein, Thomas u.a. (Hg.) (1988): Jahrbuch zur Staats- und Verwaltungswissenschaft, Bd. 2, Baden-Baden.
Enquete-Kommisssion "Verfassungsreform" (1976): Beratungen und Empfehlungen zur Verfassungsreform, Teil I, Bonn.
Enquete-Kommission 1990: Schutz der Erde. Eine Bestandsaufnahme mit Vorschlägen zu einer neuen Energiepolitik, Dritter Bericht der Enquete-Kommission des 11. Deutschen Bundestages "Vorsorge zum Schutz der Erdatmosphäre", 2 Bände, herausgegeben vom Referat Öffentlichkeitsarbeit des Deutschen Bundestages, Bonn.
Eppler, Erhard (1981): Wege aus der Gefahr, Reinbek.
Eschenburg, Theodor (1956): Staat und Gesellschaft in Deutschland, Stuttgart.
EUROSTAT o.J. (verm. 1990): Auf die Umwelt bezogene Statistiken, Luxemburg.
Evers, Adalbert/Opielka, Michael (1985): Was heißt hier eigentlich sozial ? Kleiner Leitfaden in einer verwirrenden Auseinandersetzung, in: Opielka (Hg.), S. 15-51.
Evers, Tilman (1991): Volkssouveränität im Verfahren. Zur Verfassungsdiskussion über direkte Demokratie, in: Aus Politik und Zeitgeschichte, B 23/91, S. 3-15.
Ewringmann, Dieter/Schafhausen, Franzjosef (1985): Abgaben als ökonomischer Hebel in der Umweltpolitik, Berlin (UBA-Forschungsbericht).

Feick, Jürgen/Jann, Werner (1988): "Nations matter" - Vom Eklektizismus zur Integration in der vergleichenden Policy-Forschung ?, in: Schmidt (Hg.), S. 196-220.
Fischer, Wolfgang (1992): Klimaschutz und internationale Politik. Die Konferenz von Rio zwischen globaler Verantwortung und nationalen Interessen, Aachen.
Flam, Helena (Hg.) (1992): States and Environmental Oppositions (i.E.).
Flassbeck, Heiner/Maier-Rigaud, Gerhard (1982): Umwelt und Wirtschaft, Tübingen.
Flinterman, Cees/Kwiatkowska, Barbara/Lammers, Johan G. (Hg.) (1986): Transboundary Air Pollution: International Legal Aspects of the Cooperation of States, Dordrecht.
Fraktion der CDU/CSU und der F.D.P. (1990): Entwurf eines 36. Gesetzes zur Änderung des Grundgesetzes, BT-Drucks. 11/7423.
Fraktion der SPD (1984): Entwurf eines 36. Gesetzes zur Änderung des Grundgesetzes, BT-Drucks. 10/1502.
Fraktion der SPD (1987): Entwurf eines 36. Gesetzes zur Änderung des Grundgesetzes, BT-Drucks. 11/10.
Fraktion der SPD (1990): Entwurf eines 36. Gesetzes zur Änderung des Grundgesetzes, Änderungsantrag, BT-Drucks. 11/7934.
Fraktion DIE GRÜNEN (1984): Entwurf eines 36. Gesetzes zur Änderung des Grundgesetzes, BT-Drucks. 10/990.
Fraktion DIE GRÜNEN (1987): Entwurf eines Gesetzes zur Einführung eines "Umweltgrundrechts", BT-Drucks. 11/604.
Fraktion DIE GRÜNEN (1987): Entwurf eines Gesetzes zur verfassungsrechtlichen Verankerung des Umweltschutzes als Grundrecht und als Staatsziel, BT-Drucks. 11/663.
Franken, Michael/Ohler, Walter (Hg.) (1989): Natürlich Europa. 1992 - Chancen für die Natur, Köln.
Frey, Bruno (1980): Umweltökonomik, in: Albers u.a.
Fuchs, Dieter/Klingemann, Hans-Dieter/Schöbel, Carolin (1991): Perspektiven der politischen Kultur im vereinigten Deutschland, in: Aus Politik und Zeitgeschichte, B 32/91, S. 35-46.
Fürst, Dietrich (1987): Die Neubelebung der Staatsdiskussion: Veränderte Anforderungen an Regierung und Verwaltung in westlichen Industriegesellschaften, in: Ellwein u.a. (Hg.), S. 261-284.

Fürst, Dietrich/Henke, Klaus-Dirk (1988): Zwischen Wunsch und Realität: Ökologische Erneuerung des Industriestaates, in: Ellwein u.a. (Hg.), S. 305-327.

Gabriel, O.W. (Hg.) (1989): Kommunale Politik zwischen Demokratie und Verwaltung, München.

Gamson, William A./Modigliani, Andre (1989): Media Discourse and Public Opinion on Nuclear Power: A Constructionist Approach, in: American Journal of Sociology 95, S. 481-510.

Gartner, Alan/Riessman, Frank (1978): Der aktive Konsument in der Dienstleistungsgesellschaft, Frankfurt/M.

Gebhardt, Jürgen (1977): Politische Demokratie und soziale Gewaltenteilung in Schweden, in: Civitas XV, S. 51-91.

Gebremedhin, Naigzy (1989): Lessons Learned from the UNEP Regional Seas Programme, in: Westing (Hg.), S. 90-98.

Gehring, Thomas (1990): International Environmental Regimes. Dynamic Sectoral Legal Systems, in: Yearbook of International Environmental Law 1/1990, S. 35-56.

Gehring, Thomas (1993): Dynamic International Regimes. International Environmental Institutions between International Law and International Politics, Baden-Baden, i.E.

Geißler, Heiner (Hg.) (1984): Optionen auf eine lebenswerte Zukunft, München.

Georgescu-Roegen, Nicholas (1971): The Entropy Law and the Economic Process, Cambridge, Mass.

Georgescu-Roegen, Nicholas (1979): Demain la décroissance, Paris.

Gerau, Jürgen (1978): Zur politischen Ökologie der Industrialisierung des Umweltschutzes, in: Jänicke (Hg.), S. 114-149.

Gerlach, Johann Wilhelm (1989): Privatrecht und Umweltschutz im System des Umweltrechts, Berlin.

Giddens, Anthony (1991): The Consequences of Modernity, Stanford.

Giddens, Anthony (1992): Die Konstitution der Gesellschaft, Frankfurt/M.-New York.

Glaeser, Bernhard (Hg.) (1989): Humanökologie, Opladen.

Glagow, Manfred (Hg.) (1972): Umweltgefährdung und Gesellschaftssystem, München.

Global 2000 (1980): Der Bericht an der Präsidenten, 45. Aufl., Frankfurt/M.

Goldman, Marshall I. (1989): Umweltverschmutzung in der Sowjetunion. Die Abwesenheit einer aktiven Umweltbewegung und die Folgen, in: Schreiber (Hg.), S. 162-183.

Grabitz, Eberhard (Hg.) (1983ff.): Kommentar zum EWG-Vertrag, München.

Grabitz, Eberhard (Hg.) (1984): Abgestufte Integration. Eine Alternative zum herkömmlichen Integrationskonzept ? Ergebnisse eines Forschungsprojektes, Kehl-Straßburg.

von der Groeben, Hans u.a. (Hg.) (1991): Kommentar zum EWG-Vertrag, 4., neubearbeitete Aufl., Band 3, Baden-Baden.

Grove-White, Robin (1991): Land Use Law and the Environment, in: Journal of Law and Society 18, S. 1-16.

Gruhl, Herbert (1978): Ein Planet wird geplündert, Frankfurt/M.

Guggenberger, Bernd (1980): Bürgerinitiativen in der Parteiendemokratie. Von der Ökologiebewegung zur Umweltpartei, Stuttgart.

Guggenberger, Bernd/Stein, Tine (Hg.) (1991): Die Verfassungsdiskussion im Jahr der deutschen Einheit. Analysen - Hintergründe - Materialien, München-Wien.

Guggenberger, Bernd/Preuß, Ulrich K./Ullmann, Wolfgang (Hg.) (1991): Eine Verfassung für Deutschland. Manifest- Text - Plädoyers, München-Wien.

Gündling, Lothar/Weber, Beate (Hg.) (1988): Dicke Luft in Europa. Aufgaben und Probleme der europäischen Umweltpolitik, Heidelberg.

Gusfield, Joseph R. (1981): The Culture of Public Problems: Drinking Driving and the Symbolic Order, Chicago.

Haas, Evelyn (1988): Die Mitwirkung der Länder bei EG-Vorhaben, in: DÖV 41, S. 613-623.

Haas, Peter M. (1989): Do Regimes Matter ? Epistemic Communities and Mediterranean Pollution Control, in: International Organization 43, S. 377-403.

Haas, Peter M. (1990): Saving the Mediterranean. The Politics of International Environmental Cooperation, New York.

Haas, Peter M. (1992a): Introduction: Epistemic Communities and International Policy Coordination, in: International Organization 46, S. 1-35.

Haas, Peter M. (1992b): Banning Clorofluorocarbons: Epistemic Community Efforts to Protect Stratospheric Ozone, in: International Organization 46, S. 187-224.

Habermas, Jürgen (1988): Die Moderne - ein unvollendetes Projekt, in: Welsch (Hg.).

Haigh, Nigel (1990): EEC Environmental Policy and Britain, 3. Aufl., Harlow.

Haigh, Nigel (1991): The European Community and International Environmental Policy, in: International Environmental Affairs 3, S. 163-180.

Hardin, Garrett (1968): The Tragedy of the Commons, in: Science 162, S. 1243-1248.

Hartmann, Jürgen (1980): Vergleichende Politische Systemforschung und komparative Methode, in: ders. (Hg.), S. 19-59.

Hartmann, Jürgen (Hg.) (1980): Vergleichende Politische Systemforschung. Konzepte und Analysen, Köln-Wien.

Hartwich, Hans-Hermann (Hg.) (1985): Policy-Forschung in der Bundesrepublik Deutschland. Ihr Selbstverständnis und ihr Verhältnis zu den Grundfragen der Politikwissenschaft, Opladen.

Hartwich, Hans-Hermann (Hg.) (1987): Politikwissenschaft. Lehre und Studium zwischen Professionalisierung und Wissenschaftsimmanenz, Opladen.

Hartwich, Hans-Hermann (Hg.) (1989): Macht und Ohnmacht politischer Institutionen. 17. Wissenschaftlicher Kongreß der DVPW 12. bis 16. September 1988 in der Technischen Hochschule Darmstadt. Tagungsbericht, Opladen.

Hartwich, Hans-Hermann/Wewer, Göttrick (Hg.) (1990/1991): Regieren in der Bundesrepublik, 3 Bände (1. Konzeptionelle Grundlagen und Perspektiven der Forschung (1990); 2. Formale und informale Komponenten des Regierens (1991/1); 3. Systemsteuerung und "Staatskunst" (1991/2)), Opladen.

Hassel, Kai-Uwe von/Koschnik, Hans (1989): Der Bundesrat zwischen Länderinteressen, gesamtstaatlicher Verantwortung und Parteipolitik, in: Bundesrat (Hg.), S. 71-90.

Hassenpflug, D. (Hg.) (1991): Industrialismus und Ökoromantik, Wiesbaden.

Hauff, Volker (Hrsg.), 1987: Unsere gemeinsame Zukunft. Der Brundtland-Bericht der Weltkommission für Umwelt und Entwicklung, Greven.

Hauff, Volker/Scharpf, Fritz W. (1975): Modernisierung der Volkswirtschaft. Technologiepolitik als Strukturpolitik, Frankfurt/M.

Heclo, Hugh (1978): Issue Networks and the Executive Establishment, in: King (Hg.), S. 87-124.

Hedberg, Bo (1981): How Organizations Learn and Unlearn, in: Nystrom/Starbuck (Hg.), S. 3-27.

Heijden, H. A. van der (1992a): The Dutch Nuclear Energy Conflict 1973-1989, in: Flam (Hg.) (i.E.).

Heijden, H. A. van der (1992b): Van kleinschalig utopisme naar postgiro-activisme ? De Nederlandse milieubeweging 1970-1990, in: Duyvendak u.a. (Hg.) (i.E.).

Heinze, Rolf G./Olk, Thomas/Hilbert, Josef (1988): Der neue Sozialstaat. Analyse und Reformperspektive, Freiburg.

Hesse, Joachim J. (1987a): Staatliches Handeln in der Umorientierung - eine Einführung, in: Hesse/Zöpel (Hg.), S. 59-72.

Hesse, Joachim J. (1987b): Aufgaben einer Staatslehre heute, in: Ellwein u.a. (Hg.), S. 55-87.

Hesse, Joachim J. (1990): Staat der Zukunft - Zukunft des Staates. Zur Modernisierung öffentlicher Einrichtungen, in: Hesse/Zöpel (Hg.).

Hesse, Joachim J./Benz, Arthur (1990): Die Modernisierung der Staatsorganisation. Institutionspolitik im internationalen Vergleich: USA - Großbritannien - Frankreich - Bundesrepublik Deutschland, Baden-Baden.

Hesse, Joachim J./Zöpel, Christoph (Hg.) (1987): Zukunft und staatliche Verantwortung, Baden-Baden.

Hesse, Joachim J./Zöpel, Christoph (Hg.) (1990): Der Staat der Zukunft, Baden-Baden.

Hesse, Joachim J./Renzsch, W. (Hg.) (1991): Föderale Entwicklungen in Europa, Baden-Baden.

Hey, Christian (1990): Umweltpolitik in der EG: Kooperation oder Konkurrenz der Standards ?, in: Welzmüller (Hg.), S. 191-221.

Hey, Christian (1991a): Konzepte für eine Umweltgemeinschaft. Entwurf für ein Weißbuch der europäischen Umweltverbände für eine ökologische Wirtschaftspolitik in der EG (Hintergrundstudie) (EURES discussion paper 9), Freiburg.

Hey, Christian (1991b): Zur Bedeutung von Umweltverbänden in der EG. Vorüberlegungen und Literaturüberblick. Arbeitspapier aus dem Forschungsprojekt Umweltverbände in der EG (EURES discussion paper 10), Freiburg.

Hey, Christian (1992): Der Europäische Rahmen für Internalisierungsmaßnahmen, in: Prognos Schriftenreihe Identifikation und Internalisierung externer Kosten der Energieversorgung, Band 8, Basel, April 1992.

Hildebrandt, Eckart (1991): Industrielle Beziehungen und Umwelt in Europa. Auswertung von Länderberichten aus Belgien, Deutschland, Frankreich und Italien, Düsseldorf.

Hoffmann-Riem, Wolfgang (1989): Konfliktmittler in Verwaltungsverhandlungen, Hamburg.

Hohmann, Harald (1989a): Meeresumweltschutz als globale und regionale Aufgabe. Die Anstrengungen von UNEP, IMO und ECE, in: Vereinte Nationen 37, S. 53-61.

Hohmann, Harald (1989b): Maßnahmen zur Bekämpfung der Meeresverschmutzung. Völkerrechtliche Regelungen und Suche nach Maßnahmen, die einer modernen Konzeption des Meeresumweltschutzes entsprechen, in: Donner u.a. (Hg.), S. 513-549.

Holzapfel, Helmut/Traube, Klaus/Ullrich, Otto (1992): Autoverkehr 2000. Wege zu einem ökologisch und sozial verträglichen Stadtverkehr, 3. Aufl., Karlsruhe.

Hopfenbeck, Waldemar (1990): Umweltorientiertes Management und Marketing, Landsberg am Lech.

Höpfner, Ulrich u.a. (1988): PKW, Bus oder Bahn ? Schadstoffemissionen und Energieverbrauch im Stadtverkehr 1984 und 1995, IFEU-Institut Heidelberg, IFEU-Bericht Nr. 48, Heidelberg.

Huber, Joseph (1982): Die verlorene Umschuld der Ökologie. Neue Technologien und superindustrielle Entwicklung, Frankfurt/M.

Huber, Joseph (1985): Die Regenbogengesellschaft. Ökologie und Sozialpolitik, Frankfurt/M.

Huber, Joseph (1991a): Unternehmen Umwelt. Weichenstellungen für eine ökologische Marktwirtschaft, Frankfurt/M.

Huber, Joseph (1991b): Fortschritt und Entfremdung. Ein Modell des ökologischen Diskurses, in: Hassenpflug (Hg.).

Huisingh, Donald (1986): Proven Profits from Pollution Prevention, Washington.

Illich, Ivan (1975): Selbstbegrenzung, Reinbek.

Inglehart, Roland (1971): The Silent Revolution in Europe: Intergenerational Change in Post-Industrial Societies, in: The American Political Review 65, S. 991-1017.
Inglehart, Roland (1977): The Silent Revolution, Changing Values and Political Styles among Western Publics, Princeton.
Inglehart, Ronald (1983): Traditionelle politische Trennungslinien und die Entwicklung der neuen Politik in den westlichen Gesellschaften, in: Politische Vierteljahresschrift 24, S. 139-165.
Jachtenfuchs, Markus (1992a): EC Foreign Environmental Policy and Eastern Europe, in: ders./Strübel (Hg.), S. 17-41.
Jachtenfuchs, Markus (1992b): Das Subsidiaritätsprinzip und die Zukunft der Integration, in: Europa-Archiv 47, S. 279-287.
Jachtenfuchs, Markus/Huber, Michael (1992): Institutional Learning in the European Community. The Response to the Greenhouse Effect, in: Liefferink u.a. (Hg.) (i.E.).
Jachtenfuchs, Markus/Strübel, Michael (Hg.) (1992): Environmental Policy in Europe. Assessment, Challenges, and Perspectives, Baden-Baden.
Jamison, Andrew u.a. (1990): The Making of the New Environmental Consciousness. A Comparative Study of the Environmental Movements in Sweden, Denmark and the Netherlands, Edinburgh.
Jänicke, Martin (1973): Die Analyse des politischen Systems aus der Krisenperspektive, in: Ders. (Hg.), S. 14-50.
Jänicke, Martin (Hg.) (1973): Politische Systemkrisen, Köln.
Jänicke, Martin (Hg.) (1978): Umweltpolitik. Beiträge zur Politologie des Umweltschutzes, Opladen.
Jänicke, Martin (1979): Wie das Industriesystem von seinen Mißständen profitiert, Opladen.
Jänicke, Martin (1982): Arbeitsplätze durch umweltgerechtes Wirtschaften, in: Kongreß Zukunft der Arbeit. Materialienband, Bielefeld, S. 294-301.
Jänicke, Martin (1984): Umweltpolitische Prävention als ökologische Modernisierung und Strukturpolitik, Wissenschaftszentrum Berlin (IIUG dp 84-1).
Jänicke, Martin (1986): Staatsversagen. Die Ohnmacht der Politik in der Industriegesellschaft, München (überarbeitete engl. Übersetzung 1990).

Jänicke, Martin (1988): Ökologische Modernisierung. Optionen und Restriktionen präventiver Umweltpolitik, in: Simonis (Hg.), S. 12-26.
Jänicke, Martin (1989): Umweltpolitisches Staatsversagen im Realen Sozialismus, in: Schreiber (Hg.), S. 43-58.
Jänicke, Martin (1990): Erfolgsbedingungen von Umweltpolitik im internationalen Vergleich, in: Zeitschrift für Umweltpolitik und Umweltrecht 13, S. 213-232.
Jänicke, Martin (1992a): Conditions for Environmental Policy Success: An International Comparison, in: Jachtenfuchs/Strübel (Hg.), S. 71-97.
Jänicke, Martin (1992b): Ökologische und politische Modernisierung, in: Österreichische Zeitschrift für Politikwissenschaft, Heft 4 (i.E.).
Jänicke, Martin/Mönch, Harald/Ranneberg, Thomas (1986): Umweltentlastung durch Strukturwandel, Wissenschaftszentrum Berlin (IIUG dp 86-1).
Jänicke u.a. (1992): Umweltentlastung durch industriellen Strukturwandel ? Eine explorative Untersuchung über 32 Industrieländer, Berlin (i.E.).
Jann, Werner (1981): Kategorien der Policy-Forschung, Hochschule für Verwaltungswissenschaften (Speyerer Arbeitshefte Nr. 37), Speyer.
Johnson, Stanley P./Corcelle, Guy (1989): The Environmental Policy of the European Communities, London.
Jonas, Hans (1984): Das Prinzip Verantwortung, Frankfurt/M.
Kaase, Max (1986): Die Entwicklung des Umweltbewußtseins in der Bundesrepublik Deutschland, in: Wildenmann (Hg.), S. 289-316.
Kahn, Hermann/Wiener, Anthony J. (1968): The Year 2000. A Framework for Speculation on the Next Thirty-Three Years, London-New York.
Kapp, William (1963): Social Costs of Business Enterprise, Bombay (dt.: Soziale Kosten der Marktwirtschaft, Frankfurt/M. 1977).
Kapp, William/Leipert, Christian/Steppacher, Rolf (Hg.) (1987): Für eine ökosoziale Ökonomie. Entwürfe und Ideen. Ausgewählte Aufsätze von W. Kapp, Frankfurt/M.
Kaufmann, Franz-Xaver (1982): Staatliche Sozialpolitik und Familie, München-Wien.
Kaufmann, Franz-Xaver (1991): Diskurse über Staatsaufgaben, Max-Planck-Institut für Gesellschaftsforschung Köln (Discussion Paper 91/5), Köln.

Keohane, Robert O. (1984): After Hegemony. Cooperation and Discord in the World Political Economy, Princeton, N.J.
Keohane, Robert O. (1989): International Institutions: Two Approaches, in: Hartwich (Hg.), S. 285-305.
Keohane, Robert O. (1993): The Analysis of International Regimes. Toward a European-American Program, in: Rittberger (Hg.) (i.E.).
Keohane, Robert/Hoffmann, Stanley (1991): Institutional Change in Europe in the 1980s, in: Keohane/Hoffmann (Hg.), S. 1-39.
Keohane, Robert/Hoffmann, Stanley (Hg.) (1991): The New European Community. Decisionmaking and Institutional Change, Boulder u.a.
Keohane, Robert/Nye, Joseph (1977) Power and Interdependence. Worl Politics in Transition, Princeton.
Kimminich, Otto u.a. (Hg.) (1988): Handwörterbuch des Umweltrechts, Band 2, Berlin.
King, Anthony (Hg.) (1978): The New American Political System, Washington, D.C.
Kirchgeorg, Manfred (1991): Ökologieorientiertes Unternehmensverhalten, Wiesbaden.
Kisker, Gunter (1984): Ideologische und theoretische Grundlagen der bundesstaatlichen Ordnung
lismus, in: Probleme des Föderalismus, Tübingen, S. 23-37.
Kitschelt, Herbert (1983): Politik und Energie, Frankfurt/M.-New York.
Klages, Helmut (1988): Wandlungen im Verhältnis der Bürger zum Staat, Speyer.
Klatt, Hartmut (1986): Reform und Perspektiven des Föderalismus in der BRD. Stärkung der Länder als Modernisierungskonzept, in: Aus Politik und Zeitgeschichte, B 28/86, S. 3-21.
Klatt, Hartmut (1987): Interföderale Beziehungen im kooperativen Bundesstaat. Kooperation und Koordination auf der politischen Leitungsbene, in: Verwaltungsarchiv 78, S. 191.
Klatte, Ernst R. (1988): Vom Statisten zum Akteur. Die Rolle der Umweltverbände, in: Gündling/Weber (Hg.), S. 219-223.
Klein, Hans H. (1989): Die Legitimation des Bundesrates und sein Verhältnis zu Landesparlamenten und Landesregierungen, in: Bundesrat (Hg.), S. 107-108.

Klipstein, Michael von/Strümpel, Burkhard (1984): Der Überdruß am Überfluß, München.
Kloepfer, Michael (Hg.) (1989): Umweltstaat, Berlin u.a.
Knie, Andreas/Helmers, Sabine (1992): Organisationen und Institutionen in der Technikentwicklung. Organisationskultur, Leitbilder und "Stand der Technik", in: Soziale Welt 43, S. 427-444.
Knoepfel, Peter/Weidner, Helmut (1985): Luftreinhaltepolitik (stationäre Quellen) im internationalen Vergleich. 6 Bände: 1. Methodik und Ergebnisse, 2. Bundesrepublik Deutschland, 3. England, 4. Frankreich, 5. Italien, 6. Niederlande, Berlin.
Knoepfel, Peter u.a. (1991): Implementation of Environmental Policies through Interpolicy Cooperation on the Level of the Swiss Federal Government, Beitrag zu dem internationalen Kongreß "Implementing Environmental Policies by Means of Interpolicy Cooperation", Crans-Montana, 24. 9. - 27. 9. 1991.
Kohler-Koch, Beate (Hg.) (1989): Regime in den internationalen Beziehungen, Baden-Baden.
Kommission des Landtags Nordrhein-Westfalen (1990): Erhaltung und Fortentwicklung der bundesstaatlichen Ordnung innerhalb der Bundesrepublik Deutschland auch in einem Vereinten Europa, Bericht, Düsseldorf.
Kondratieff, N. D. (1926): Die langen Wellen der Konjunktur, in: Archiv für Sozialwissenschaft, Bd. 56, Tübingen (wiederabgedruckt in: Die langen Wellen der Konjunktur, Berlin 1972).
Krämer, Ludwig (1991): Umwelt, in: von der Groeben (Hg.), S. 3909-4006.
Krasner, Stephen D. (1983): Structural Causes and Regime Consequences: Regimes as Intervening Variables, in: ders. (Hg.), S. 1-22.
Krasner, Stephen D. (Hg.) (1983): International Regimes, Ithaca, N.Y.
Kreibich, Rolf/Rogall, Holger/ Boes, Hans (1991): Ökologisch produzieren, Weinheim.
Kreikebaum, Hartmut (Hg.) (1991): Integrierter Umweltschutz, Wiesbaden.
Kreikebaum, Hartmut (1992): Umweltgerechte Produktion, Wiesbaden.
Kriele, Martin (1991): Art. 146: Brücke zu einer neuen Verfassung, in: Guggenberger/Stein (Hg.), S. 336-349.

Krohberger, Katharina/Hey, Christian (1991): Die Beteiligungschancen der Umweltverbände auf europäischer Ebene. Argumentationshilfe und Handbuch. Arbeitspapier aus dem Forschungsprojekt Umweltverbände in der EG (EURES-discussion paper 11), Freiburg.

Kuhn, Thomas S. (1962): The Structure of Scientific Revolutions, Chicago.

Land Hessen (1984): Entwurf eines 36. Gesetzes zur Änderung des Grundgesetzes (Staatszielbestimmung Umweltschutz), BR-Drucks. 247/84.

Land Schleswig-Holstein (1984): Entwurf eines 36. Gesetzes zur Änderung des Grundgesetzes (Einfügung eines Art. 20a) BR-Drucks. 307/84.

Lang, Winfried (1984): Die Verrechtlichung des internationalen Umweltschutzes, in: Archiv des Völkerrechts 1984, S. 283-305.

Lang, Winfried (1988): Diplomatie zwischen Ökonomie und Ökologie. Das Beispiel des Ozonvertrags von Montreal, in: Europa-Archiv 43, S. 105-110.

Liberatore, Angela (1991): Problems of Transnational Policymaking: Environmental Policy in the European Community, in: European Journal of Political Research 19, S. 281-305.

Liefferink, J.D. u.a. (Hg.) (1992): European Integration and Environmental Policy, London (i.E.).

Lindberg, Leon N./Scheingold, Stuart A. (1970): Europe's Would-Be Polity: Patterns of Change in the European Community, Englewood Cliffs.

List, Martin (1990): Cleaning up the Baltic. A Case Study in East-West Environmental Cooperation, in: Rittberger (Hg.), S. 90-116.

List, Martin (1991): Umweltschutz in zwei Meeren. Vergleich der internationalen Zusammenarbeit zum Schutz der Meeresumwelt in Nord- und Ostsee, München.

List, Martin/Rittberger, Volker (i.E.): The Role of Intergovernmental Organzations in the Formation and Evolution of International Environmental Regimes, in: Underdal (Hg.) (i.E.).

Loske, Reinhard (1990): Wege zur Klimastabilisierung. Atmosphärenschutz als Herausforderung an Wirtschaft, Politik und Gesellschaft, Berlin.

Lowe, Philip/Goyder, Jane (1983): Environmental Groups in Politics, London u.a.

Lübbe-Wolff, Gertrud (1987): Das Kooperationsprinzip im Umweltrecht. Rechtsgrundsatz oder Deckmantel des Vollzugsdefizits ?, in: Natur und Recht 11, S. 295-319.

Luhmann, Niklas (1971): Politische Planung, Opladen.
Luhmann, Niklas (1987a): Rechtssoziologie, 3. Aufl., Opladen.
Luhmann, Niklas (1987b): Politische Steuerung: Ein Diskussionsbeitrag, in: Hartwich (Hg.), S. 12-16.
Luhmann, Niklas (1988a): Warum AGIL ?, in: Kölner Zeitschrift für Soziologie und Sozialpsychologie 40, S. 127-138.
Luhmann, Niklas (1988b): Soziale Systeme. Grundriß einer allgemeinen Theorie, 3. Aufl., Frankfurt/M.
Luhmann, Niklas (1990): Ökologische Kommunikation, 3. Aufl., Opladen.
Luhmann, Niklas (1992): Beobachtungen der Moderne, Opladen.
Lundqvist, Lennart J. (1978): Bürgerbeteiligung und Luftreinhaltung. Eine vergleichende Studie der Regelungskonzepte in Schweden und den USA, in: Jänicke (Hg.), S. 166-198.
Lundqvist, Lennart J. (1980): The Hare and the Tortoise. Clean Air Policies in the United States and Sweden, Ann Arbor.
Lyotard, Jean-Francois (1979): La condition postmoderne. Rapport sur le savoir, Paris.
Maier-Rigaud, Gerhard (1988): Umweltpolitik in der offenen Gesellschaft, Opladen.
Majer, Helge (Hg.) (1984): Qualitatives Wachstum, Frankfurt/M.
March, James G./Olson Johan P. (1989): Rediscovering Institutions. The Organizational Basis of Politics, New York.
Marin, Bernd/Mayntz, Renate (Hg.) (1991): Policy-Networks. Empirical Evidence and Theoretical Considerations, Frankfurt/M.-Boulder, Colorado.
Mármora, Leopoldo (1992): Sustainable Development im Nord-Süd-Konflikt: Vom Konzept der Umverteilung des Reichtums zu den Erfordernissen einer globalen Gerechtigkeit, in: Prokla 22, Heft 86, S. 34-46.
Martin, Lisa L. (1992): Common Dilemmas: Research Programms in Common-Pool Resources and International Cooperation, Manuskript präsentiert auf der Konferenz on Linking Local and lobal Commons, Harvard Universi-ty, 24.-25. April 1992, Cambridge/Ma.
Maslow, Abraham H. (1954): Towards a Psychology of Being, New York.
Matthes, Joachim (Hg.) (1979): Sozialer Wandel in Westeuropa. Verhandlungen des 19. Soziologentages in Berlin, Frankfurt/M.-New York.
Mayer-Tasch, Peter Cornelius (1976): Umweltrecht im Wandel, Opladen.

Mayer-Tasch, Peter Cornelius (1977): Die Bürgerinitiativbewegung. Der aktive Bürger als rechtswissenschaftliches Problem, Reinbek bei Hamburg.
Mayer-Tasch, Peter Cornelius (1980): Ökologie und Grundgesetz. Irrwege - Auswege, Frankfurt/M.
Mayer-Tasch, Peter Cornelius (1985a): Die Bürgerinitiativbewegung. Der aktive Bürger als rechts- und politikwissenschaftliches Problem, 5. Aufl., Reinbek.
Mayer-Tasch, Peter Cornelius (1985b): Aus dem Wörterbuch der Politischen Ökologie, München.
Mayer-Tasch, Peter Cornelius (in Verbindung mit A. Adam, F. Kohout, B. Malunat und H.M. Schönherr) (1991): Politische Theorie des Verfassungsstaates. Eine Einführung, München.
Mayer-Tasch, Peter Cornelius/Adam, Armin/Schönherr, H.M. (Hg.) (1991): Natur denken. Eine Genealogie der ökologischen Idee, Frankfurt/M.
Mayer-Tasch, Peter Cornelius u.a. (1991): Transit - Das Drama der Mobilität. Wege zu einer humanen Verkehrspolitik, Zürich.
Mayer-Tasch, Peter Cornelius (1992): Altlast Recht. Wider die ökologischen Defizite unseres Rechtssystems, Frankfurt/M.
Mayntz, Renate u.a. (1978): Vollzugsprobleme der Umweltpolitik, Stuttgart u.a.
Mayntz, Renate (1979): Regulative Politik in der Krise ?, in: Matthes (Hg.), S. 55-81.
Mayntz, Renate (Hg.) (1983): Implementation politischer Programme II. Ansätze zur Theoriebildung, Opladen.
Mayntz, Renate (1987): Politische Steuerung und gesellschaftliche Steuerungsprobleme. Anmerkungen zu einem theoretischen Paradigma, in: Ellwein u.a. (Hg.), S. 89-110.
Mayntz, Renate (1991): Modernization and the Logic of Interorganizational Networks, Max-Planck-Institut für Gesellschaftsforschung Köln (Discussion Paper 91/8), Köln.
McKean, Margaret (1992): Success on the Commons. A comparative Examination of Institutions for Common Property Resource Management, in: Journal of Theoretical Politics 4, S. 247-281.
Meadows, Dennis u.a. (1972): Die Grenzen des Wachstums, Stuttgart.

Meadows, Donella H./Meadows, Dennis L./Randers, Jorgen (1992): Die neuen Grenzen des Wachtsums. Die Lage der Menschheit: Bedrohung und Zukunftschancen, Stuttgart.

Meffert, Heribert/Kirchgeorg, Manfred (1992): Marktorientiertes Umweltmanagement, Stuttgart.

Mensch, Gerhard (1975): Das technologische Patt. Innovationen überwinden die Depression, Frankfurt/M.

Merkel, W./Liebert, U. (Hg.) (1991): Die Politik der deutschen Einheit, Opladen.

Mesarovic, Mihailo/Pestel, Eduard (1974): Menschheit am Wendepunkt. Zweiter Bericht an den Club of Rome zur Weltlage, Stuttgart.

Meyer-Abich, Klaus M. (Hg.) (1979): Frieden mit der Natur, Freiburg.

Meyer-Abich, Klaus M. (1984): Wege zum Frieden mit der Natur. Praktische Naturphilosophie für die Umweltpolitik, München.

Michelsen, Gerd (1979): Kompetenzfragen der Umweltpolitk in der BRD, Frankfurt/M. u.a.

Miller, Manfred (1988): Aktionismus mit System ? Umweltpolitik und Umweltqualität in Baden-Württemberg, in: Zeitschrift für Umweltpolitik und Umweltrecht 11, S. 305-338.

Mingst, Karen (1981): The Functionalist and Regime Perspective. The Case of Rhine River Cooperation, in: Journal of Common Market Studies 20, S. 161-173.

Mishan, E.J. (1980): Die Wachstumsdebatte. Wachstum zwischen Wirtschaft und Ökologie, Stuttgart.

Möller, H./Osterkamp, R./Schneider, W. (Hg.) (1982): Umweltökonomik, Königstein.

Monheim, Heiner/Monheim-Dandorfer, Rita (1990): Straßen für alle. Analysen und Konzepte zum Stadtverkehr der Zukunft, Hamburg.

Müller, Marion (1990): Das Internationale Regime zum Schutz der Ozonschicht, in: Gegenwartskunde 39, S. 423-436.

Müller-Brandeck-Bocquet, Gisela (1992): Europäische Intergation und deutscher Föderalismus. Zur fortdauernden Aktualität einer schwierigen Beziehung, in: PVS-Sonderheft "Europa" (Nr. 23/1992) (i.E.).

Müller-Wenk, Ruedi (1978): Die ökologische Buchhaltung, Frankfurt/M.

Mumford, Lewis (1974): Der Mythos der Maschine, Wien.

Niedermayer, Oskar (1991): The 1989 European Elections: Campaigns and Results, in: European Journal of Political Research 19, S. 3-16.
Nystrom, Paul C./Starbuck, William H. (Hg.) (1981): Handbook of Organizational Design. Vol. 1: Adapting Organizations to their Environments, Oxford.
Oberthür, Sebastian (1992a): Die internationale Zusammenarbeit zum Schutz des Weltklimas, in: Aus Politik und Zeitgeschichte, B 16/92, S. 9-20.
Oberthür, Sebastian, 1992b: Die Zerstörung der stratosphärischen Ozonschicht als internationales Problem. Interessenkonstellationen und internationaler politischer Prozeß, in: Zeitschrift für Umweltpolitik & Umweltrecht, 15 (1992) 2, S. 155-185.
Offe, Claus (1987): Die Staatstheorie auf der Suche nach ihrem Gegenstand, in: Ellwein u.a. (Hg.), S. 309-320.
Opielka, Michael (Hg.) (1985): Die ökosoziale Frage. Entwürfe zum Sozialstaat, Frankfurt/M.
Opschoor J.B./Vos, Hans B. (1989): Economic Instruments for Environmental Protection, Paris.
Ossenbühl, Fritz(1989): Föderalismus nach 40 Jahren Grundgesetz, in: DVBl 104, S. 1230-1237.
Ostrom, Elinor (1990): Governing the Commons. The Evolution of Institutions for Collective Action, Cambridge.
Ostrom, Elinor (1992): Community and the endogenous Solution of Common Problems, in: Journal of Theoretical Politics 4, S. 343-352.
Ott, Heinrich/Akker, F. van den (Hg.) (1983): Clean Technologies, Commission of the EC, Report EUR 7108, Brüssel.
Paterson, Matthew (1991): Global Warming: The Great Equaliser?, Manuskript präsentiert auf der ECPR Jiont Session, Essex University.
Pehle, Heinrich (1985): Kommunale Entscheidungsstrukturen in Schweden und Deutschland (Beiträge zur Kommunalwissenschaft Bd. 17), München.
Pehle, Heinrich (1990): Umweltpolitik vor Ort. Die umweltpolitische Verantwortung der Gemeinden, in: Aus Politik und Zeitgeschichte, B 6/90, S. 24-34.
Pehle, Heinrich (1991): Umweltpolitik in Schweden und Deutschland, in: Nordeuropa-Archiv Nr. 3/91, S. 17-22.
Pfriem, Reinhard (1986): Ökologische Unternehmenspolitik, Frankfurt/M.

Posse, Achim (1986): Föderative Politikverflechtung in der Umweltpolitik, München.

Preuß, Ulrich K. (1990): Revolution, Fortschritt und Verfassung, Berlin.

Prietzcker, Jost (1988): Landesbericht BRD, in: Starck (Hg.), S. 17-76.

Prittwitz, Volker von (1983): Umwelt und Außenpolitik, in: Aus Politik und Zeitgeschichte B 42/83, S. 13-24.

Prittwitz, Volker von (1984): Umweltaußenpolitik. Grenzüberschreitende Luftverschmutzung in Europa, Frankfurt/M.

Prittwitz, Volker von (1985): Politikfeldanalyse und traditionelle Politikwissenschaft - Das Beispiel Umweltpolitik, in: Hartwich (Hg.), S. 198 - 203.

Prittwitz, Volker von (1988): Gefahrenabwehr - Vorsorge - Ökologisierung. Drei Idealtypen präventiver Umweltpolitik, in: Simonis; (Hg.), S. 49-64.

Prittwitz, Volker von (1989): Internationale Umweltregime - Ein Fallvergleich, in: Kohler-Koch (Hg.), S. 225-245.

Prittwitz, Volker von (1990): Das Katastrophenparadox. Elemente einer Theorie der Umweltpolitik, Opladen.

Prittwitz, Volker von u.a. (1992): Symbolische Umweltpolitik. Eine Sachstands- und Literaturstudie unter besonderer Berücksichtigung des Klimaschutzes, der Kernenergie und Abfallpolitik, Jülich (Forschungszentrum Jülich (KFA), Arbeiten zur Risiko-Kommunikation, Heft 34).

Putnam, Robert D. (1988): Diplomacy and Domestic Politics: The Logic of Two-Level Games, in: International Organization 42, S. 427-460.

Raschke, Jochen (1980): Politik und Wertwandel in den westlichen Demokratien, in: Aus Politik und Zeitgeschichte, B36/80, S. 23-45.

Raschke, Joachim (1985): Soziale Bewegungen. Ein historisch-systematischer Grundriß, Frankfurt/M.-New York.

Recktenwald, H. C. (1978): Unwirtschaftlichkeit im Staatssektor. Elemente einer Theorie des ökonomischen Staats"versagens", in: Hamburger Jahrbuch für Wirtschafts- und Gesellschaftspolitik, Tübingen, S. 155-165.

Rehbinder, Eckard/Stewart, Richard (1985): Environmental Protection Policy, Berlin-New York.

Reichel, Peter (Hg.) (1984): Politische Kultur in Westeuropa, Frankfurt/M.

Rittberger, Volker (Hg.) (1990): International Regimes in East-West Politics, London.
Rittberger, Volker (Hg.) (1993): Regimes in International Relations, Oxford (i.E.).
Ritter, Ernst-Hasso (1979): Der kooperative Staat, in: Archiv des öffentlichen Rechts 104, S. 388-413.
Roan, Sharon (1989): Ozone Crisis. The 15-Year Evolution of a Sudden Global Emergency, New York.
Robert, Rüdiger (1979): Mitbestimmung und Grundgesetz. Der Verfassungsstreit über das Mitbestimmungsgesetz 1976, in: Aus Politik und Zeitgeschichte, B 16/79, S. 22-39.
Robert, Rüdiger (1992): Umweltschutz und Grundgesetz. Zum Meinungsstreit der Bundestagsparteien über eine notwendige Verfassungsänderung, Münster.
Rokkan, Stein (1969): Die vergleichende Analyse der Staaten- und Nationenbildung. Modelle und Methoden, in: Zapf (Hg.), S. 228-252.
Rolke, Lothar (1987): Protestbewegungen in der Bundesrepublik. Eine analytische Sozialgeschichte des politischen Widerspruchs, Opladen.
Ronge, Volker (1972): Die Umwelt im kapitalistischen System, in: Glagow (Hg.), S. 97-123.
Rostow, Walt Whitman (1960): Stadien wirtschaftlichen Wachstums. Eine Alternative zur marxistischen Entwicklungstheorie, Göttingen.
Rucht, Dieter (1988): Themes, Logics and Arenas of Social Movements: A structural approach, in: International Social Movement Research 1, S. 305-328 (Supplement to Research in Social Movements, Conflict and Change).
Rucht, Dieter (1990): The Strategies and Action Repertoires of New Movements, in: Dalton/Kuechler (Hg.), S. 156-178.
Rucht, Dieter/Kretschmer, Winfried (1988): Symbole im Konflikt um die Wiederaufbereitungsanlage in Wackersdorf, in: Forschungsjournal Neue Soziale Bewegungen 1, S. 9-19.
Runder Tisch (1990): Verfassungsentwurf, in: Spiegel-Dokument Nr. 5, o.O.
Sachverständigenkommission "Staatszielbestimmungen/Gesetzgebungsaufträge" (1983): Abschlußbericht, masch. Manuskript, Bonn.

Sachverständigenrat für Umweltfragen (1974): Umweltgutachten 1974, BT-Drucks. 7/2802.

Saetevik, Sunneva (1988): Environmental Cooperation between the North Sea States. Success or Failure ?, London.

Sand, Peter H. (1990): Lessons Learned in Global Environmental Governance, Washington D.C.

Scharpf, Fritz W. (1985): Die Politikverflechtungsfalle: Europäische Integration und deutscher Föderalismus im Vergleich, in: Politische Vierteljahresschrift 26, S. 323-356.

Scharpf, Fritz W. (1989a): Politische Steuerung und politische Institutionen, in: Hartwich (Hg.), S. 17-29.

Scharpf, Fritz W.(1989b): Der Bundesrat und die Kooperation auf der 'dritten Ebene', in: Bundesrat (Hg.), S. 121-162.

Scharpf, Fritz W. (1991a): Die Handlungsfähigkeit des Staates am Ende des zwanzigsten Jahrhunderts, Politische Vierteljahresschrift 32, S. 621-634.

Scharpf, Fritz W. (1991b): Political Institutions, Decision Styles, and Policy Choices, in: Czada/Windhoff-Héritier (Hg.), S. 53-86.

Schäuble, Wolfgang (1991): Der Vertrag. Wie ich über die deutsche Einheit verhandelte, Stuttgart.

Scheuing, Dieter (1989): Umweltschutz auf Grundlage der Einheitlichen Europäischen Akte, in: Europarecht 24, S. 152-192.

Schlußbericht der Enquete-Kommission Verfassungsreform des Deutschen Bundestages (1976): Beratungen und Empfehlungen zur Verfassungsreform, Teil I, Presse- und Informationszentrum des Deutschen Bundestages (Hg.), Bonn.

Schmidheiny, Stephan (1992): Kurswechsel. Globale unternehmerische Perspektiven für Entwicklung und Umwelt, München.

Schmidt, Eberhard (1992): Umfrage zur politikwissenschaftlichen Lehre im Fachgebiet Umweltpolitik an deutschen Universitäten, Oldenburg (unveröff. Manuskript).

Schmidt, Manfred G. (1988): Sozialpolitik. Historische Entwicklung und internationaler Vergleich, Opladen.

Schmidt, Manfred G. (Hg.) (1988): Staatstätigkeit. International und historisch vergleichende Analysen, Politische Vierteljahresschrift, Sonderheft 19, Opladen.

Schmidt, Manfred G. (1991): Vergleichende Policy-Forschung, in: Berg-Schlosser/Müller-Rommel (Hg.), S. 197-212.
Schmidtbauer, Wolfgang (1978): Das Helfersyndrom, Reinbek.
Schneider, Erich (Hg.) (1989): Der Landtag - Standort und Entwicklungen, Baden-Baden.
Schneider, Hans-Peter (1990): Vom Wandel staatlicher Verantwortung, in: Hesse/Zöpel (Hg.), S. 127-145.
Schreiber, Helmut (1985): Emissions-, Immissions- und Wirkungskataster als Instrumente der Umweltberichterstattung. Ein Vergleich zwischen der Bundesrepublik Deutschland und den Vereinigten Staaten von Amerika, Berlin.
Schreiber, Helmut (1988): Luftreinhaltepläne. Instrumente einer präventiven Umweltpolitik ?, in: Simonis (Hg.), S. 187-201.
Schreiber, Helmut (1989): 'Dept-for-nature-swap' - An Instrument Against Debt and Environmental Destruction?, Bericht für das Institut for European Environmental Policy, Bonn.
Schreiber, Helmut (Hg.) (1989): Umweltprobleme in Mittel- und Osteuropa, Frankfurt/M.-New York.
Schubert, Klaus (1991): Politikfeldanalyse. Eine Einführung, Opladen.
Schumpeter, Joseph A. (1942, 1972): Kapitalismus, Sozialismus und Demokratie, 3. Aufl., München.
Schuppert, Gunnar F. (1989): Zur Neubelebung der Staatsdiskussion. Entzauberung des Staates oder 'Bringing the State Back In' ?, in: Der Staat, Bd. 28, Nr. 1, S. 93-104.
Schwarzer, Gudrun (1990): Weiträumige grenzüberschreitende Luftverschmutzung. Konfliktanalyse eines internationalen Umweltproblems, Tübinger Arbeitspapiere zur internationalen Politik und Friedensforschung Nr. 15.
Seifried, Dieter (1990): Gute Argumente: Verkehr, München.
Senghaas, Dieter (1991): Was treibt internationale Politik um?, in: Loccumer Protokolle 19/'91, Weltsystem und Weltpolitik Jenseits der Bipolarität, S. 49-69, Rehbrug-Loccum.
Siebert, Horst (1978): Ökonomische Theorie der Umwelt, Tübingen.
Siebert, Horst (1982): Instrumente der Umweltpolitik. Die ökonomische Perspektive, in: Möller/Osterkamp/Schneider (Hg.), S. 284-294.

Siebert, Horst (1983): Ökonomische Theorie natürlicher Ressourcen, Tübingen.

Siebert, Horst (1989): Europe '92. Environmental Policy in an Integrated Market, Kiel (Working Paper No. 365, Institut für Weltwirtschaft).

Simmel, Georg (1989): Aufsätze 1887-1890. Über sociale Differenzierung u.a., Georg Simmel Gesamtausgabe Band 2, herausgegeben von Heinz-Jürgen Dahme, Frankfurt/M.

Simonis, Udo Ernst (1988): Ökologische Orientierungen, 2. Aufl., Berlin.

Simonis, Udo E. (Hg.) (1988): Präventive Umweltpolitik, Frankfurt/M.-New York.

Simonis, Udo Ernst (1990a): Ökologische Modernisierung der Wirtschaft - Optionen und Restriktionen, in: Wagner (Hg.), S. 29-47.

Simonis, Udo Ernst (1990b): Beyond Growth. Elements of Sustainable Development, Berlin.

Simonis, Udo E. (1992): Kooperation oder Konfrontation: Chancen einer globalen Klimapolitik, in: Aus Politik und Zeitgeschichte, B 16/92, S. 21-32.

Singleton, Sara/Taylor, Michael (1992): Common Property, Collective Action and Community, in: Journal of Theoretical Politics 4, S.309-324.

Sprenger, Rolf-Ulrich (1990): Was können umweltpolitische Instrumente leisten ?, in: IÖW-Informationsdienst, Heft 3/4, S. 9-12.

Sprenger, Rolf-Ulrich (1990): Die EG muß auch eine Umweltgemeinschaft werden, in: Ifo-Schnelldienst, 5-6, S. 32-51.

Starck, Christian (Hg.) (1988): Zusammenarbeit der Gliedstaaten im Bundesstaat, Baden-Baden.

Stavrianos, L.S. (1976): The Promise of the Coming Dark Age, San Francisco.

Steger, Ulrich (1988): Umweltmanagement, Wiesbaden.

Steger, Ulrich (1991): Integrierter Umweltschutz als Gegenstand eines Umweltmanagements, in: Kreikebaum (Hg.), S. 33-44.

Steinberg, Rudolf/Müller, Ulrike (1989): Zur Umsetzung der EG-Richtlinie über die Umweltverträglichkeitsprüfung unter besonderer Berücksichtigung der Umsetzungsverpflichtungen der Bundesländer, in: Natur und Recht 11, S. 277-283.

Strasser, Johano/Traube, Klaus (1981): Die Zukunft des Fortschritts, Bonn.

Strebel, Heinz (1991): Integrierter Umweltschutz. Merkmale - Voraussetzungen - Chancen, in: Kreikebaum (Hg.), S. 3-16.
Strübel, Michael (1989): Umweltregime in Europa, in: Kohler-Koch (Hg.), S. 247-273.
Strübel, Michael (1990): Grenzüberschreitende Umweltpolitik in Europa, in: ders. (Hg.), S. 103-132.
Strübel, Michael (Hg.) (1990): Wohin treibt Europa ?, Marburg.
Strübel, Michael (1991): Auf dem Weg zur Umweltunion, in: Merkel/Liebert (Hg.), S. 259-284.
Strübel, Michael (1992): Internationale Umweltpolitik. Entwicklungen - Defizite - Aufgaben, Opladen.
Sturm, Roland (1989): Haushaltspolitik in westlichen Demokratien. Ein Vergleich des haushaltspolitischen Entscheidungsprozesses in der Bundesrepublik Deutschland, Frankreich, Großbritannien, Kanada und den USA, Baden-Baden.
Susskind, Lawrence/Cruikshank, Jeffrey (1987): Braking the Impasse. Consensual Approaches to Resolving Public Disputes, New York.
Task Force (1989): The Environment and the Internal Market: Challenges and Opportunities, Task Force Report on the Environment and the Internal Market, Brüssel (masch. Manuskript).
Taylor, Michael (1987): The Possibility of Cooperation, Cambridge.
Thaden, Hans-Werner von (1987): Umweltschutz - Umweltpolitik, Heidelberg.
Thompson, Michael/Schwarz, Michiel (1990): Divided We Stand. Redefining Politics, Technology and Social Choices, New York u.a.
Thränhardt, Dietrich (1992): Globale Probleme, globale Normen, neue globale Akteure, in: PVS 33, S. 219-234.
Tsuru, Shigeto/Weidner, Helmut (1985): Ein Modell für uns: Die Erfolge der japanischen Umweltpolitik, Köln.
Umwelt. Informationen des Bundesministers für Umwelt, Naturschutz und Reaktorsicherheit, Bonn.
Umweltbundesamt (1988): Studienführer Umweltschutz. Ausbildungsmöglichkeiten mit umweltspezifischer Schwerpunktbildung an den Hochschulen der Bundesrepublik Deutschland, 4.Aufl., Berlin. (Die 5. Auflage erscheint nach Angaben des UBA im Herbst 1992.)
Umweltbundesamt (Hg.) (1990/1991): Daten zur Umwelt, Anhang, Berlin.

Urban, Dieter (1986): Was ist Umweltbewußtsein ?, in: Zeitschrift für Soziologie 15, S. 363-377.

Varillas, Benigno (1991): Las organizaciones no gubernamentales de medio ambiente en Europa Occidental. Manuales Quercus 1, Madrid.

Verfassung des Freistaates Sachsen (1992): Sächsischer Landtag (Hg.), Pressestelle unter Beteiligung der Sächsischen Staatskanzlei, Dresden.

Verfassung des Landes Brandenburg (1992): Brandenburgische Landeszentrale für politische Bildung (Hg.), Potsdam.

Verfassung des Landes Sachsen-Anhalt (1992): Drucksache ohne Numerierung, Magdeburg 1992.

Vollrath, Ernst (1990): Überlegungen zur Semantik von 'Regierung' und 'Regieren', in: Hartwich/Wewer (Hg.), S. 65-75.

VÖW (Vereinigung für ökologische Wirtschaftsforschung) (1991): Manfred Schreiner, Referat auf der Jahrestagung der VÖW 1991 in Berlin.

VÖW (Vereinigung für ökologische Wirtschaftsforschung) (1992): Studentische Initiativen der Wirtschafts- und Sozialwissenschaften. Ein Reader, Berlin.

Wagner, G.R. (Hg.) (1990): Unternehmung und ökologische Umwelt, München.

Wagner, Peter (1990): Sozialwissenschaften und Staat. Frankreich, Italien, Deutschland 1870-1980, Frankfurt/M.-New York.

Wehling, Peter (1992): Die Moderne als Sozialmythos. Zur Kritik sozialwissenschaftlicher Modernisierungstheorien, Frankfurt/M.-New York.

Weidner, Helmut (1975): Die gesetzliche Regelung von Umweltfragen in hochentwickelten kapitalistischen Industriestaaten, Freie Universität Berlin (Schriftenreihe des FB Politische Wissenschaften, Nr. 8).

Weidner, Helmut (1988): Bausteine einer präventiven Umweltpolitik. Anregungen aus Japan, in: Simonis (Hg.), S. 143-165.

Weidner, Helmut (1991a): The Capability of the Capitalist State to "Solve" Environmental Problems - The Examples of Germany and Japan. Paper für den 15. Weltkongreß der IPSA (unveröffentlicht).

Weidner, Helmut (1991b): Magermotor versus Abgaskatalysator: Ein umweltpolitischer Konflikt zwischen Großbritannien und der Bundesrepublik Deutschland, in: WZB-Mitteilungen Nr. 54/1991.

Weidner, Helmut (1992): Basiselemente einer erfolgreichen Umweltpolitik. Eine Analyse der Instrumente der japanischen Umweltpolitik unter

Berücksichtigung von Erfahrungen in der Bundesrepublik Deutschland, Dissertation, eingereicht beim Fachbereich Politische Wissenschaft der Freien Universität Berlin.

Weidner, Helmut/Knoepfel, Peter (1983): Innovation durch international vergleichende Politikanalyse dargestellt am Beispiel der Luftreinhaltepolitik, in: Mayntz (Hg.), S. 221-255.

Weidner, Helmut/Knoepfel, Peter/Zieschank, Roland (Hg.) (1992): Umwelt-Information - Berichterstattung und Informationssysteme in zwölf Ländern. Berlin.

Weimann, Joachim (1991): Umweltökonomie und Spieltheorie, in: Beckenbach (Hg.) , S. 265-279.

Weinstock, Ulrich (1983): Nur eine europäische Umwelt ?, in: Zeitschrift für Umweltpolitik 6, S. 1-46.

Weizsäcker, Ernst U. von (1990): Erdpolitik. Ökologische Realpolitik an der Schwelle zum Jahrhundert der Umwelt, 2. Aufl., Darmstadt.

Weizsäcker, Richard von (1982): Krise und Chance unserer Parteiendemokratie, in: Aus Politik und Zeitgeschichte, B 42/82, S. 3-12.

Welsch, Wolfgang (Hg.) (1988): Wege aus der Moderne, Weinheim.

Welzmüller, R. (Hg.) (1990): Marktaufteilung und Standortpoker in Europa, Köln.

Westing, Arthur (Hg.) (1989): Comprehensive Security for the Baltic. An Environmental Approach, London.

Wetstone, Gregory S./Armin Rosencranz (1985): Weltbedrohung Saurer Regen. Abwehrversuche in Europa und Nordamerika, Freiburg i.Br. (engl. Original: Acid Rain in Europe and North America, Arlington, VA. 1983).

Wettestad, Jorgen/Andresen, Steinar (1991): The Effectiveness of International Resource Cooperation: Some Preliminary Findings, Lysaker.

Wewer, Göttrick (1991): Spielregeln, Netzwerke, Entscheidungen - auf der Suche nach der anderen Seite des Regierens, in: Hartwich/Wewer (Hg.) (1991/1), S. 9-29.

Wicke, Lutz (1982): Umweltökonomie, München (3. Aufl. 1990).

Wicke, Lutz u.a. (1992): Betriebliche Umweltökonomie, München.

Wicke, Lutz/Huckestein, Burkhard (Hg.) (1991): Umwelt Europa - der Ausbau zur ökologischen Marktwirtschaft, Gütersloh.

Wienholtz, Ernst (1985): Verfassung und Technologie, in: Die öffentliche Verwaltung 38, S. 136-146.
Wiesenthal, Helmut (1990): Unsicherheit unf Multiple-Self-Identität: Eine Spekulation über die Voraussetzungen strategischen Handelns, Max-Planck-Institut für Gesellschaftsforschung Köln (Discussion Paper 90/2), Köln.
Wildenmann, R. (Hg.) (1986): Umwelt - Wirtschaft - Gesellschaft, Stuttgart.
Willke, Helmut (1983): Entzauberung des Staates. Überlegungen zu einer sozietalen Steuerungstheorie, Königstein.
Willke, Helmut (1989): Systemtheorie entwickelter Gesellschaften, Weinheim.
Willke, Helmut (1991a): Systemtheorie, 3. Aufl., Stuttgart-New York.
Willke, Helmut (1991b): Regieren als die Kunst systemischer Intervention, in: Hartwich/Wewer (Hg.) (1991/2), S. 35-51.
Windhoff-Héritier, Adrienne (1987): Policy- Analyse. Eine Einführung, Frankfurt/M.-New York.
Windhoff-Héritier, Adrienne (1991a): Institutions, Interests, and Political Choice, in: Czada/Windhoff-Héritier (Hg.), S. 27-52.
Windhoff-Héritier, Adrienne (1991b): Die Internationalisierung innerstaatlicher Politik: Ein Motor binnenstaatlicher Dezentralisierung ? (unveröffentlicht).
Winter, Georg (1987): Das umweltbewußte Unternehmen, München.
Wissenschaftsrat (1992): Schreiben des Vorsitzenden der Arbeitsgruppe "Umweltforschung", Prof. G. Hempel, an den Kanzler der Universität Oldenburg vom 5.3. 1992.
Wittkämper, Gerhard W. (1992): Umweltschutz. Einführung in Umweltpolitik und Umweltverwaltung unter Berücksichtigung des Umweltrechts, Berlin u.a.
Wolf, Klaus Dieter (1991): Internationale Regime zur Verteilung globaler Ressourcen. Eine vergleichende Analyse der Grundlagen ihrer Entstehung am Beispiel der Regelung des Zugangs zur wirtschaftlichen Nutzung des Meeresbodens, des geostationären Orbits, der Antarktis und zu Wissenschaft und Technologie, Baden-Baden.
Wolf, Klaus Dieter (1992): Die Antarktis: letztes unerschlossenes Rohstofflager oder erstes Beispiel für einen ökologischen Neuanfang?, in: Um-

weltzerstörung: Kriegsfolge und Kriegsursache, Friedensanalysen 27, S. 254-272, Frankfurt/M.

Wolf, Klaus Dieter und Michael Zürn (1986): 'International Regimes' und Theorien der Internationalen Politik, in: Politische Vierteljahresschrift 27, S. 201-221.

Young, Oran (1982): Regime Dynamics. The Rise and Fall of International Regimes, in: International Organization 36, S. 277-297.

Young, Oran (1989): International Cooperation. Building Regimes for Natural Resources and the Environment, Ithaca, N.Y.

Zapf, Wolfgang (Hg.) (1969): Theorien des sozialen Wandels, Köln-Berlin.

Zapf, Wolfgang (1991): Modernisierung und Modernisierungtheorien, in: ders. (Hg.), S. 23-39.

Zapf, Wolfgang (Hg.) (1991): Die Modernisierung moderner Gesellschaften. Verhandlungen des 25. Deutschen Soziologentages in Frankfurt am Main 1990, Frankfurt/M.-New York.

Zapf-Schramm, Thomas (1989): Kommunale Umweltpolitik, in: Gabriel (Hg.), S. 299-336.

Zilleßen, Horst (1991): "Wir sind das Volk!" Plädoyer für eine Modernisierung der Demokratie, in: Deutsches Allgemeines Sonntagsblatt, Nr. 5, Hamburg, S. 14.

Zilleßen, Horst (1992a): Verwaltung als Vermittlung - neue Formen der Konfliktregelung im Industriestaat, in: Fortbildung 37, S. 10.

Zilleßen, Horst (1992b): Die Modernisierung der Demokratie im Zeichen der Umweltproblematik, in: Zilleßen/Dienel/Strubelt (Hg.) (i.E.).

Zilleßen, Horst/Barbian, Thomas (1992): Neue Formen der Konfliktregelung in der Umweltpolitik, in: Aus Politik und Zeitgeschichte, B 39-40/92, S. 14-23.

Zilleßen, Horst/Dienel, Peter/Strubelt, Wendelin (Hg.), (1992): Die Modernisierung der Demokratie. Internationale Ansätze, Opladen (i.E.).

Zimmermann, Klaus/Hartje, Volkmar J./Ryll, Andreas (1990): Ökologische Modernisierung der Produktion. Strukturen und Trends, Berlin.

Zuleeg, Manfred (1987): Vorbehaltene Kompetenzen der Mitgliedstaaten der Europäischen Gemeinschaft auf dem Gebiete des Umweltschutzes, in: Neue Zeitschrift für Verwaltungsrecht 6, S. 280-286.

Zürn, Michael (1987): Gerechte internationale Regime. Bedingungen und Restriktionen der Entstehung nicht-hegemonialer internationaler Regime untersucht am Beispiel der Weltkommunikationsordnung, Frankfurt/M.

Zürn, Michael (1992): Interessen und Institutionen in der internationalen Politik. Grundlegung und Anwendung des situationsstrukturellen Ansatzes, Opladen.

Zwanzig, G.W. (1986): Umweltanwaltschaft, in: Natur und Landschaft 10/86, S. 493-497.

Die Autoren

Breitmeier, Helmut (geb. 1961); Studium der Politikwissenschaft und der Geschichte in Tübingen und Uppsala; derzeit Doktorand am Institut für Politikwissenschaft der Universität Tübingen.

Gehring, Thomas (geb. 1957); Studium der Islam- und Politikwissenschaft in Berlin; 1992 Promotion; derzeit wissenschaftlicher Mitarbeiter am Fachbereich Politische Wissenschaft der Freien Universität Berlin.

Hey, Christian (geb. 1961); Studium der Verwaltungswissenschaften in Konstanz; 1985-1987 wissenschaftlicher Mitarbeiter bei den GRÜNEN im Deutschen Bundestag; bis 1988 Mitarbeiter am Öko-Institut; danach freiberufliche Tätigkeit; Mitgründer und jetziger Projektleiter des Instituts für regionale Studien in Europa (EURES).

Huber, Joseph (geb. 1948); Studium der Politik- und Sozialwissenschaften; 1970-1981 wissenschaftlicher Mitarbeiter; Lehrbeauftragter und Assistent u.a. in Mannheim, Kassel, St. Gallen und Berlin; 1982-1991 Privatdozent an der FU Berlin; Gastprofessuren und Lehrstuhlvertretungen in Berlin, Kassel, Zürich und Wien; seit 1992 ord. Professor für Industrie und Ökologie am Institut für Soziologie der Martin-Luther Universität Halle/S.

Jachtenfuchs, Markus (geb. 1961); Studium der Politikwissenschaft in Berlin und Paris; Verwaltungswissenschaftliches Aufbaustudium am Europakolleg Brügge; Verwaltungstätigkeit bei den Vereinten Nationen und im Planungsstab der EG-Kommission; Doktorand am Europäischen Hochschulinstitut Florenz; ab 1993 wissenschaftlicher Mitarbeiter am Mannheimer Zentrum für Europäische Sozialforschung.

Jänicke, Martin (geb. 1937); Studium der Soziologie; danach Assistent an der Pädagogischen Hochschule in Berlin; 1970 Habilitation; seit 1971 Professor für Vergleichende Politikwissenschaft an der FU Berlin; 1974-1976 Berater der Planungsabteilung des Bundeskanzleramtes; 1981-1983 Mitglied des Berliner Abgeordnetenhauses; seit 1986 Leiter der Forschungsstelle für Umweltpolitik der FU Berlin.

List, Martin (geb. 1960); Studium der Politikwissenschaft, des öffentlichen Rechts, der Soziologie und der neueren Geschichte in Tübingen, Linköping (Schweden) und Hamburg; Postgraduiertenstudium am Europa-Kolleg in Brügge (Belgien); Promotion an der Universität Tübingen; jetzt wissenschaftlicher Assistent am Lehrstuhl für Internationale Politik/Vergleichende Politikwissenschaft der Fernuniversität Hagen.

Mayer-Tasch, Peter Cornelius (geb. 1938); Studium der Rechts- und Politikwissenschaft, (Kunst-)Geschichte und Philosophie in Tübingen, München, Würzburg, Heidelberg, Mainz, Straßburg, Oxford und Bologna; 1966-1971 wissenschaftlicher Assistent an der Universität Mainz; 1971 Habilitation für Öffentliches Recht, Rechtsphilosophie und Politikwissenschaft an der Universität Mainz; seit 1972 Professor für Politikwissenschaft und Rechtstheorie an der Universität München und Leiter der Forschungsstelle für Politische Ökologie.

Müller-Brandeck-Bocquet, Gisela (geb. 1956); Studium der Politikwissenschaft in Grenoble (Frankreich) und München; Promotion; seit 1987 Hochschulassistentin am Geschwister-Scholl-Institut für Politische Wissenschaft der Universität München.

Pehle, Heinrich (geb. 1952); Studium der Politikwissenschaft, Neueren Geschichte und Philosophie in Erlangen; von 1982-1989 wissenschaftlicher Angestellter; Promotion; Akademischer Rat am Institut für Politische Wissenschaft der Universität Erlangen-Nürnberg;

Prittwitz, Volker von (geb. 1950); Studium der Geschichte, Soziologie und Politikwissenschaft in Regensburg und Berlin; 1980-1990 wissenschaftlicher Mitarbeiter am Wissenschaftszentrum Berlin für Sozialforschung; 1990 Habilitation; Privatdozent an der FU Berlin; 1991 Lehrvertretung an der TH Darmstadt; seit 1992 Vertretungsprofessor für Politische Wissenschaft an der Universität Hamburg; Sprecher des Arbeitskreises "Umweltpolitik" der Deutschen Vereinigung für Politische Wissenschaft.

Robert, Rüdiger (geb. 1945); Studium der Politikwissenschaft; Geschichte und Soziologie; seit 1972 wissenschaftlicher Mitarbeiter am Institut für Politikwissenschaft der Westfälischen Wilhelms-Universität Münster; mehrjährige Vertretung einer Professur an der Staatlichen Fachhochschule Münster; derzeit tätig als Akademischer Oberrat an der WWU Münster.

Schmidt, Eberhard (geb. 1939); Studium der Politikwissenschaft, Soziologie, Geschichte und Philosophie in Bonn, Tübingen, Frankfurt/M. und Marburg; 1973 Prof. für Geschichte der Arbeiterbewegung in Marburg; seit 1974 Prof. für Politikwissenschaft an der Universität Oldenburg; Vorsitzender der Vereinigung für Ökologische Wirtschaftsforschung e.V. (1985-1992).

Strübel, Michael (geb. 1954); Studium der Politikwissenschaft, Neuen Geschichte und des Völkerrechts in Heidelberg und Berlin; danach wissenschaftlicher Mitarbeiter am Institut für Friedensforschung und Sicherheitspolitik in Hamburg und an der Universität Gießen; Hochschulassistent an der Universität Heidelberg; 1991 Habilitation; Jean-Monnet-Stipendiat am Europäischen Hochschulinstitut Florenz; danach Lehrstuhlvertretungen in Stuttgart und Berlin; seit 1992 DAAD-Gastprofessor an der Washington-University St. Louis (Missouri; USA).

Wolf, Klaus Dieter (geb. 1953); Studium der Politikwissenschaft in Frankfurt, Tübingen und Nottingham; 1984-1989 Hochschulassistent an der Universität Tübingen; 1985 Visiting Assistent Professor an der Universität Denver; 1989-1991 wissenschaftlicher Angestellter an der Universität Stuttgart; 1990 Habilitation; 1991-1992 Lehrstuhlvertretung an der Universität Konstanz; seit 1992 Professor für Internationale Politik an der TH Darmstadt.

Zilleßen, Horst (geb. 1938); Studium der Wirtschafts-und Sozialwissenschaften in Köln; nach mehrjähriger Tätigkeit als wissenschaftlicher Mitarbeiter und Referent an Einrichtungen der Evangelischen Kirche von 1970-1980 Leiter des Sozialwissenschaftlichen Instituts der Evangelischen Kirche in Deutschland, Bochum; 1980-1987 Präsident der Universität Oldenburg; seit 1987 Professor für Umweltpolitik und Umweltplanung an der Uni Oldenburg.

Zürn, Michael (geb. 1959); Studium der Politikwissenschaft in Denver und Tübingen; 1991 Promotion; jetzt wissenschaftlicher Assistent am Lehrstuhl für Internationale Beziehungen/Friedens- und Konfliktforschung der Universität Tübingen.